Dieter Graf

Santorin Sifnos Kea

Westliche & Südliche Kykladen

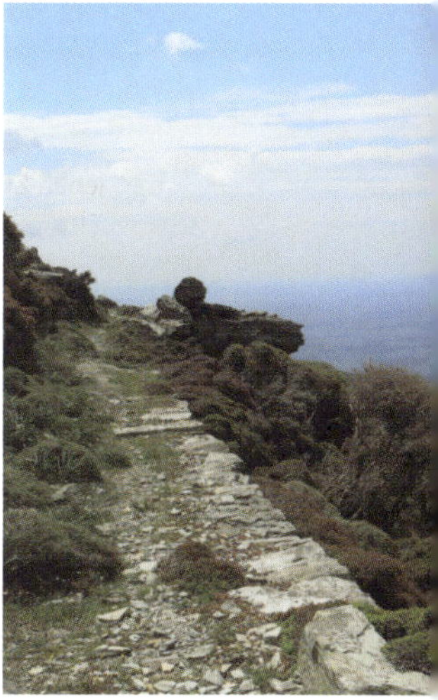

Anáfi
Folégandros
Ios
Kéa
Kímolos
Kíthnos
Mílos
Santoríni
Sérifos
Sífnos
Síkinos

Die schönsten 55 Wanderungen auf 11 griechischen Inseln

Edition Graf

Die Benutzung dieses Bildwanderbuches

RGZ bedeutet **Reine Gehzeit** – ohne jegliche Pausen! Sie dient der eigenen Kontrolle, ob die im Buch durch **Fettdruck** hervor gehobene Wegabschnitte etwa in der angegebenen Zeit erreicht wurden.
Die tatsächliche **Gesamtdauer** einer Wanderung ist etwa doppelt so lang wie die RGZ und ist im jeweiligen Vorspann in Stunden angegeben. Diese Angaben berücksichtigen jedoch keine Busfahrten oder überlange Pausen. Im Vorspann findet man auch Angaben zu **Streckenlänge**, die **Höhendifferenz** und **Schwierigkeitsgrad der Wanderung. Streckenfotos** dienen der besseren Orientierung, zum Befragen von Einheimischen und als Anregung. Sie sind im Text jeweils von 1 bis 4 zu finden.
Die **Wegskizzen** sind nach bestem Wissen angefertigt, haben aber keinen Anspruch auf Vollständigkeit.
GPS-Punkte sind in Text und Karten als **P** angegeben. Kartendatum WGS84. Zugang zu den GPS-Daten: www.graf-editions.de

Für verwertbare Informationen über **Änderungen** von Wegen und Ähnlichem bedanke ich mich bei Ihnen gerne mit einem Buch der überarbeiteten Ausgabe. Aktualisierte Informationen finden Sie im Internet.

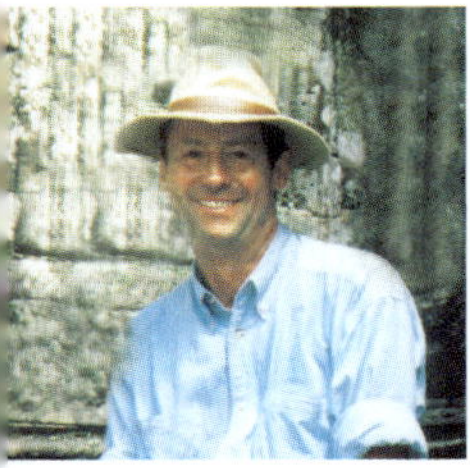

Der Autor **Dieter Graf** ist Architekt und hat die ganze Welt bereist. Die Inseln der Ägäis kennt er seit den Anfängen des Tourismus und kann sich zu den intimen Kennern der Inseln zählen.

Die Ausarbeitung aller beschriebenen Wanderwege erfolgte mit bestem Wissen und Gewissen. Die Begehung der beschriebenen Wege unter Benutzung dieses Buches erfolgt auf eigenes Risiko. Eine Haftung für eventuelle Unfälle und Schäden jeder Art kann nicht übernommen werden.

Edition Dieter Graf, Elisabethstr. 29, 80796 München
www.graf-editions.de

Satz: Michael Henn, Hersbruck · Karten: Kurt Zucher, Eckersdorf

Englische Version (ISBN 978-3-9814047-9-1)
»Santorini, Sífnos, Kéa, Western & Southern Cyclades«

Französische Version (ISBN 978-3-9819250-8-1)
»Santorini, Sífnos, Kéa, Ouest et Sud Les Cyclades«

Umschlagfoto: Christos-Kapelle ㉚

ISBN 978-3-9819250-7-4

Inhalt

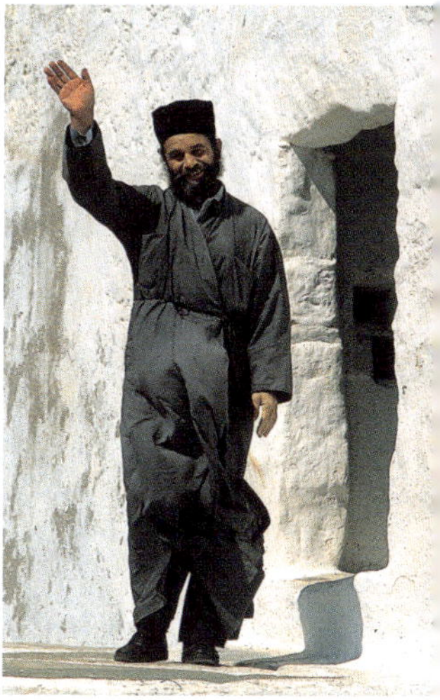

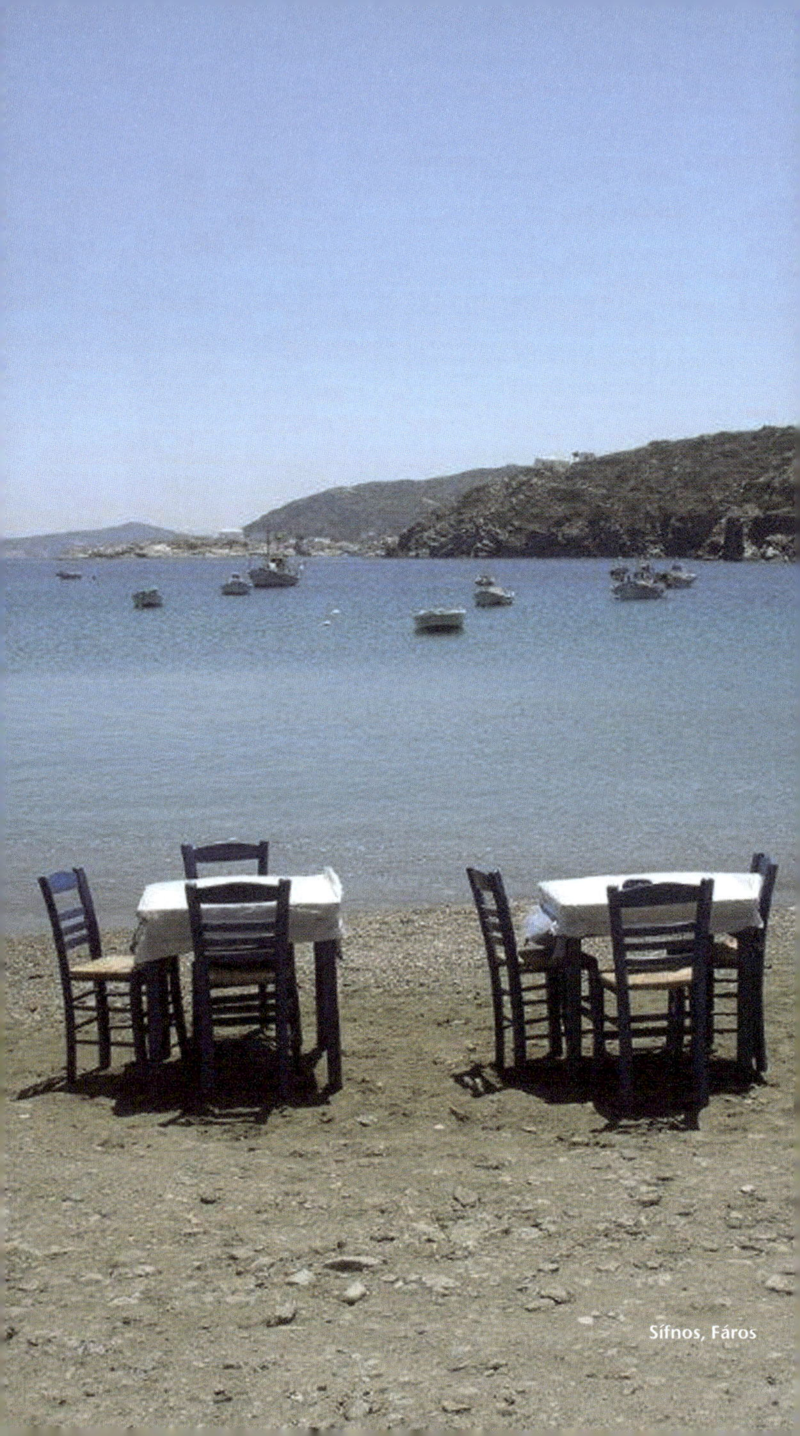

Sífnos, Fáros

Die westlichen und südlichen Kykladen

Kykladen – glitzerndes Meer, kubische Häuser, knorrige Olivenbäume, gleißendes Licht ...
Wie die Rucksacktouristen der 1970er Jahre begeistert die Besucher auch heute das entspannte Reisen durch die Inselwelt der Ägäis. Individualreisende, die sich von Insel zu Insel treiben lassen wie auch Familien mit Kindern lieben die Kykladen wegen der vielen Möglichkeiten – vom Strandleben bis zur anspruchsvollen Wandertour oder dem Erkunden antiker Ruinen. Es gibt liebevoll betriebene Privatquartiere und Hotels jeden Standards, aber keine Bettenburgen. In den traditionellen Tavernen kommen meist nur einheimische Gerichte auf den Tisch.
Die in diesem Buch beschriebenen westlichen und südlichen Kykladen sind weniger stark besucht als die östlichen und umfassen so unterschiedliche Inseln wie das Weltreiseziel Santorín, das verträumte Sífnos und das von Ausländern kaum beachtete Kéa.
Vom Meer her erscheinen die Inseln manchmal felsig und ruppig, im Innern findet man jedoch die unterschiedlichsten Vegetationen; Blumenwiesen im Frühjahr, Getreideterrassen, Olivenhaine, Eichenwäldchen. Von fast jedem Punkt ist das Meer zu sehen, in der Luft liegen die Gerüche von Kräutern und Gewürzen. In den Dörfern erlebt man noch die *Filoxénia,* eine Gastfreundschaft, die einen vergessen lässt, Fremder zu sein.
Besonders beim Wandern wird man dies alles erleben. Noch viele der alten mauergesäumten und gepflasterten Eselswege verbinden Dörfer und Klöster, einsame Pfade führen auf luftige Bergspitzen und zu versteckten Felsbuchten.
Die beschriebenen Wege wurden neu begangen, wobei Hinweise der Leser sehr hilfreich waren. Dafür möchte ich mich ganz besonders bedanken.
Jede Insel hat ihren spezifischen Reiz, wobei zum Wandern besonders Sífnos und Kéa zu empfehlen sind, gefolgt vielleicht von Síkinos und Sérifos. Jeder wird dies für sich entscheiden; jeder wird irgendwann »seine« Insel finden.

Kaló taxídi! Gute Reise, Dieter Graf

Wandern auf den Kykladen

Die Kykladen gehören sicherlich zu den schönsten Wandergebieten Europas. Noch immer durchziehen gepflasterte und mauergesäumte Wege die Inseln. Die beidseitigen Trockenmauern der Eselspfade sind ein Charakteristikum der griechischen Landschaft. Die schmaleren ***Monopátia*** (Einz. *Monopáti,* s.S. 135) nutzten die Bauern über Jahrhunderte zum Bestellen ihrer Felder; bis vor 40 Jahren bildeten sie ein dichtes Wegenetz.
Darüber hinaus entstanden bis zu vier Meter breite Wege, die ***Kalderímia,*** die für den Warentransport zwischen den größeren Orten und als Pilgerwege zu den Klöstern angelegt wurden. Diese bis zu 1000 Jahre alten Wege waren mit Marmor gepflastert und mauergesäumt (s.S. 77-3).
Die Motorisierung ging auch an den Inseln nicht vorüber. Statt der Esel verwenden die Bauern heute Pick-ups, die breitere Fahrwege benötigen. Das alte Wegenetz wurde zerrissen, indem man die charakteristischen seitlichen Trockenmauern beiseite schob und viele Eselswege stark verbreiterte, subventioniert auch mit Mitteln des EU-Regionalfonds. Die Reste der ursprünglichen Wege sind jetzt überflüssig, sie verfallen und werden von der Bevölkerung allmählich vergessen. Neuerdings stellt der *Leader*-Fonds der Europäischen Union jedoch Mittel bereit, um für den Tourismus einige der Eselspfade wieder herzustellen. Dieses Buch möchte zur Benutzung der noch vorhandenen alten Eselswege anleiten, und sie dadurch vor dem Verfall schützen. Sie können im Frühjahr allerdings etwas zugewachsen sein!
Die **beschriebenen Wege** sind vor Drucklegung nochmals begangen worden. Mit einer durchschnittlichen Kondition sind sie gut zu bewältigen und teilweise auch für Kinder geeignet. Besondere Trittfestigkeit ist nicht erforderlich. Die ✓-Markierungen im Text betreffen nur äußerst höhenängstliche Menschen. Bei längeren Strecken sind Abkürzungen angegeben. Wegen der Aussicht führen die Touren normalerweise vom Berg zum Meer – also Badesachen einpacken. Für Bergbesteigungen sollte man sich unbedingt einen schönen Tag aussuchen, da die Gefahr plötzlicher Nebelbildung besteht und es in den Bergen selbst im Sommer regnen kann. Sonnen- und Windschutz dürfen nicht vernachlässigt werden. Außerdem besteht im Sommer erhöhte Buschbrandgefahr.
Falls man allein unterwegs ist, ist es ratsam, eine Information – etwa im Hotel – zu hinterlassen und die Hotel-Nummer im aufgeladenen! Handy zu speichern. Man sollte geruhsam beginnen

und während der Tour ausreichend essen und vor allem trinken. In den Karten sind Quellen und Brunnen eingezeichnet.
Einige Inselverwaltungen und private Initiativen säubern mittlerweile alte Pfade und bringen Holzschilder oder rot-weiße Blechschildchen (s.li.) als **Streckenmarkierung** an. Farbpunkte und Steinmännchen decken sich nicht unbedingt mit den Beschreibungen im Buch.
Gute **Inselkarten** bieten die griechischen Verlage Anavási und Skaï-Terrain im Maßstab 1:15.000 bis 1:25.000. Sie sind jedoch nicht immer vollständig, so dass man mit diesem Buch auch Pfade kennenlernen wird, die in den Karten nicht eingezeichnet sind.
Da weiterhin neue Fahrwege entstehen, können einzelne Wegbeschreibungen teilweise nicht mehr aktuell sein, so dass es zu Orientierungsproblemen kommen kann. Einheimische sollte man in diesem Fall besser nach dem »Monopáti« fragen, da man sonst auf die Straße geschickt wird.
Meist muss man sich jedoch alleine helfen. Auf abseits liegenden Pfaden führt Eselsdung sicherer weiter als Ziegenlosung, weil Ziegenwege irgendwo im Gestrüpp enden, während die Bauern mit ihren Eseln die Hauptpfade benutzen und stets zum Stall zurückkehren.
Feldmauern oder Weidezäune aus Baustahlmatten kann man am besten mittels aufgehäufter Steine übersteigen. Wenig benutzte Gatter können an der Seite mit zwei senkrechten Stäben geöffnet werden. Dass die Durchgänge wieder geschlossen werden, ist man den Bauern, deren Land man betritt, natürlich schuldig. Der Zugang zum Meer ist in Griechenland grundsätzlich erlaubt.
Auf den größeren Inseln werden die Start- und Endpunkte der Wanderungen meist von **öffentlichen Bussen** angefahren. Falls kein Bus fährt, kann man auf Taxis umsteigen. Den Preis sollte man vor Fahrtantritt festlegen. Überdies nehmen sowohl fremde als auch einheimische Autofahrer gerne mal ermüdete Wanderer mit!
Fahrer von **Leihwagen** finden den Parkplatz in den Karten dieses Buches unter dem Symbol . Vom Endpunkt der Wanderung zurück zum Auto kann man den Linienbus nehmen, falls es sich nicht um eine Rundwanderung handelt. Diese sind in den **Übersichtsdiagrammen** am Ende des Buches schnell zu finden. Ebenso die Gesamtzeiten und die körperlichen Anforderungen der verschiedenen Touren.

Die **Wanderausrüstung** sollte umfassen: Tagesrucksack, Schuhe mit guten Sohlen, alte Socken, lange Hosen oder Zipp-Hosen*, ein Mobiltelefon, Trillerpfeife, Fernglas, kleine Taschenlampe und Picknicksachen. Im Frühjahr und Herbst kann ein Regenschutz nützlich sein. Ein GPS-Gerät oder ein Kompass wären gut, sind aber bei einigermaßen gutem Orientierungsvermögen nicht erforderlich.

*Falls Zipp-Hosen auch senkrechte Reißverschlüsse haben (T-Zipp), lassen sich die »Beine« zu einer Badeunterlage zusammenzippen. Oder sogar zu einem schicken Rock für Klosterbesuche!

Die internationale **Notfall-Telefonnummer 112** gilt auch in Griechenland. Falls man sich beim Wandern verlaufen hat, ist die Nummer der Inselfeuerwehr am Hilfreichsten.

Klima und Wanderzeiten

Das Klima der Kykladen umfasst heiße trockene Sommer und milde, regenreiche Winter. Die **Lufttemperatur** liegt im August zwischen 24 °C und 27 °C. In den besten Wandermonaten Mai/Juni und September sind es zwischen 19° und 24°. Im Januar sinkt die Temperatur auf 6 °C bis 13 °C. In Höhen über 800m kann sogar Schnee fallen und kurzfristig liegen bleiben.
Die **Wassertemperaturen** schwanken zwischen 16 °C im Februar und bis zu 25 °C im August. Baden kann man ab Ende Mai bei 19 °C bis in den Oktober (22 °C).
Die **Regentage** verteilen sich ungleich übers Jahr: Im Dezember und Januar fällt die Hauptregenmenge, es regnet ungefähr an 14 Tagen pro Monat. Im Mai muss man noch mit drei Regentagen rechnen, während von Juni bis August fast absolute Trockenheit herrscht. Der September hat zwei, der Oktober statistisch schon wieder sechs Regentage, die jedoch nicht ergiebig sind.
Die Zahl der täglichen **Sonnenstunden** ist entsprechend. Im Dezember und Januar scheint nur an etwa 4½ Stunden die sehr kräftige Wintersonne. Im Mai erwarten den Wanderer schon 10 Sonnenstunden und im August muss der Badegast mit 12 Stunden fertig werden. Der Oktober ist mit 7¾ Stunden wieder angenehm für Herbstwanderungen.
Auf den Kykladen wehen hauptsächlich starke **Nordwinde**. Die Ursachen dafür liegen im Luftdruckgefälle zwischen dem Azorenhoch und dem Hitzetief über dem Persischen Golf sowie dem Sog durch das Aufsteigen erhitzter Luft über Arabien. Im April und Mai sowie im Oktober und November kommt der feucht-kühle *Boréas* aus dem Norden. Von Juni bis September wehen oft tage-

lang die Etesien, besser bekannt als »Meltémia«, von Norden. Der *Meltémi* hat tagsüber eine Windstärke von fünf bis sechs und flaut normalerweise gegen Abend ab. Dabei bleibt das Meer relativ ruhig und der Himmel unbewölkt, aber diesig. Vor allem im Frühjahr weht der feucht-warme *Schirokko* von Süden her. Er kommt aus der Sahara und nimmt über dem Meer Feuchtigkeit auf.

Die griechischen Inseln bieten mehrere **gute Zeiten zum Wandern**. Wer das Auge verwöhnen möchte, wandert um die Osterzeit. Es kann zwar noch etwas kühl und der Boden sogar matschig sein, aber die Landschaft leuchtet grasgrün, mohnrot und ginstergelb, die Häuser und Gassenbeläge sind frisch geweißelt. Allein die Vorbereitungen zum griechischen Osterfest zu sehen, ist eine Reise wert. Allerdings kann man noch nicht baden und einige Hotels und Tavernen sind noch geschlossen. Im April kann es kurzzeitig regnen. In der von den Griechen benutzten Dreiteilung des Jahres wird diese Zeit »Blüte- und Reifezeit« genannt.

Im Mai und Juni ist die Blüte schon teilweise vorüber. Da es aber schön warm ist und sich die Zahl der Touristen noch in Grenzen hält, ist das zum Wandern wohl die schönste Zeit. Ab Mitte Mai hat das Wasser eine angenehme Temperatur.

Die Touristenhochsaison im Juli und August ist wegen der Hitze zum Wandern nicht unbedingt zu empfehlen. Es ist die griechische »Trockenzeit«. Die stetig wehenden trockenen Nordwinde machen die Temperaturen jedoch erträglich, mittags empfiehlt sich aber eine Rast unter einem Baum. Ab Juli beginnt die Erntezeit. Am 15. August, Mariä Entschlafung (Himmelfahrt) finden überall große Feste mit Hammelbraten, Musik und Tanz statt.

Ab Anfang September ist die Hitzeperiode vorüber, bis Ende Oktober ist das Baden immer noch sehr angenehm. Jetzt lassen sich wieder längere Touren unternehmen, wegen der kürzeren Tage allerdings nur noch bis etwa 18 Uhr. Das Land ist gelb und braun geworden, überall trifft man freundliche Bauern bei der allerletzten Ernte.

Ab Anfang Oktober kann es wieder regnen. Allmählich schließen Lokale und Hotels und manche Besitzer ziehen in ihre Winterdomizile nach Athen. Andere ziehen Tarnanzüge an, greifen zur Waffe und durchstöbern das Unterholz – eine Million Griechen sind leidenschaftliche Jäger.

Meistens erfolgt im November ein Klimaeinbruch mit starkem Regen. Dann wird's unangenehm. Die Jahreszeit von November bis Februar wird »Regenzeit« genannt. Obwohl es um die Weihnachtszeit sonnige und warme Tage geben kann, ist es zu dieser Zeit daheim gemütlicher.

Geologie

Die nördliche Ägäis wurde erst nach der letzten Eiszeit vom Meer überflutet. Bis dahin bildete der heutige Inselbogen zwischen Kreta und Rhodos den südlichen Rand des Festlandes.
Die nördlicheren Inseln der Kykladen stehen auf einem untermeerischen Gebirge, das vor 50 Millionen Jahren durch den Druck der afrikanischen auf die europäische Kontinentalplatte aus dem Meer gehoben wurde. Nach verschiedenen Hebungen und Senkungen haben die Inseln ihre heutige Form angenommen. Überall findet man deshalb Schiefer, ein Ablagerungsgestein, das aus dem Meer gehoben worden ist und auf einem Sockel aus Marmor und Granit aufliegt. Sollte der Druck auf die europäische Erdplatte anhalten, würde es dazu führen, dass sich die Inseln weiter erheben und in etwa 50 Millionen Jahren das Meer verschwunden wäre. Dann gäbe es wieder eine Landverbindung zwischen Asien, Afrika und Europa.
Am Südrand der Ägäis zieht sich ein seismisch aktiver Bogen vom Peloponnes über die Inseln Póros, Mílos, Santoríni, Anáfi, Níssiros und Kos zum türkischen Taurusgebirge hinüber. Der Druck der Erdplatten entlädt sich hier von Zeit zu Zeit in Erdbeben. In Griechenland ereignet sich die Hälfte der Erdbeben Europas. Hier finden sich außerdem ruhende, aber auch aktive Vulkane wie auf Mílos und vor allem auf Santoríni. Diese südlichen Inseln sind aus vulkanischen Tuffen und Laven aufgebaut, die auf älteren, nicht vulkanischen Gesteinen aufliegen.

Fauna

Bedingt durch die niedrige Vegetation fehlen größere Wildtiere. Am häufigsten begegnet man Ziegen und Schafen, jedoch nicht mehr so zahlreich wie in früheren Zeiten. Selten trifft man auf Hasen und Marder.
Am Wege sieht man oft die kleinen, bis zu 10 cm langen Eidechsen. Ihr größter Vertreter, der bis zu 30 cm große Agamen (Hardun) [1], sieht einem Drachen ähnlich.
Der vorsichtige Wanderer wird selten Schlangen zu Gesicht bekommen. Es gibt nur eine giftige Art: die Horn- oder Sandviper (Vipera ammodytes meridionalis) [2]. Sie wird bis zu 50 cm lang und doppelt daumendick. Ihr Biss ist für einen gesunden Erwachsenen aber kaum tödlich.
Von vergleichbarer Größe ist die ungiftige Sandboa. Sie lebt sehr versteckt. Die ebenfalls ungiftige Vierstreifennatter ist ausge-

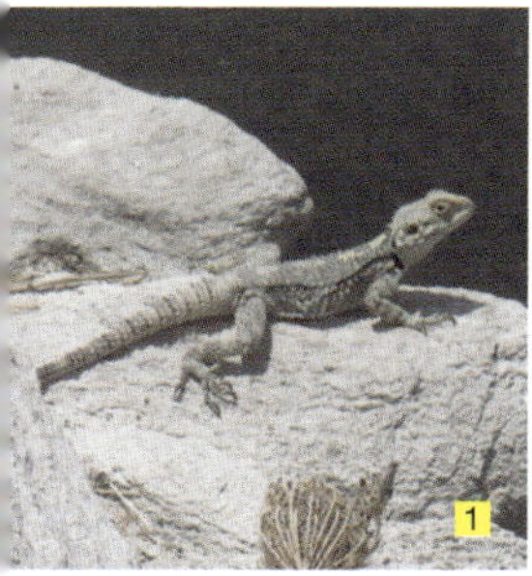
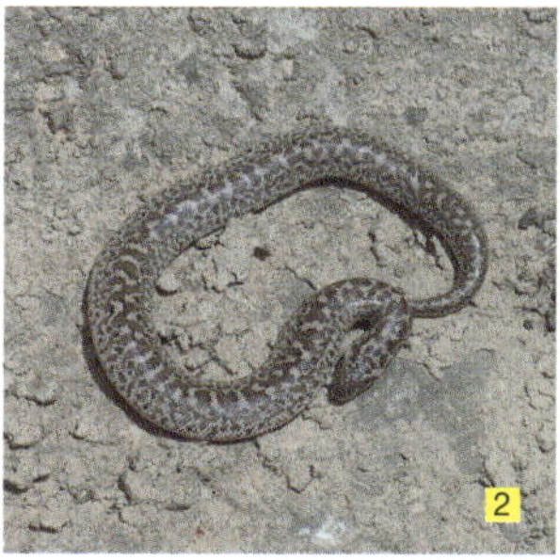
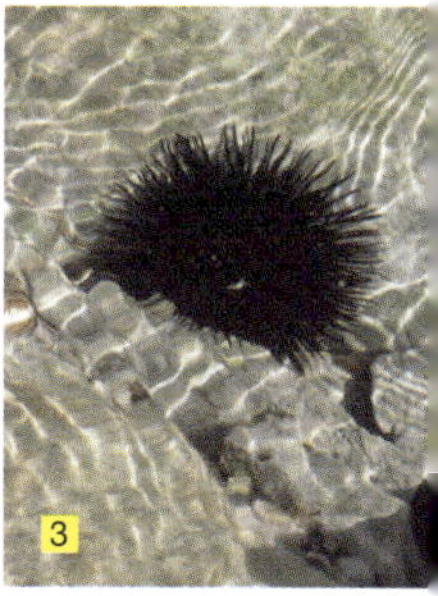

wachsen etwas länger als einen Meter und fast armdick. Ihre Größe wirkt erschreckend, sie ist jedoch harmlos, genau wie die wesentlich kleinere Ringelnatter.

Ein Stich eines der bis zu 5 cm langen Skorpione ist schmerzhaft, aber nicht lebensgefährlich. Sie verstecken sich gerne in Schuhen! Landschildkröten sind selten geworden.

An Wasserflächen kann man Krebse, Frösche, Aale und Wasserschildkröten aufstöbern. In felsigen Meeresbuchten sieht man manchmal Seeigel 3, um die man besser einen Bogen macht. Auf der Insel Poliégos bei Mílos leben Mönchsrobben.

Flora

Griechenland besitzt neben Spanien die größte pflanzliche Artenvielfalt Europas. Allerdings wurden auf den Ägäisinseln seit der Antike Wälder für den Schiffbau abgeholzt oder sie fielen sommerlichen Waldbränden zum Opfer, so dass Teile der Landschaft manchmal karstig wirken. Dieser Effekt wird verstärkt durch die Kalkböden, die kein Wasser speichern können.

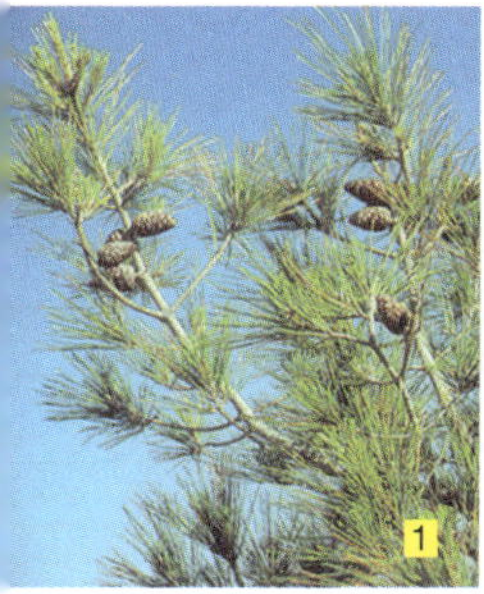
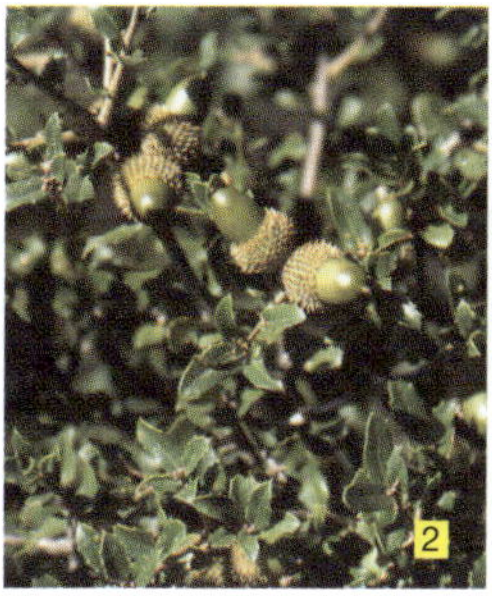
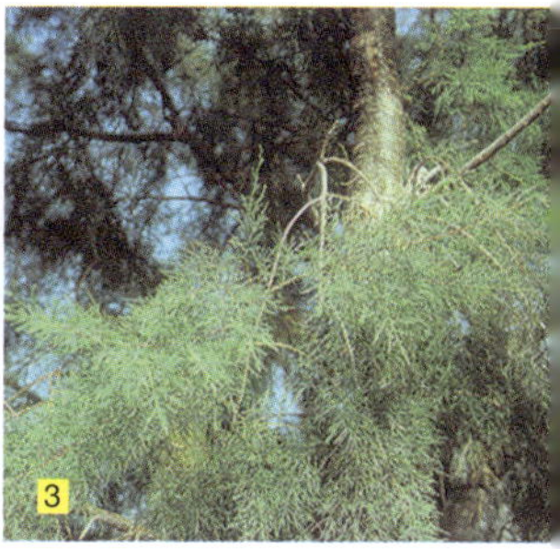

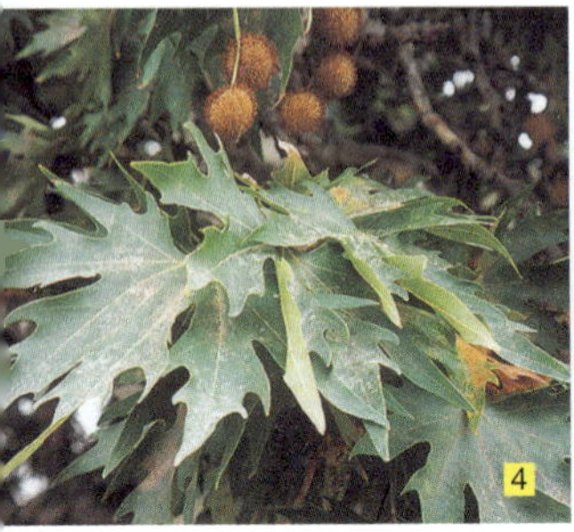

4

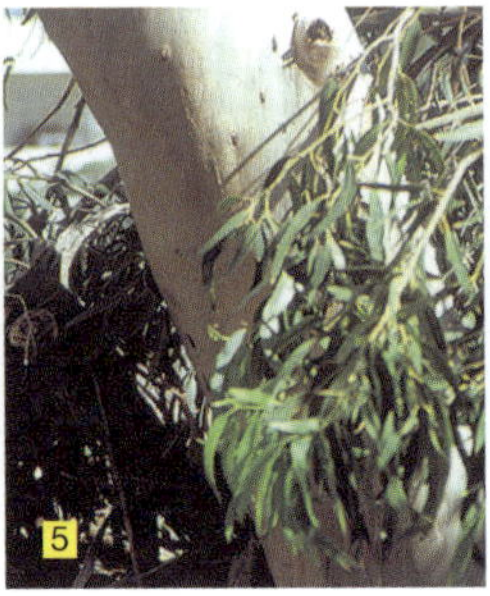

5

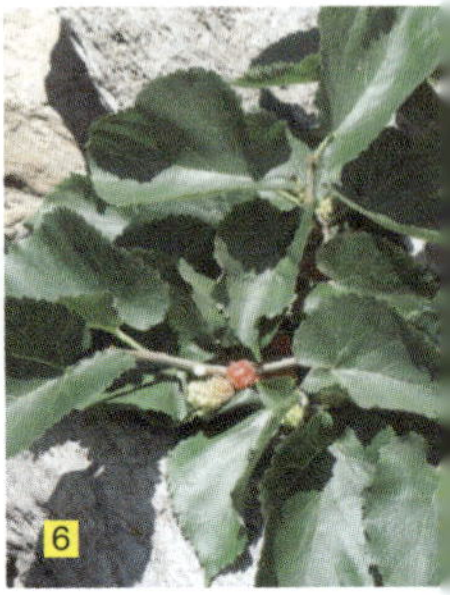

6

Der **Baumbestand** setzt sich hauptsächlich aus Aleppokiefern [1] zusammen. Aus ihnen wird das Harz für den Retsina gewonnen. In wasserreichen und geschützten Gegenden wachsen höhere Stein- und Kermeseichen [2]. An Stränden findet man die anspruchslosen und salztoleranten Tamarisken [3] vor. Platanen [4] spenden Schatten auf Dorfplätzen und schlanke Zypressen auf Friedhöfen. Akazien, Pappeln, Erlen, Ahorn und Eukalyptus- [5], Maulbeer- [6] und Johannesbrotbäume [7] sind ebenso heimisch. An Obstbäumen gibt es Granatapfel-, Feigen- [8] und Zitrusbäume. Der Olivenbaum, der im Alter bizarr verwachsen aussieht, prägt die Landschaft jedoch am meisten.
An Hängen bilden bis zu einem halben Meter hohe, trockene Kleinsträucher ein dorniges Gestrüpp, das auf griechisch »Phrygana« heißt. Ginster, Flockenblumen (Centauria spinosa), Erika und Wolfsmilchgewächse (Euphorbia) [9] [10] sind die typischen, oft igelförmigen Pflanzen dieser »niedrigen Macchia«.
Seltener findet man dichteren, bis zwei Meter hohen Buschbestand aus immergrünen Bäumen und hartlaubigen Sträuchern. Diese »hohe Macchia« bezeichnet man im Griechischen als

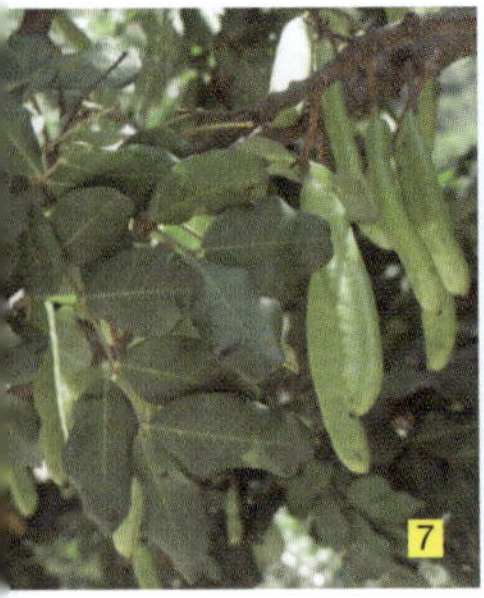

7

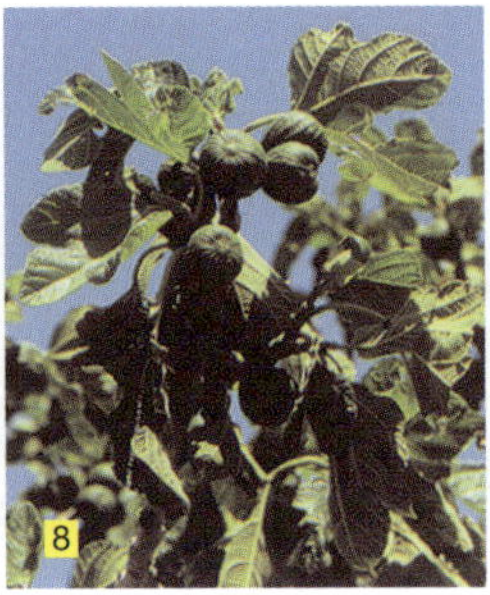

8

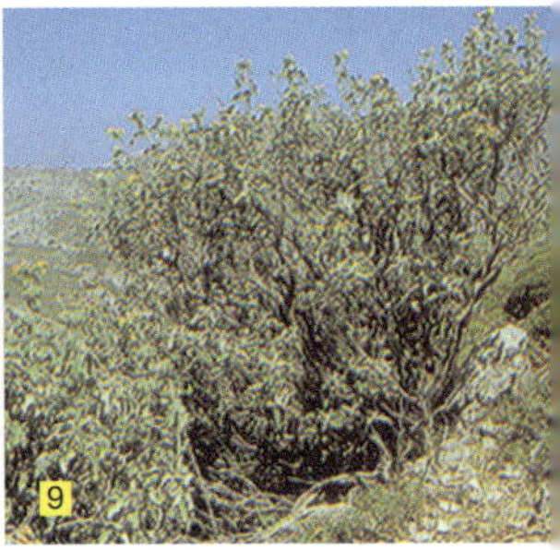

9

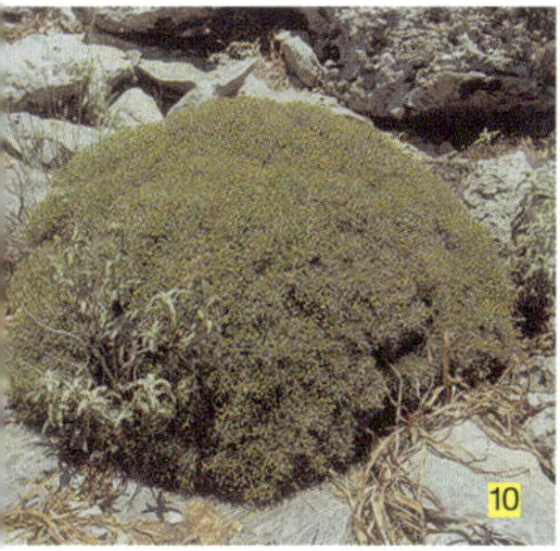

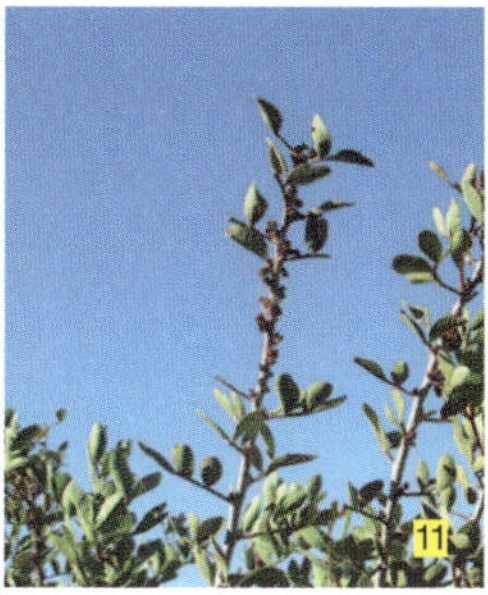

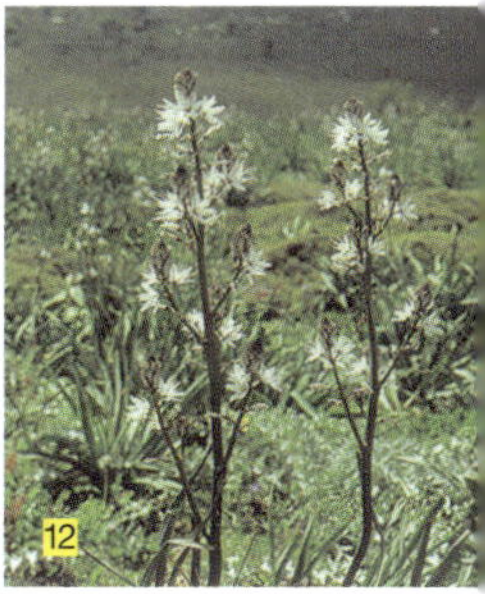

»Xerovumi«. Hier findet man Kermeseichen mit gezackten Blättern [2], Wacholder- und Mastixsträucher [11]. Mastix wird zur Herstellung von Kaugummi und Raki-Schnaps verwendet.
Die Ziegenhaltung bewirkt, dass Ansätze größerer Vegetation niedergehalten werden. Manchmal werden sogar Weideflächen abgebrannt, um den Ziegen frisch nachwachsendes Grün als Nahrung zu schaffen. Schnell wachsen jedoch ungenießbare Pflanzen wie Filznessel, Meerzwiebel und Affodill [12] nach.
Agaven (Agave americana) [13] säumen häufig Wege und Pfade. Dieses dornige Dickblattgewächs existiert erst seit dem 16. Jh. im Mittelmeerraum. Auch der Feigenkaktus [14] mit stacheligen, aber wohlschmeckenden Früchten ist verbreitet.
Überraschend vielfältig und bunt zeigen sich im Frühjahr die **Blumen**. Schon im Januar blühen Anemonen und Krokus. Von Februar bis April folgen weiß- und rotblühende Zistrosen [15], Iris, Narzissen, Hyazinthen und Lupinen. Chrysanthemen und Ginster zaubern Gelb in die Landschaft und der Mohn das leuchtende Rot.

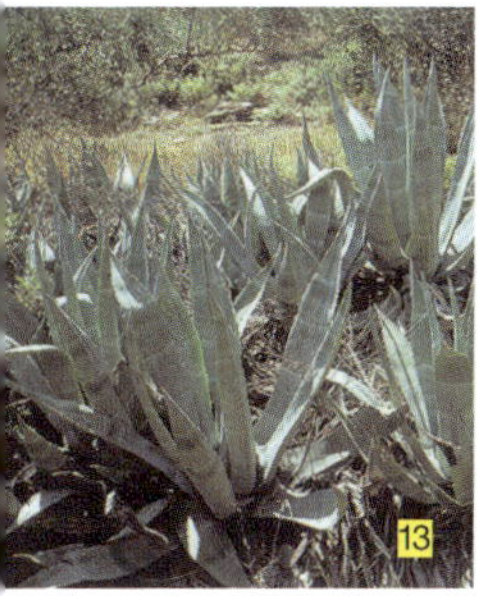

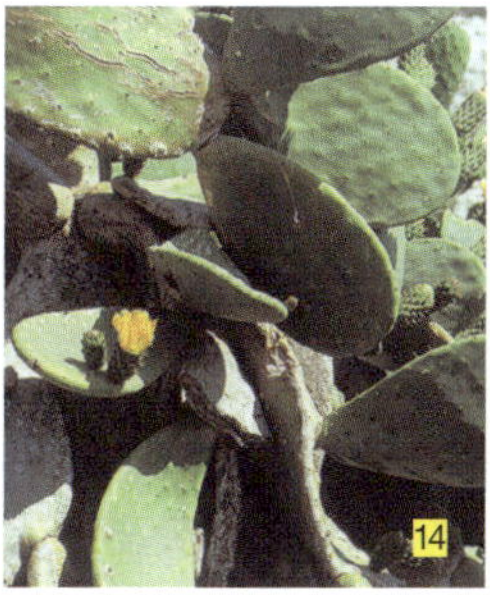

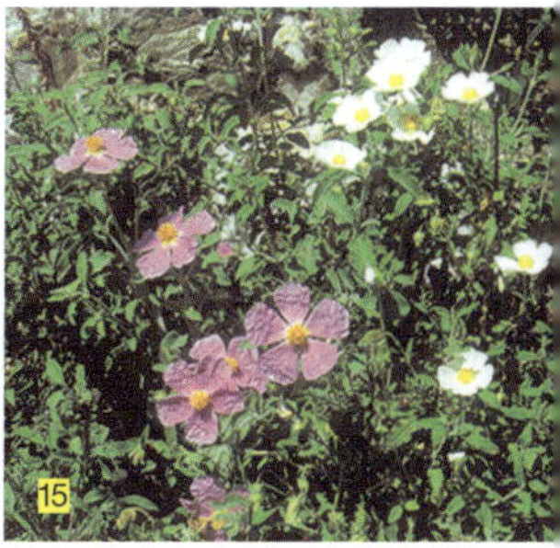

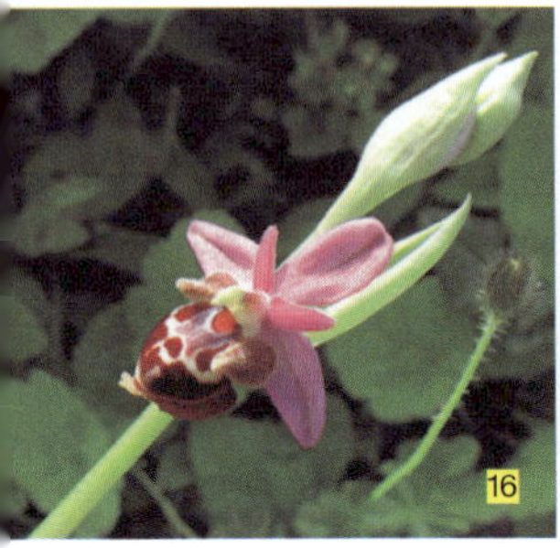 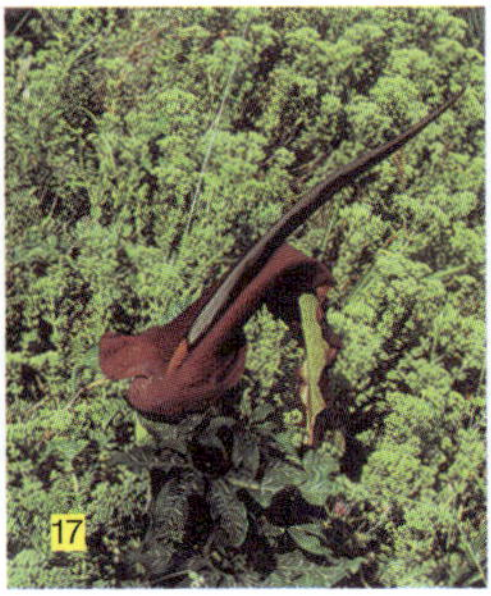 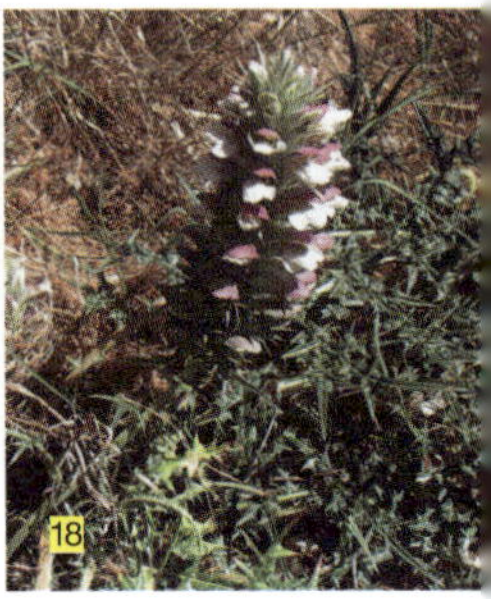

Kurzzeitig blühen im Frühling kleinere **Orchideen**. Häufig kommen Ragwurz (Ophrys) 16, Knabenkraut (Orchis), Zungenstendl (Serapias) und Drachenwurz 17 vor.

Im Mai und Juni klingt die Hauptblüte aus. Der Sommer bedeutet jedoch keineswegs braune Einöde. An den Häusern leuchten Bougainvillea und an feuchten Stellen blüht der Oleander. An Wegerändern harren der spitzblättrige Akanthus 18 und die gelbe Golddistel 19 aus.

Im Spätsommer und Herbst beginnt nach den ersten kurzen Regengüssen die Flora wieder aufzuleben und zu blühen. Herbstzeitlose, Erika und Meerzwiebel zeigen sich, ebenso die krokusähnliche Sternbergie und der Löwenzahn, die Distel sowie das Alpenveilchen.

Viele der Pflanzen enthalten ätherische Öle. In der Tageshitze kann man den angenehm würzigen Geruch von Thymian, Rosmarin, Lavendel, Oregano, Kamille und Fenchel besonders genießen. Oft säumen Salbei 20, Kapern 21 und weitere Küchengewürze die Wanderpfade.

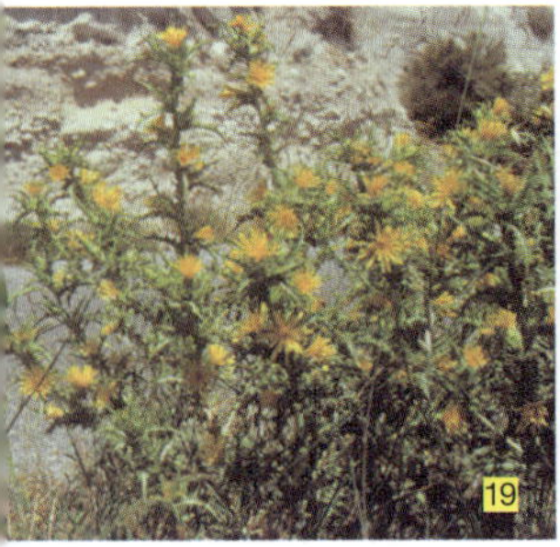 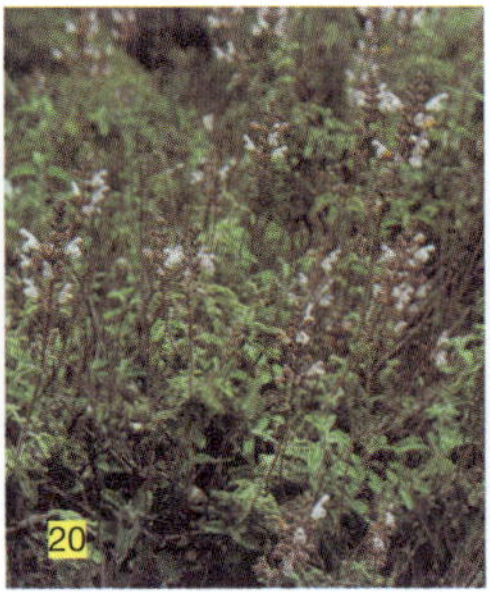 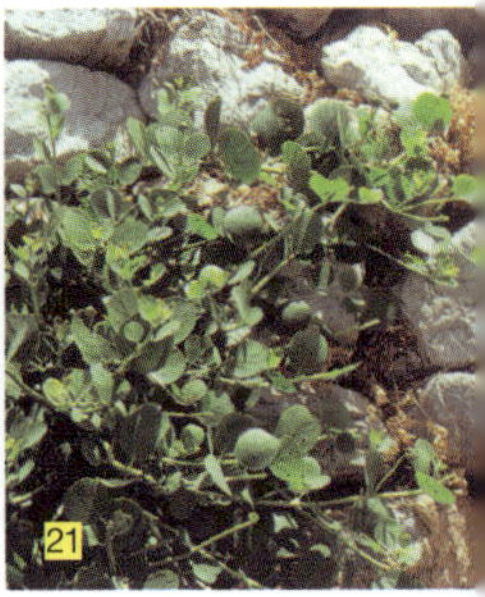

Geschichte im Überblick

Prähistorische Zeit Die Kykladen sind seit der Mittelsteinzeit (7500 v. Chr.) besiedelt. Siedlungsspuren vom Ende des 4. Jahrtausends v. Chr. werden bei Korissía auf Kéa und auf dem Inselchen Sáliegos bei Páros nachgewiesen. Zu dieser Zeit findet bereits der Export von Obsidian aus Mílos statt. Einflüsse aus den frühen Hochkulturen des vorderen Orients gelangen über die Inselbrücke der Ägäis nach Europa. Dort erlebt Europa am Übergang zur Bronzezeit mit der **Kykladenkultur** (3200–1100 v. Chr.) den ersten künstlerischen Höhepunkt. Bekannt sind die bis 1,50m hohen, partiell mit Punkten und Strichen bemalten Figuren aus Marmor.
Vor viertausend Jahren kommen die Phönizier von der Küste des heutigen Libanon. Sie vermitteln den Griechen das Wissen der Assyrer und Babylonier und bringen die Schrift und das Geld. Danach geraten die Inseln unter den Einfluss des Minoischen Kreta und nach dessen Untergang um 1450 v. Chr. unter den von Mykene. Auf dem Festland lösen um 1200 v. Chr. die wohl aus Dalmatien einwandernden Dorer eine Völkerwanderung aus, in deren Folge die Inseln der Ägäis und Kleinasien in mehreren Wellen kolonisiert werden. Auf den nördlichen Kykladen dominieren die Ionier, auf den südlichen die Dorer.

Archaische Zeit (700–490 v. Chr.) Die Ionier übernehmen im 6. vorchristlichen Jahrhundert die geistige Führung des Griechentums. Die Entwicklung des hellenischen Geistes in künstlerischer, geistiger und wirtschaftlicher Hinsicht erfolgt auf den Inseln wesentlich früher als auf dem Festland. In dieser zweiten kulturellen Blütezeit der Kykladen entstehen die ersten Tempel aus Stein; aus dem örtlichen Marmor werden die ersten Großplastiken erschaffen. Am Ende des 5. Jh. bestimmen jedoch die neuen Machtzentren Athen und Sparta das Geschehen.
Seit 540 v. Chr. dehnt das persische Großreich seinen Einfluss bis zur kleinasiatischen Küste hin aus. Athen macht Délos zum geistigen und kulturellen Zentrum des Attisch-Delischen Seebundes. Dieses Schutzbündnis verbindet die Griechen der Ägäis und Kleinasiens mit Athen. Die Perserkriege beginnen 490 v. Chr.

Klassische Zeit (490–336 v. Chr.) Zu Beginn der Perserkriege werden die Kykladen besetzt und gezwungen, auf persischer Seite zu kämpfen. Beim Sieg über die Perser 449 v. Chr. stehen aber auch sie auf der Seite Athens. Im folgenden sehr kur-

zen »Goldenen Zeitalter« machen die Griechen der Welt ihr größtes Geschenk: die Idee der Demokratie.
Als Athen die gemeinsame Bundeskasse aus Délos wegschafft und seine Partner zu Vasallen machen will, kämpfen die Inseln zusammen mit Sparta im 30-jährigen Peloponnesischen Krieg gegen Athen. Dieser Krieg hinterlässt ein für immer geschwächtes Griechenland, Athen verliert alle Bedeutung.

Hellenistische Periode (338–146 v. Chr.) Die nordgriechischen Makedonier erobern 338 v. Chr. Griechenland, später auch die Inseln und übernehmen die griechische Kultur. Der Makedonier Alexander der Große trägt diese Kultur, die jetzt »Hellenismus« genannt wird, kurzzeitig bis nach Indien. Nach seinem frühen Tod zerfällt sein Weltreich rasch in einzelne Diadochenreiche, von denen die Inseln der Ägäis durch die ägyptischen Ptolemäer beherrscht werden.

Römische Periode (146 v. Chr.–395 n. Chr.) Die Römer, die ab 146 v. Chr. Griechenland beherrschen, machen die griechische Kultur ebenfalls zur ihrigen und verbreiten sie im damaligen Europa. Aus der griechischen wird die abendländische Kultur. Aus Rom kommt das Christentum, das nach 391 auch in Ostrom Staatsreligion wird.

Byzantinische Epoche (395–1453 n. Chr.) Das römische Reich wird 395 geteilt. Während Westrom 476 n. Chr. in der Völkerwanderung untergeht, bleibt der Ostteil des Imperium Romanum noch für weitere 1000 Jahre Träger der antiken griechisch-römischen Kultur. Byzanz, das Zweite Rom, wendet sich nach Osten, missioniert die Slawen und verbreitet griechisches Denken bis nach Moskau, dem Dritten Rom.
Neue Ideen des Islams beeinflussen im 8. und 9. Jahrhundert auch Griechenland und führen zum Bilderstreit, dem Ikonoklasmus. Hierbei geht es um die Zulässigkeit der bildhaften Darstellung Gottes und der Heiligen. Die Bildverehrer siegen schließlich. Die religiösen Gegensätze zu Rom vertiefen sich bei Fragen über den Heiligen Geist, die Erbsünde und die leibliche Himmelfahrt Mariens. Den Päpsten missfällt, dass der byzantinische Kaiser Kirchenoberhaupt ist, den Byzantinern gehen die Reformen Roms zu weit. 1054 erfolgt das Schisma, die Trennung der griechisch-orthodoxen Ostkirche von der lateinischen Westkirche.
In dieser unsicheren Zeit werden die Inseln der Ägäis häufig von seeräuberischen Vandalen überfallen. Die Rückzugsmöglichkei-

ten ins Inselinnere machen die größeren Inseln relativ sicher. Ab dem 9. Jh. kann Byzanz seine Macht wieder festigen.
Seit 1071 drängen die turkmenischen Seldschuken nach Westen. 1095 bittet Ostrom den Papst Urban II um Hilfe – die Kreuzzüge beginnen. Beim vierten Kreuzzug kommt es zu einer der größten Kurzsichtigkeiten der Weltgeschichte. Wegen Handelsrivalitäten veranlasst Venedig die Kreuzritter im Jahre 1204, die byzantinische Hauptstadt Konstantinopel zu besetzen und zu plündern. Die Quadriga auf dem Markusplatz ist ein Teil der Beute. Nach knapp 60 Jahren erobern die Byzantiner mit Hilfe Genuas die Stadt wieder zurück und beenden das »Lateinische Kaiserreich« Venedigs. Von dieser Schwächung kann sich Byzanz nie wieder erholen und wird 1453 von den Osmanen erobert.

Venezianische Herrschaft (1207–1537) Direkt nach der Brandschatzung Konstantinopels unterwirft Marco Sanudo, ein Neffe des Dogen Dandolo, die Kykladen und gründet das Herzogtum von Náxos (oder Paléologos). Seinen adeligen Gefährten überlässt er die Verwaltung, die einheimische Bevölkerung hat das Land zu bewirtschaften. Die Dörfer werden burgartig zum *Kástro* zusammengebaut, um sie vor Piratenüberfällen zu schützen. Die Venezianer bringen auch den Katholizismus mit, der sich aber in der griechischen Landbevölkerung nicht verbreitet.

Osmanische Epoche (1537–1827) Der Fall Konstantinopels 1453 markiert das Ende der tausendjährigen griechisch-antiken Hochkultur. Die Geschicke der orthodoxen Kirche werden seither in Moskau bestimmt. Geflüchtete byzantinische Gelehrte bringen griechisches Gedankengut ein weiteres Mal nach Westen und beeinflussen auch die Renaissance.
Das Osmanische Großreich lenkt nach der Einnahme Konstantinopels seine ganze Kraft auf die Eroberung Europas. Nachdem Rhódos 1523 gefallen ist, besetzt es 1537 die Kykladen. Das griechische Leben, vom Essen bis hin zur Musik, ist 350 Jahre lang türkisch dominiert. Auf den Inseln gibt es jedoch teilweise größere Freiheiten – die Osmanen sind hauptsächlich an Einkünften interessiert. Die orthodoxe Kirche wird als Mittler zur Bevölkerung anerkannt und erweist sich während dieser Zeit als Hort des Griechentums. In Geheimschulen werden die griechische Sprache und Schrift unterrichtet.
Der Panslawismus unter Katarina der Großen will den Balkan der russischen Einflusssphäre einverleiben. Im türkisch-russischen Krieg von 1768 besetzt eine russische Flotte für vier Jahre 18 Inseln.

Unabhängiges Griechenland (seit 1832) Im Jahr 1821 beginnt auf dem Peloponnes der Aufstand gegen die Türken. Philhellenen aus vielen Ländern unterstützen den Freiheitskampf, europäische Großmächte helfen diplomatisch – Griechenland wird wieder Teil Europas. Die rivalisierenden Großmächte setzen 1832 einen »neutralen« König ein, den Wittelsbacher Otto I. Obwohl er 1862 das Land wieder verlassen muss, hinterlässt er Spuren in der Verwaltung und im Städtebau.
Nach 1912 versucht Griechenland, anfangs erfolgreich, sich seine einstigen antiken Siedlungsgebiete wieder anzueignen. In Kleinasien, endet dies aber 1922 in einer totalen Niederlage gegen die unter Atatürk wieder erstarkte Türkei. Über eine Million Griechen müssen ihre angestammte Heimat in Kleinasien verlassen, aus Smýrna wird Izmir
In den 1930er Jahren erlebt auch Griechenland eine Militärdiktatur. Das faschistische Italien versucht 1940 ohne Erfolg, das Land zu besetzen. Deutsche Truppen dringen daraufhin über den Balkan nach Griechenland vor und übergeben es den Italienern als Besatzungsgebiet. Nach dem Seitenwechsel Italiens 1943 sind deutsche Soldaten auf den Kykladen stationiert. Sie ziehen sich im Oktober 1944 zurück.

Nach dem 2. Weltkrieg Mit westlicher Hilfe entgeht Griechenland im Bürgerkrieg von 1945 bis 1949 dem Schicksal der anderen Balkanstaaten und verschwindet nicht hinter dem Eisernen Vorhang.
Nach Aufnahme in die Europäische Union, dienen deren Subventionen der Infrastruktur und der Entwicklung des Tourismus zum wichtigsten Wirtschaftszweig. 2002 wird die Drachme, die älteste Währung der Welt, vom Euro abgelöst. Die »harte« Währung verschafft leichteren Zugang zu Finanzmitteln, dem viele Politiker nicht widerstehen können. Unbemerkt entstehen gewaltige Schuldenberge, mit denen eine umfassende Klientelwirtschaft bedient wird. In der Finanzkrise nach 2008 können diese Schulden nur durch umfangreiche finanzielle Rettungsmaßnahmen der EU ausgeglichen werden. Die dafür im Gegenzug geforderten Wirtschaftsreformen führen zu sozialen Unruhen, leiten aber auch eine Konsolidierung ein.
In der Flüchtlingskrise um 2015 flüchten Hunderttausende aus dem Nahen Osten über die griechischen Inseln nach Europa. Demgegenüber verschafft die geografische Lage Griechenland als »Tor nach Europa« für Waren aus Asien eine neue Bedeutung.

Santorini, Caldera

Santoríni

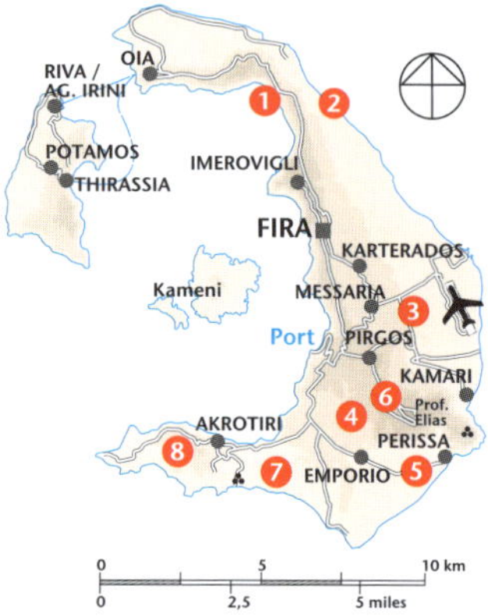

Die sehr trockene und im Sommer heiße Vulkaninsel unterscheidet sich völlig von den anderen Kykladen. Seit 200.000 Jahren erlebt die auf dem seismisch aktiven Kykladenbogen gelegene Insel immer wieder gewaltige Eruptionen. Zuletzt gab es 1956 ein großes Erdbeben, seit 2011 wird wieder verstärkter Vulkanismus gemessen. Das heutige, atollartige Erscheinungsbild ist nach dem Ausbruch eines Vulkanes unter der davor kreisrunden Kalksteininsel um 1650 v. Chr. entstanden. Dies war die größte Naturkatastrophe der Menschheitsgeschichte. Eine bis zu 60 m hohe Schicht von ausgeworfenem Bimssteintuff lagerte sich nach der Eruption auf den Resten der Insel ab. In die typischen Erosionstäler baute man Höhlenwohnungen.
Die Top-Destination des Welttourismus ist nicht unbedingt auch ein »Muss« für Wanderer. Die Insel ist hauptsächlich durch Straßen und Fahrwege erschlossen, so dass einsame Pfade kaum zu finden sind. Meist sind sie tief in den Tuff eingegraben und seitlich mit schwarzen Lavasteinen befestigt. Es gibt wenig schattenspendende Bäume; Weinbau dominiert die Landschaft. Die effektiven Busverbindungen bedienen alle Start- und Endpunkte der beschriebenen Touren. Die Taxipreise sind dagegen oft überhöht und kaum verhandelbar, besonders nicht am Hafen.
Beliebt sind die Wanderungen ①, ⑤ und ⑥.

Thirassía, die auf der anderen Seite der Caldera gelegene Insel, ist bäuerlich geblieben – es gibt nicht einmal Übernachtungsmöglichkeiten. Für eintägige Wanderausflüge ist das Zeitfenster der Bootsverbindungen von Oía sehr klein.

Wanderkarten: Anavasi #10.24 Terrain # 313
Taxis: +30-22860-22555/23951
Notfall: +30-22860-35300

❶ Am Abgrund

Die klassische Santoríni-Wanderung: 4 Stunden am Rande des Abgrundes mit spektakulärem Ausblick und einem wunderbaren Picknickplatz! Die gut ausgebauten Fußwege sind mit »1«, »5« und »9« markiert.
■ *9 km, Höhenunterschied 130m, leicht bis moderat*

RGZ Von der Seilbahnstation in Fíra führt der Weg in den Orts-
0.05 teil **Fírostefani.** Vorbei am wehrhaften Nonnenkloster
Agios Nikolaou (Besichtigung möglich) geht es dann nach
0.20 **Imerovígli** mit dem barocken Campanile und Burgresten
auf dem vorgelagerten Felsen. Nach einigen Stufen rechts
hinauf geht es vor dem Kriegerdenkmal nach links und
am Ende des Platzes für 7m nochmals links. Dann rechts
zu einem länglichen Parkplatz und zwischen Hotels wei-
0.35 ter und vor dem Hotel *Ampelonas* (re.) nach links. Am **Ort-
sende** [1] nimmt man den gepflasterten Fußweg am Rande
0.50 des Kraters. Nach einer Senke – mit **Friedhof** und Luxus-
0.55 hotels – steigt der Weg gemächlich an und **gabelt** sich bei
der Hotelanlage *Nebu* (**P1:** N36°26,963'/E25° 25,467',
360m). Rechts führt der spätere Hauptweg aufwärts.

*Links geht es in fünf Minuten hinunter zur **St. Antonius-Kapelle** [2], einem Rastplatz, wie es nur wenige auf den Kykladen gibt. Es ist alles da: Esstische, eine kühle Grotte mit Fresken und sogar ein WC-Häuschen.*

★ *Die Insel Vulcano, erst vor 300 Jahren der fast 400m tiefen Caldera entstiegen, liegt friedlich in Kratermitte. Geschaffen wurde diese Szenerie durch den gewaltigen Vulkanausbruch um 1650 v. Chr., der mit einem Schlag die theräische Kultur auf der Insel vernichtete. Damals ent-*

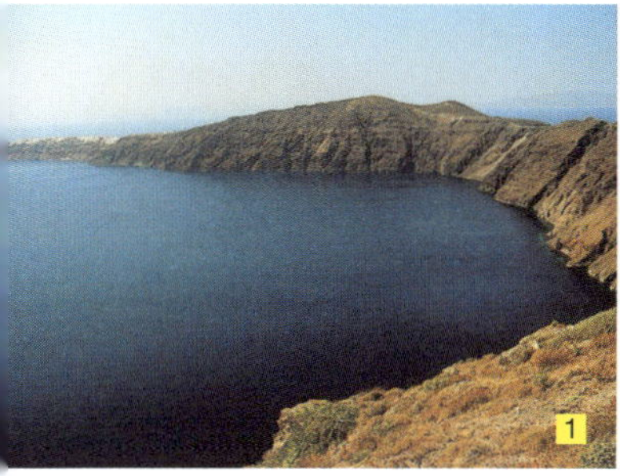

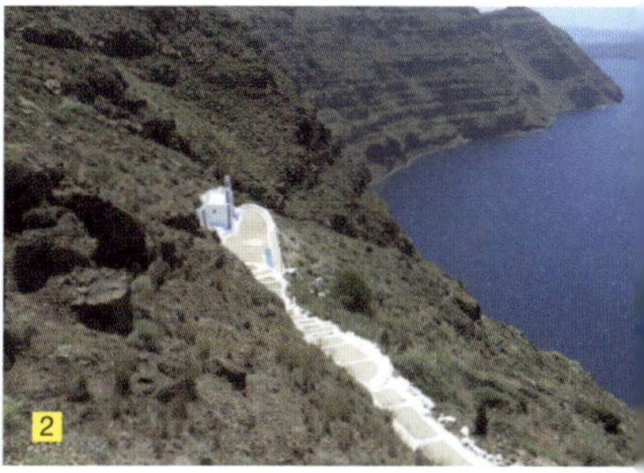

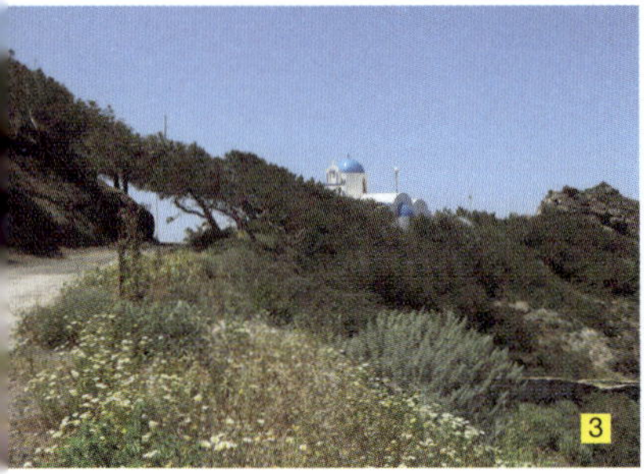

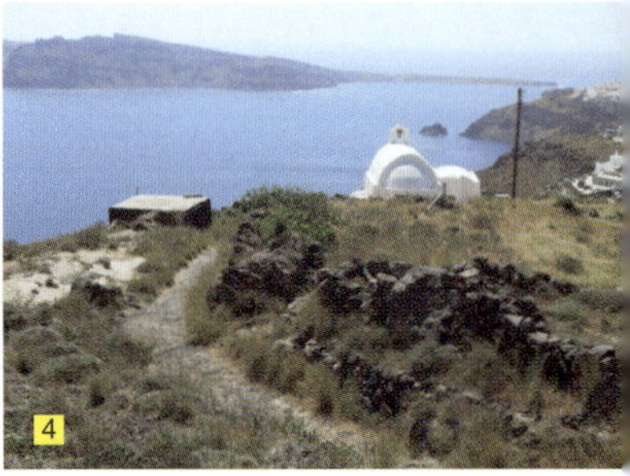

stand die Meerespassage zwischen Thirassía und Oía, die rechterhand liegt.

1.05 Ungern verlässt man dieses Belvedere und steigt wieder zum Hauptweg hinauf, um an einer Kirche (li.) aufwärts weiterzuziehen. Fast schon auf der Bergspitze steht die
1.20 Kirche **Profitis Elias** ③. Auf einem Schotterpfad wandert
1.30 man am Abgrund entlang hinab zur **Straße** und folgt ihr schnelle 250m.

Neben Katarinas Kantina, bekannt für frisch gepressten Orangensaft, führt ein schöner Eselspfad hinauf zum Negolo Vounó (Schwarzer Berg). Auf dem zweiten Gipfel wartet
1.55 eine **Kapelle** mit schönem Ausblick über den nördlichen Teil Santorínis. Auf Lava geht es jetzt ganz dramatisch hin-
2.05 ab in Richtung Oía, vorbei an einer zweiten **Kapelle** ④, die heute den Namen des Propheten Elias trägt.

> ***Alternative:*** Wer **baden** möchte, geht unterhalb der Eliaskapelle den Fußweg rechts hinab ins beschauliche **Finikía** und folgt ② zum Meer. Dort fahren die Busse nach Fíra vorbei.

Am Ortsrand von Oía steht nach einem Hotel links die
2.15 summende **Wasserentsalzungsanlage**, die nicht zuletzt das köstliche Nass für die zahllosen Swimmingpools liefert. Ein Hangweg führt an einigen davon vorbei weiter zum Perivolas-Market an der Straße. Man geht hier links,
2.20 vor der **Georgskirche** links die Treppen hinauf und durch den Kirchhof hindurch zum Hauptweg von **Oía.** Auf ihm folgt man später dem Touristenstrom, den es wie uns zum »Sunsetpoint« zieht.

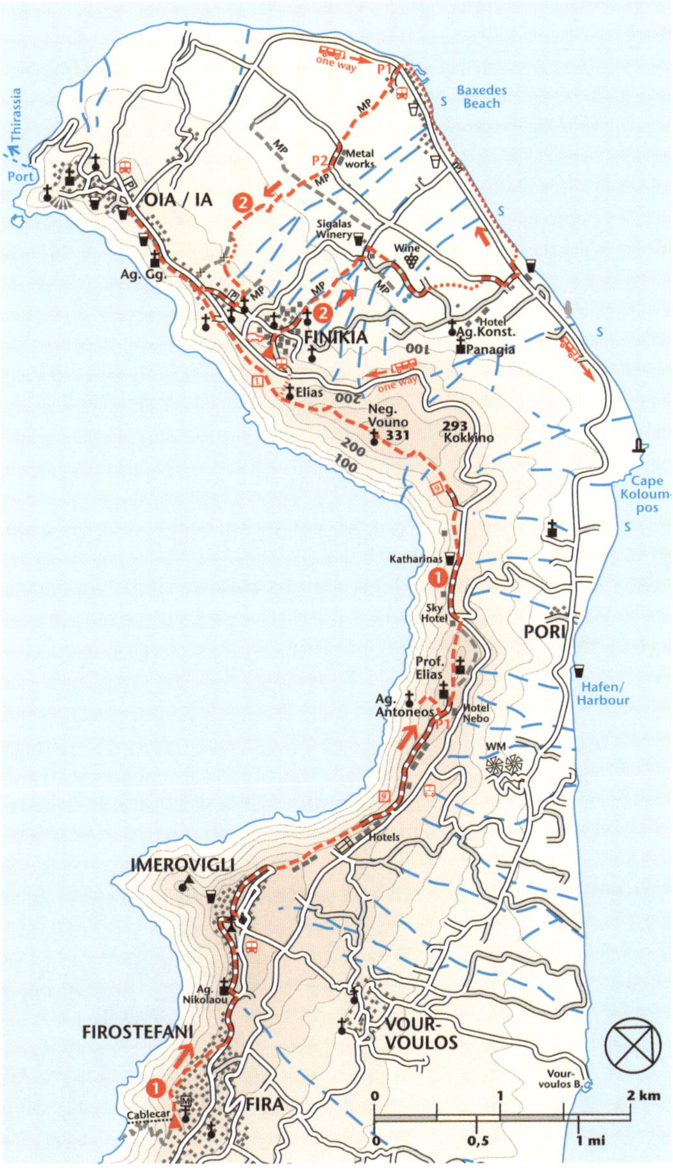
Thirassia
Port
OIA / IA
Baxedes Beach
one way
P1
MP
P2
Metal works
Sigalas Winery
Wine
Ag. Gg.
FINIKIA
Hotel
Ag.Konst.
Panagia
100
one way
Elias
200
Neg. Vouno 331
293 Kokkino
Cape Koloumpos
Katharinas
Sky Hotel
PORI
Prof. Elias
Ag. Antoneos
Hotel Nebo
Hafen/ Harbour
WM
Hotels
IMEROVIGLI
Ag. Nikolaou
FIROSTEFANI
VOUR-VOULOS
Vourvoulos B.
Cablecar
FIRA
0
1
2 km
0,5
1 mi

❷ Strandläufer

Eine 3½-stündige Wanderung für Strandläufer: Vom schönen Dörfchen Finikiá hinab zum schwarzen Kieselstrand von Baxédes und auf einem teilweise verwachsenen Monopatía wieder hinauf nach Oía. Am Weg kann man Wein verkosten, baden und in der Saison auch einkehren.

🚗 Finiká

■ 9 km, Höhenunterschied 160m, leicht

▷ Karte siehe vorige Seite

RGZ Rechts vom **Kindergarten** an der Hauptstraße führen Stu-
0.00 fen (Schild »Meze-Meze«) hinab ins beschauliche **Finikiá.**
Bei der Gabelung weiter unten geht man rechts; bei der
nächsten links abwärts. Nach den *Caves 1880* geradeaus
aufwärts, danach unterhalb des Hotels *fava* links abwärts
0.05 [1]. Vor einer **Holztür** gabelt sich die Gasse. Hier folgt man
0.08 der Gasse rechts zu den *Danae-Studios,* die am **Ortsrand**
links oben liegen. Von dort führt ein Pflasterweg [2] in die
Küstenebene.
0.20 Er mündet in eine kleine **Seitenstraße** die zum Weingut *Sigalas* führt, wo man im netten Garten Wein verkosten und kleine Speisen bestellen könnte.

Vom Eingang aus wandert man links vom Parkplatz und später auf einem Fahrweg geradeaus weiter. Bei vier großen, schwarzen Wassertanks biegt er nach links. In der folgenden Rechtskurve kann man diagonal durch das Feld Richtung Meer ziehen. Ab der Pferdekoppel nimmt man den Fahrweg zur Küstenstraße. Diese geht man 80m nach links zu einer kleinen Senke, von der aus der schwarze

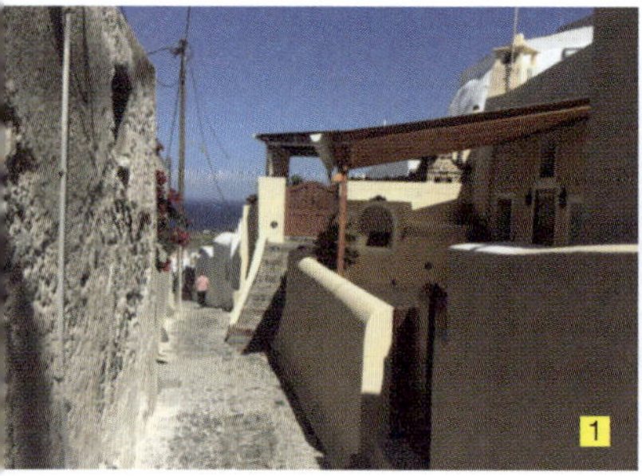

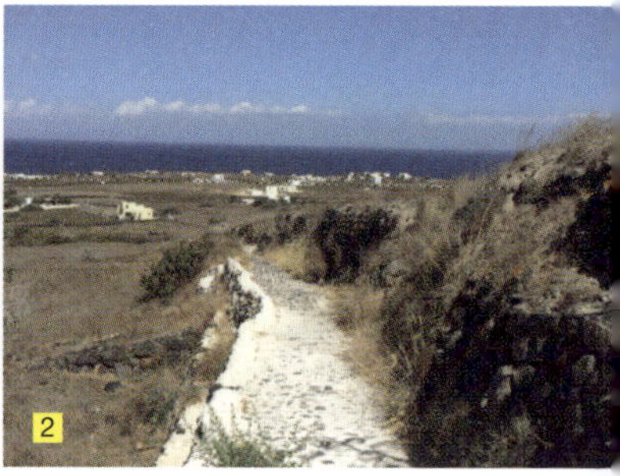

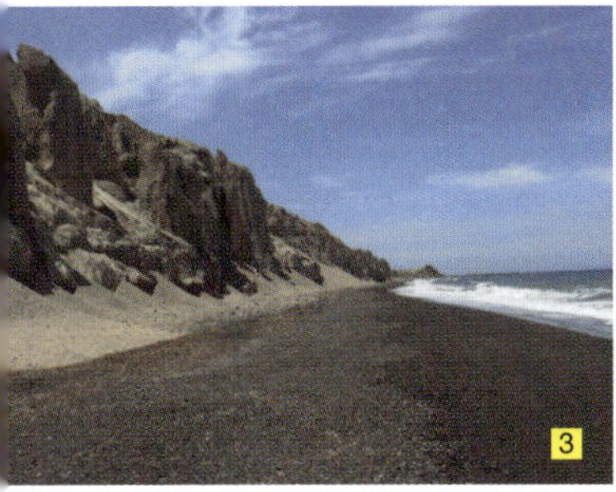

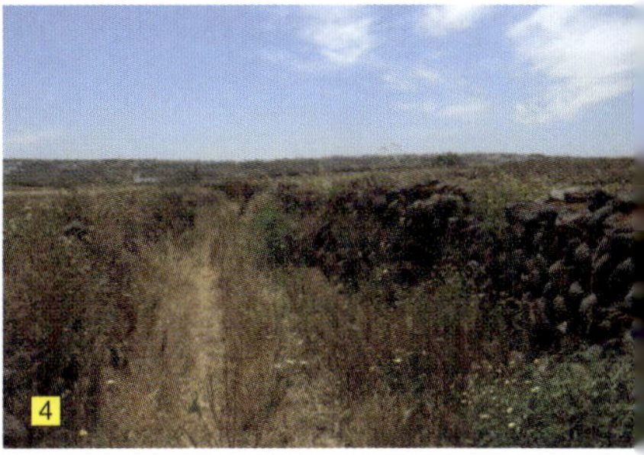

0.40 **Kieselstrand von Baxédes** gut zu erreichen ist.
Die Wanderung nach Westen führt an imposanten Bimssteinwänden mit eingehauenen Bootsschuppen entlang ③. In der Ferne erkennt man Síkinos und Ios. Anders als richtige Strandläufer schauen wir weniger nach angeschwemmtem Strandgut, sondern nach einem Badeplätz-
1.10 chen. Danach streunt man weiter zum **Hafen** und zur Küstenstraße hinauf. Dort gibt es einen Busstop.
15m nach links versetzt führt dort, gegenüber eines Wegealtars und bei einem Wasserdurchlass, ein Fahrweg ins Land (**P1:** N36°28,876'/E25°23,202'). Bei der folgenden Linksabbiegung findet man geradeaus einen Eselsweg ④. Er ist bei einer Schlosserei (li.) kurzzeitig befahrbar und
1.20 zweigt bei der Linkskurve vor **zwei Strommasten** (**P2:** N36°28,407'/E25°23,279') aber wieder nach rechts ab. Nachdem man eine Pfadkreuzung passiert hat, ist der Pfad tiefer im ansteigenden Gelände eingegraben – und immer mehr zugewachsen.
300m vor dem Ziel, den Häusern von Finikiá, muss man aufgeben und stapft missmutig pfadlos direkt links oberhalb des zugewachsenen Pfades auf terrassierten Wiesen weiter. Man stößt auf eine Linksabzweigung vom zugewachsenen Weg (re. unten) und benutzt diesen aufwärts führenden Pfad. Auf ihm trifft man oben bei »Marias Place« auf eine Seitenstraße, die man nach rechts spaziert. Auf der Hauptstraße geht es rechts schräg gegenüber hinauf
1.50 zum Calderaweg und dort rechts zur **Georgskirche** von **Oía/Ia.**

❸ Erosion

Die Erosionstäler, für Santorín fast so typisch wie der Caldera-Absturz, sind wenig bekannt. Von der kleinen Marienkirche auf dem »Kasteli« von Pírgos aus hat man die Übersicht über die größten dieser Täler.
Im Norden, Richtung Físa, liegt Vóthonas hinter einem solchen Tal.
Der Plan ist schnell gefasst: Wir steigen vom Kasteli hinunter durch dieses Erosionstal nach Vóthonas und wandern von dort am Flughafen vorbei zum Baden nach Kamarí. 3½ Stunden sollten genügen. Der Winzerpfad ab RGZ 0.10 fordert allerdings etwas Engagement.
■ 7 km, Höhenunterschied 365m, leicht bis moderat

RGZ Mit dem Bus gelangt man nach **Pírgos**, der Inselhauptstadt bis zum Jahr 1800. Man bummelt durch die alten, verwinkelten Gassen hinauf zum Kastéli, dem venezianischen Kastro von 1663 und lässt den Blick weit über Santorín schweifen.

Unterhalb des Kástro, mit der sehenswerten Nikolauskir-
0.00 che im Rücken, startet man am **Obelisken** und geht 15m danach 12 Stufen hinab. Am edlen Hotel Zannos (re.) vorbei, gelangt man zu einer Kirche ① und geht davor den gepflasterten Weg rechts hinab. Später unter einem Schwippbogen hindurch und bei einer Gabelung rechts,
0.05 bis zu einer Betonrampe, die nach links in eine **Straße** mündet.

Diese geht man 40m nach rechts und nimmt am Trafomast eine weitere Betonrampe links hinab. Beim breiten

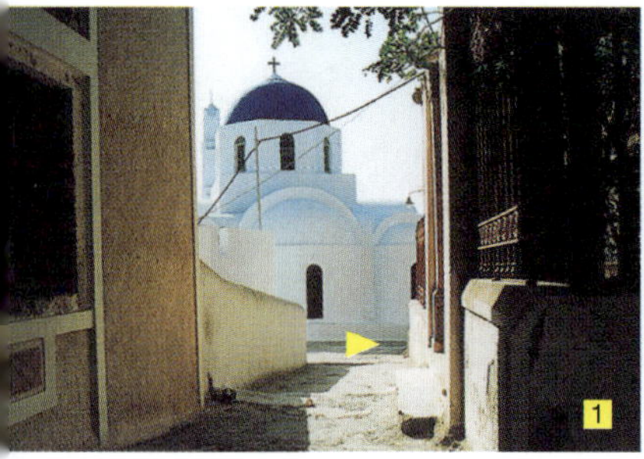

1

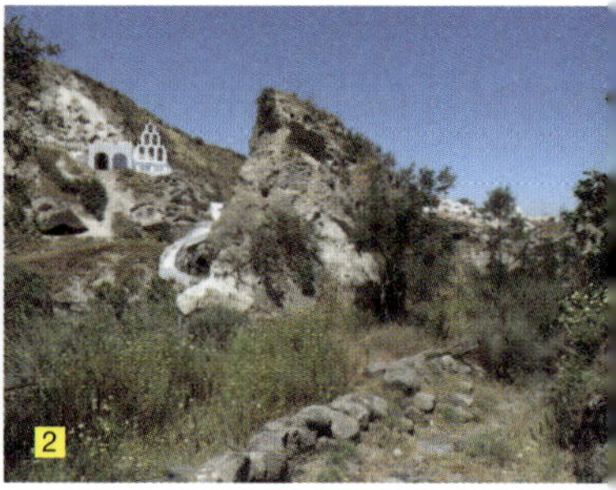

2

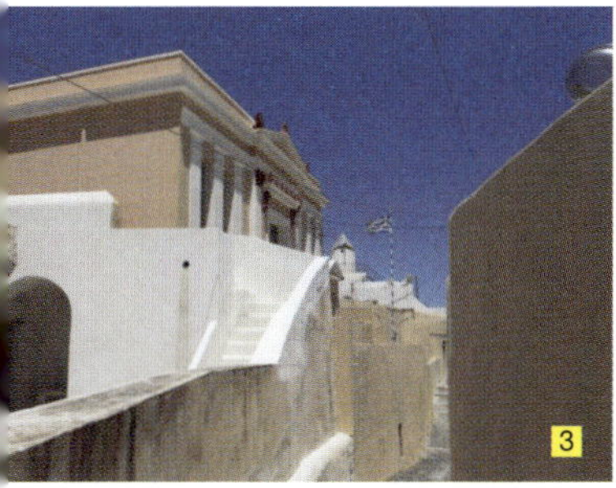

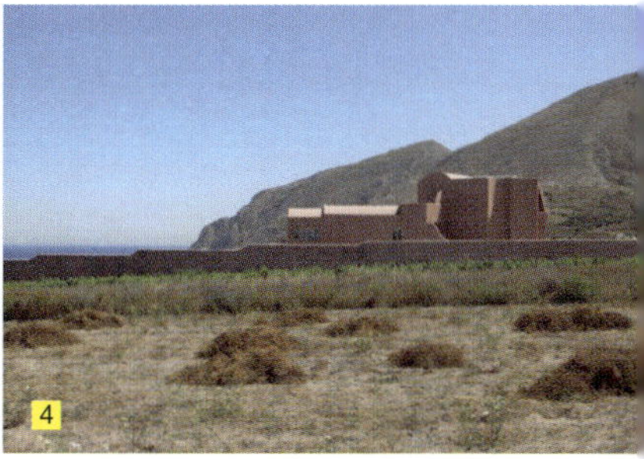

Hoftor (re.) wird aus der Rampe ein eingegrabener, beto-
0.10 nierter Winzerweg. Die folgende, größere **Straße** stört uns kaum, da zehn Meter nach rechts versetzt die Verlängerung des bisherigen Weges weiter in das Erosionstal hinabführt (**P1:** N36°23,226'/E25°27,039', 270m).

Der schwarz gepflasterte Pfad »8« ist teilweise etwas zugewachsen, aber passierbar. Feigenkakteen stehen am Wegrand des tiefer werdenden Tales. Jahrhundertelang haben die Winterregen an der bis zu 60 m dicken Bimssteinablagerung gefeilt.

Bei einer Höhlenkapelle ② kommen wir nach **Vóthonas** und nehmen den rechts abwärts führenden Betonweg mit typischen Höhlenwohnungen. 3.000 von ihnen wurden beim Erdbeben von 1956 zerstört und wurden mittlerweile renoviert. Für die Bewohner – und neuerdings für Feriengäste, sind die Höhlen optimal: kühl im Sommer und warm im Winter. Am Ortsanfang steht links die große
0.35 **Panagía-Kirche** mit einem riesigen Eukalyptusbaum.

> ***Alternative:*** Geht man vor der Panagíakirche das Tal links hinauf, findet man nach acht Minuten die abgeschlossene Höhlenkirche **Panagiatis Sergeinas.** Sie bot im Mittelalter auch Unterschlupf bei Piratenüberfällen.

Vom Eukalyptusbaum neben der Panagía-Kirche geht man links eben ins Städtchen hinein und vor der nächsten Kirche rechts. Später steht links ein klassizistisches Haus ③. Unterhalb der Windmühle steigt man den Stufenweg nach rechts wieder ins Tal und geht dort die Gasse links hinab. Von oben beherrscht die Kuppelkirche mit dem gewaltigen Glockenträger das Dorf. An weiteren, teilweise renovierten
0.40 Ferien-Höhlenwohnungen vorbei gelangt man zum **Dorfende** und wandert in vielen Windungen aus dem Erosi-

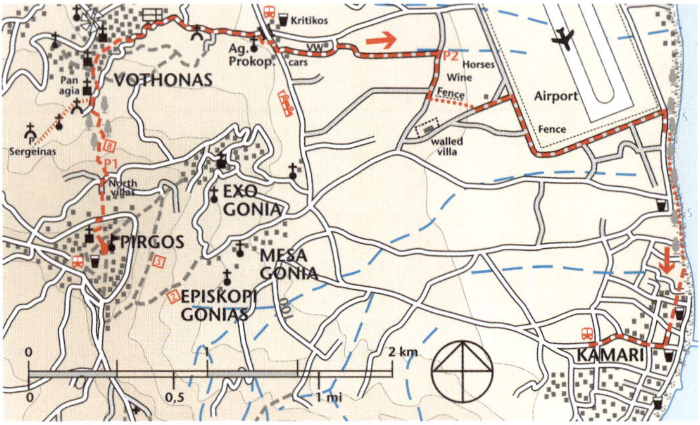

onstal hinaus. Rechts wurde die Felsen-Doppelkirche des Hl. Prokopius in den Hang getrieben. Kurz darauf erreicht
0.50 man bei der beliebten Taverne »Kritikos« die **Hauptstraße.** Vor der Brücke wendet man sich nach rechts hinauf und folgt der Hauptstraße eine Minute lang nach rechts. Gegenüber einer Reifenwerkstatt und vor einem Gebrauchtwagenhändler wenden wir uns links wieder dem Wandern zu. Auf einem Sträßchen passiert man einen Volkswagenhändler, und biegt dahinter rechts auf einen Feldweg ab.

1.05 Auf ihm zieht man seewärts, bis er auf einen **Querweg** trifft (**P2:** N36°23,588'/E25°28,320'). Geradeaus verläuft ein Trockenbett zum Meer. Wir folgen hier dem Feldweg *nach rechts,* einem großen futuristischen Gebäude entgegen 4. Wer mag wohl hinter den riesigen Mauern wohnen?

Wir wollen es nicht erfahren und biegen 150m vor der Mauer, am Ende des Weingartens (li.), pfadlos nach links ab. Am rechten Rand des Weingartens entlang, erreicht
1.15 man einen Feldweg, der nach links zum **Flughafenzaun** führt. Dort entlang wandernd, freut man sich diebisch, dass man nicht in einer der startenden Maschinen sitzt und
1.30 erreicht frohgemut den schwarzen **Strand** von **Kamári.** Nach rechts schlurft man bis zum ersten Lokal von **Kamári.** Bei der *Mango Bar* führt die Straße 300m aufwärts
1.45 zum **Busstopp.**

④ Aufstieg nach Pírgos

Auf dieser 1½-stündigen Wanderung kann man fast ausschließlich alte Eselspfade benutzen – eine Rarität auf Santoríni. Sie sind mit »2« markiert. Wenig anstrengende Steigungen und zwei interessante Städtchen, jeweils mit Kastro, machen die Tour reizvoll. Tavernen gibt es in Empório und Pírgos.
■ *4 km, Höhenunterschied 285m, leicht bis moderat.*

Die Verbindung mit Wanderung 6 ergibt eine drei- bis vierstündige, allerdings schwere Tour.
▷ *Karte Seite 32*

RGZ Mit dem Périssa-Bus gelangt man nach **Empório** und steigt am Platz unterhalb der großen Kirche aus. Auf der Straße geht man 50m horizontal und dann vor der klassizistischen Schule links den Pflasterweg »2« bis zu einem Querweg hinauf. Dort dann rechts, immer »geradeaus« und nach einer Kirche mit dunklen Basaltsteingewänden
0.00 (re.) links hinauf zum venezianischen **Kastro.**

*Das **venezianische Kástro,** die höher gelegene Altstadt, ist ein dicht und burgartig gebauter Häuserkomplex, der von einem engen Gassengewirr durchzogen wird. Durch zwei überdeckte Durchgänge gelangt man hinein.*

Vom *Tor von 1831* steigt man die Stufen zwischen Kastro und Kuppelkirche hinab und gelangt über den Kirchplatz
0.05 zu einer Gasse. Dort geht man rechts zu einem **Sträßchen.** An der Ecke wendet man sich links aufwärts in das Tal.
0.10 Am Ende der Ortschaft gibt uns eine **Kapelle** (re.) (**P1:**

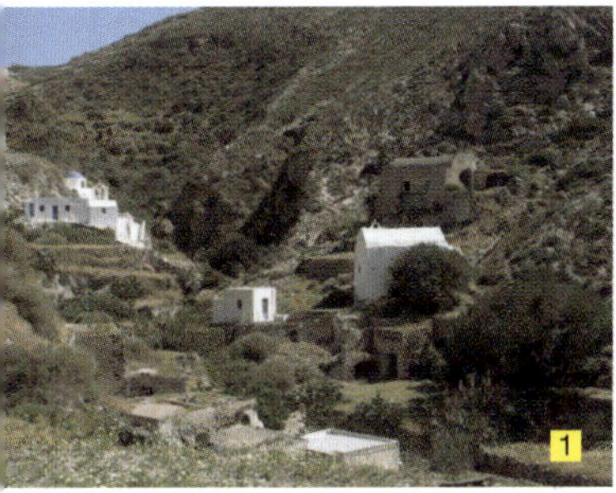

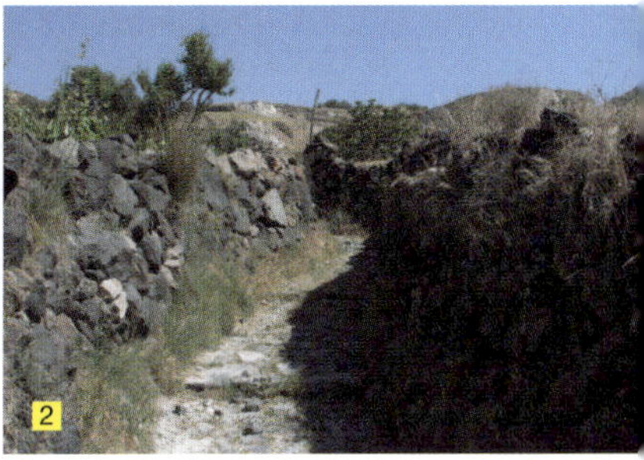

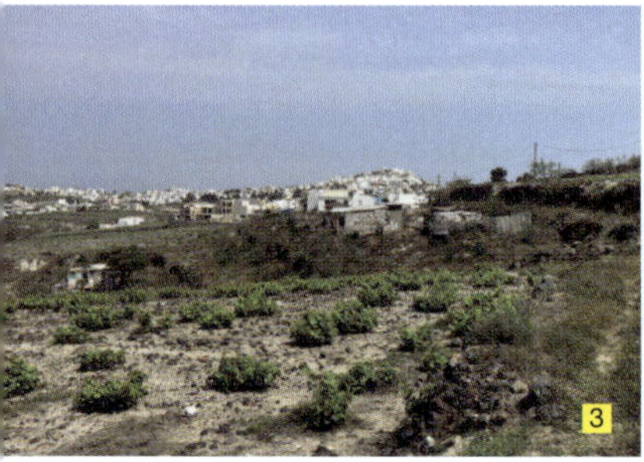

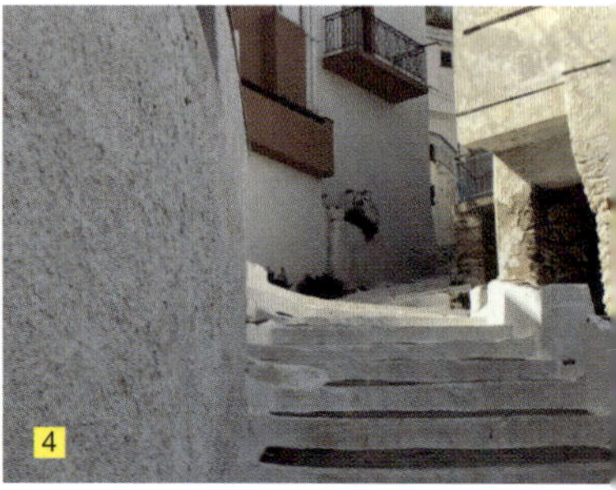

N36°28,406'/E25°23,279') den Segen, bevor wir nach zwei Schwibbögen den Ort verlassen. Ein wunderschöner, alter
0.15 Hohlweg leitet uns hinauf ins Tal. Bei der **Abzweigung** 150m unterhalb des Klosters am Talende [1], geht man in Serpentinen links aufwärts und auf einem breiten Höhenrücken bergan [2].
0.30 Man erschrickt kurz über einen breiten **Fahrweg**, den man rechts aufwärts gehen muss. 20m nach der Rechtsabzweigung zu einer Kirche kann man sich jedoch wieder über schöne Stufen und einen alten Eselspfad nach rechts freuen (**P2:** N36°22,140'/E25°26,961', 270m). Links liegt Megalochóri und vor uns etwas später das Hügelstädtchen Pírgos [3]. Zufrieden zieht man am Hang entlang, bis
0.45 man die **Straße** erreicht.

Verlängerung: Etwa 30m abwärts findet man rechts ein Wegkreuz und den Fußweg »1« hinauf zum **Kloster Profítis Elías** ⑥.

Ansonsten wandert man die Straße hinab und verlässt
0.50 sie nach der Senke nach rechts hinauf zur **Busstation** von **Pírgos.**

Das verwinkelte und sehr hübsche Hügelstädtchen war zu osmanischer Zeit Inselhauptstadt [4]. Als höchstgelegener Ort von Santorin war er vor Piratenüberfällen einigermaßen sicher. Die Venezianer hinterließen auch hier ein Kástro, in dem sich einige schöne Lokale finden lassen ...

❺ Alt-Théra

Das antike Théra, im 8. Jh. v. Chr. gegründet, ist neben Akrotíri und Délos eine der archäologischen Hauptsehenswürdigkeiten der Kykladen. Diese Wanderung führt in 3 Stunden über den Sattel des Messavounó mit den Ausgrabungen (mittwochs geschlossen) nach Kamári. Mit dem Badeboot könnte man eine Rundtour machen.

■ 4 km, Höhenunterschied 350m, moderat

Périssa oder Kamári, dabei Verfügbarkeit Badeboot klären!

▷ *Karte siehe Seite 32*

RGZ Am Ende der Strandlokale von **Périssa** liegt nach der
0.00 Linkskurve rechts ein Parkplatz. Von dort geht es eine Straße leicht bergan. Rechts erhebt sich steil der Messavounó mit der Felsenkapelle Panagia Katefiani. Oben zweigt man in der Linkskurve ab und geht an den auf leichte Last
0.08 wartenden Eseln vorbei. Bei der weißen **Informationstafel** beginnt rechts der Anstieg. Der gut erkennbare
0.40 Schotterweg zur **Selláda**, dem Sattel, ist etwas steil, aber gut in einer halben Stunde zu schaffen 1. (Zur Panagía-Kapelle im Fels leitet ein teilweise ausgesetzter Pfad rechts weg.)

*Wer das alte **Théra** besichtigen möchte, sollte spätestens um 14.00 Uhr dort sein, da die Besucher um 15.00 das Gelände verlassen müssen. Es sind gut erhaltene Bebauungsreste aus ägyptisch-ptolemäischer (250 v. Chr.) und aus späterer römischer Zeit zu sehen. Die Ausgrabungen erfolgten um 1900 durch deutsche Archäologen, die auch die*

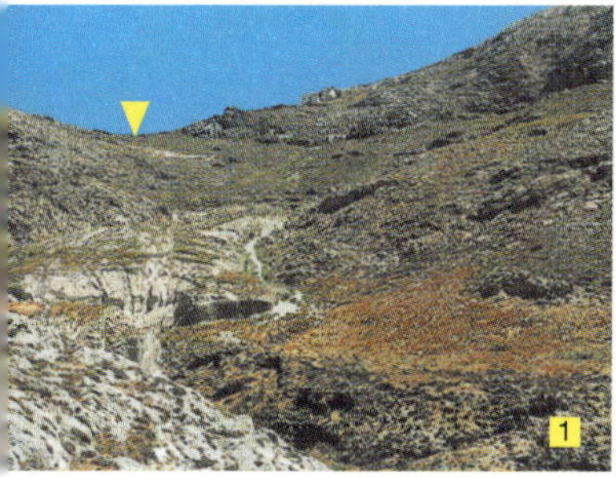

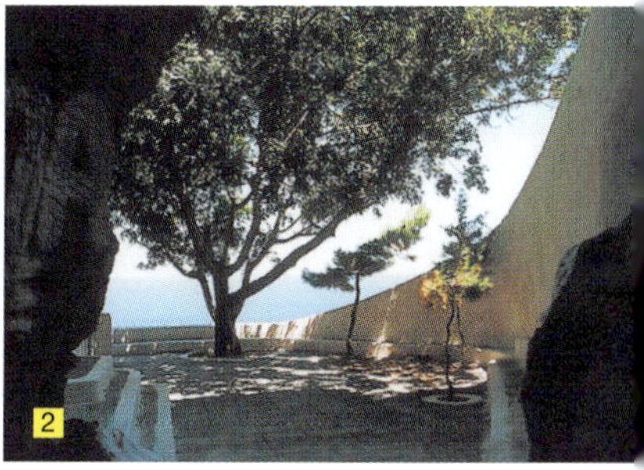

Orientierungsbezeichnungen hinterließen. Beeindruckend ist vor allem die Lage dieser Stadt und ihre Hinwendung zum Meer. Man kann zeitweise von hier einen Minibus nach Kamári nehmen.

Der Weg für Genießer führt zu einem Pfad, der in der dritten Rechtskurve der Straße *nach links* wegführt.

Der wunderbare recht gut ausgebaute Pfad »3« führt hoch
über Kamári am Berg entlang. Man kommt, später auf Trep-
0.55 pen mit Geländer, zur Höhlenkapelle **Zoodóchos Pigí** (»Lebensspendender Quell«) [2].

Ein Bilderbuchplatz, wie er nur auf den Kykladen zu finden ist: In der Grotte ein Tisch für die Kirchweih-Besucher und im Geäst hängende Glocken. Wenig oberhalb des hektischen Kamári herrscht hier oben göttliche Ruhe. Die lebensspendende Quelle in der Höhle ist allerdings vergittert.

Der Weg ist ab hier gepflastert und führt in Serpentinen
1.10 steil hinunter zum schwarzen Strand von **Kamári.**

Falls man das Auto in Perissa geparkt hat, nimmt man jetzt das Badeboot zurück.

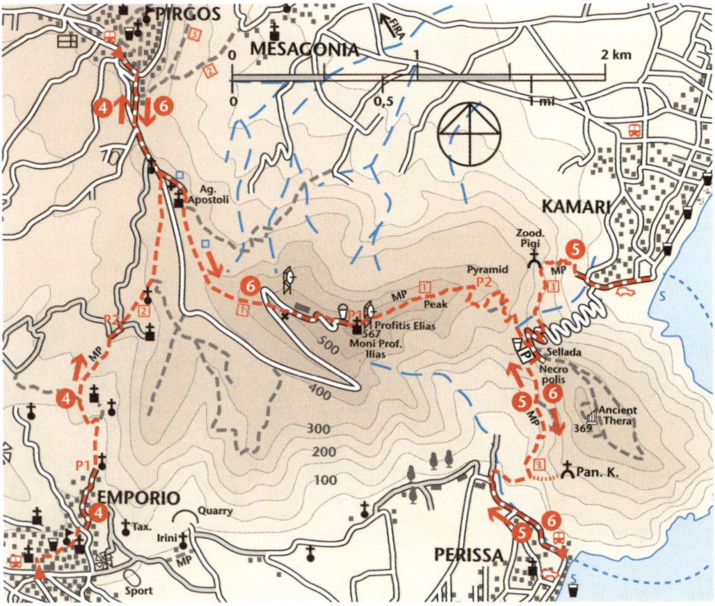

6 Das Kloster mit der Antenne

Den höchsten Punkt von Santorín dominiert seit jeher das Kloster des Propheten Elias. Die in der Neuzeit hinzugekommene Antenne haben es zwar verunstaltet, aber unverwechselbar gemacht.
Der große Reiz dieser 3-stündigen Bergwanderung liegt in den weiten Ausblicken und den fast durchgängig vorhandenen alten Pfaden. Als kulturelle Beigabe kommen noch die Ausgrabungen von Alt Théra hinzu. Tavernen wird man jedoch vermissen.
Sportliche Wanderer können in Empório beginnen und zuerst der Tour 4 folgen.
■ ***7 km, Höhenuntersch. 560m, moderat bis schwer***
▷ *Karte siehe links*

RGZ Von der Busstation in **Pírgos** folgt man der Gasse links
0.00 vom Café *Johnny* horizontal bis zu einem Parkplatz. An
dessen Ende geht man 5m links und dann die gepflasterte
0.05 Gasse hinab zur **Straße.** Auf ihr geht man 700m durch
0.10 eine Senke bis zu einem **Wegaltar** (li.).
Ein Hinweisschild markiert dort links den alten Fußweg zum Kloster, der kurz danach an der Apostel-Kirche vorbeiführt [1]. Auf dem Bergrücken wandert man geradewegs
0.30 aufwärts, bis man wieder auf die **Straße** trifft. Genau gegenüber beginnt ein kurzer Trampelpfad, der weiter oben wiederum an der Straße endet. Auf ihr, unterhalb einer Kaserne, geht es rechts bis zu Stufen (li.), die am Wassertank von 1941 (re.) vorbei aufwärts führen. Auf der Straße
0.40 erreicht man das **Kloster,** das, zusammen mit der Radaranlage, ein höchst kurioses Fotomotiv bietet.

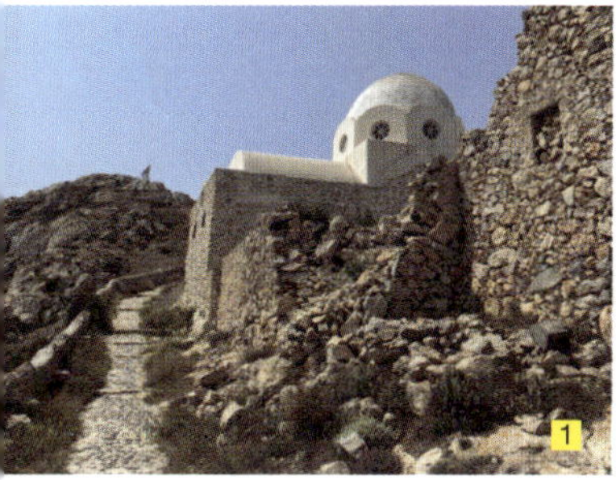
1

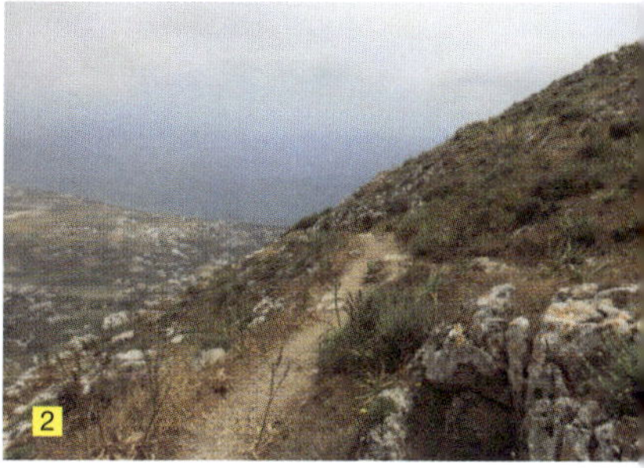
2

*Das **Männerkloster Profítis Elías** wurde zwischen 1711 und 1857 gebaut. Außer bei den Abendgebeten um 17.00 Uhr ist es verschlossen.*

0.40 Links vom großen Blechtor des Klosters geht man auf der Straße noch ein paar Meter aufwärts. Unterhalb der leerstehenden Militärgebäude verlässt man sie durch eine mit »1« markierten Mauerpassage nach links (**P1:** N36°22, 115'/E25°27,796', 567m). Die ersten, sichtbaren 200 Meter
↙ könnten den stark Höhenängstlichen etwas Probleme bereiten [2], danach wird's einfacher. *Links* von der folgenden Bergspitze wachsen Krüppelkiefern, die optischen Halt bie-
1.00 ten. Später führt ein breiter Bims-Weg zu einer **Steinpyramide** (**P2:** N36°22,237'/E25°28,248', 435m), vor der er eine *scharfe Rechtskurve* macht und schmaler wird. Weiter unten leiten kunstvoll gefügte Serpentinen hinab zum
1.20 Parkplatz von **Alt Théra.**

Er liegt im Sattel, griechisch »Selláda«, vor dem Berg Messa Voúno. Im Sommer ist hier ein Kiosk geöffnet.

Bis zur Spitze der ausgegrabenen ptolemäischen Stadt braucht man zehn Minuten, allerdings ist der Zutritt nur bis 14.30 Uhr gestattet, mittwochs geschlossen. Zu den Ausgrabungen ist auf Seite 31 mehr zu lesen.

***Alternative:** Folgt man ⑤ ab RGZ 0.40, kommt man nach **Kamári**, das über sehr gute Busverbindungen nach Fíra verfügt.*

Neben der Kantina beginnt ein Schotterpfad nach Périssa, bald danach den kürzlich entdeckten Friedhof von Alt-Théra passiert. Rechts auf dem Berg thront das weißgetünchte Kloster. Wagemutige könnten nach einer Viertelstunde auf einem steilen Pfad nach links/geradeaus einen Abstecher zu einer Panagía-Kapelle in der schroffen Felswand machen.

Ist man unten in der Küstenebene angekommen, geht
1.40 man auf der Straße links nach **Périssa.** Von dort fahren Busse nach Fíra.

Mit dem Badeboot könnte man aber auch nach Kamári schippern und dort den Bus nehmen.

7 Weingärten

Im Süden von Santorín befinden sich weite Weingärten, die wir durchstreifen wollen. Auf teilweise befestigten Winzerwegen wandert man in 2½ Stunden erst ins schöne Dorf Paleochório und dann zur Küste bei Akrotíri. Einkehrmöglichkeiten sind vorhanden.
■ 6 km, Höhenunterschied 260m, leicht

RGZ Für die Anfahrt kann jeder Bus nach Períssa, Akrotíri oder zum »Port« benutzt werden. Dem Kondukteur schärft man ein, dass man an der Kreuzung vor den »Suites of the Gods« (oder auch »Venetsanos winery«) aussteigen möchte. Diese Kreuzung liegt 600m *nach* der »Santos winery«. Rechts ein großer Parkplatz und die Abzweigung zum Hafen.

0.00 An der **Kreuzung** steht rechts eine Kapelle. Genau gegenüber wandert man den Betonweg hinab und vor dem einzeln stehenden, etwas heruntergekommenen Hotel rechts auf einem abgesenkten Pfad abwärts [1]. Auf dem folgen-
0.05 den **Betonweg** geht es rechts weiter ins geruhsame **Megalochóri.** Eine Gasse führt unterhalb einer großen Kirche (li.) unter einem Glocken-Bogen hindurch zur schönen
0.10 **Platía** mit einigen Lokalen.
Von dort geht es unter dem Glockenturm die Gasse weiterhin abwärts, ohne die Rechtsabbiegungen zu beachten. Unterhalb der Ortschaft stößt man auf einen mauerge-
0.15 säumten **Pfad** (**P1:** N36°22,403′/E25°25,930′; 70m). Obwohl er von den Winzern eine Betonhaut übergezogen bekommen hat, durchstreift er sehr schön die Weingärten. Die rund gebogenen Assyrtiko-Reben [2] liegen direkt auf

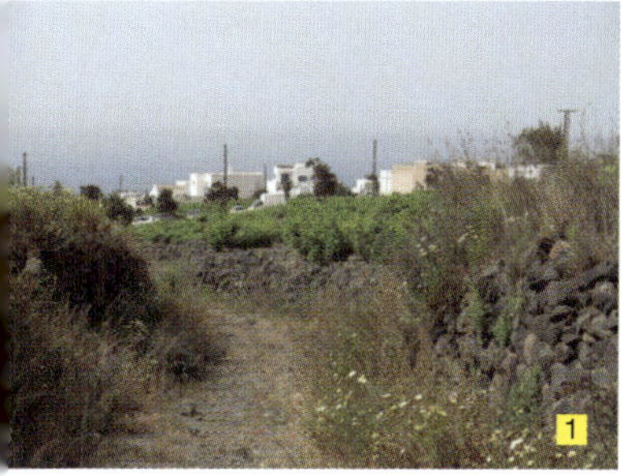

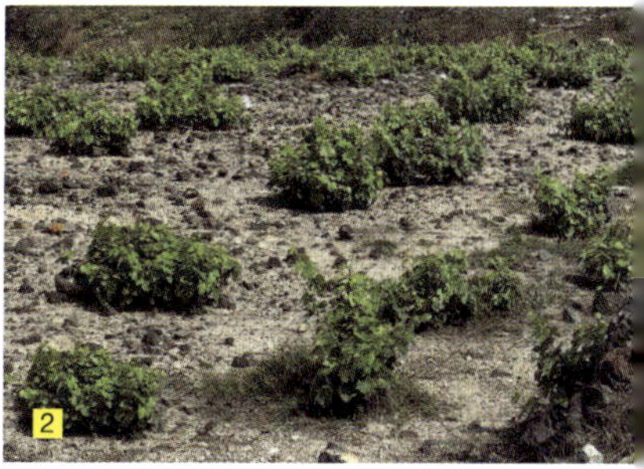

der Erde und entziehen dem Bimsboden die nächtliche Feuchtigkeit. Der goldgelbe, säuerliche »Kraterwein« zählt zu den besten Weißweinen Griechenlands und ist lange lagerfähig.

Nachdem man eine Zisterne (li.) passiert hat, unterquert man beim »Play-
0.25 land« die **Straße** nach Períssa und geht im betonierten Trockenbett weiter, immer dem Meer entgegen. An einem Baulager (li.) vorbei kommt man zur
0.45 Kapelle **Agía Anna**.

Davor führt uns ein Feldweg nach links aufwärts und drei Minuten später bei der Gabelung bei der Irini-Kapelle im Weingarten (li.) nach rechts (**P2:** N36°22, 406′/E25°25,919′) in Richtung der Ortschaft Akrotíri. Umgeben von Feldern und Weingärten stromert man bei der Gabelung vor einem Haus (re.) geradeaus und durch eine Linkskurve.

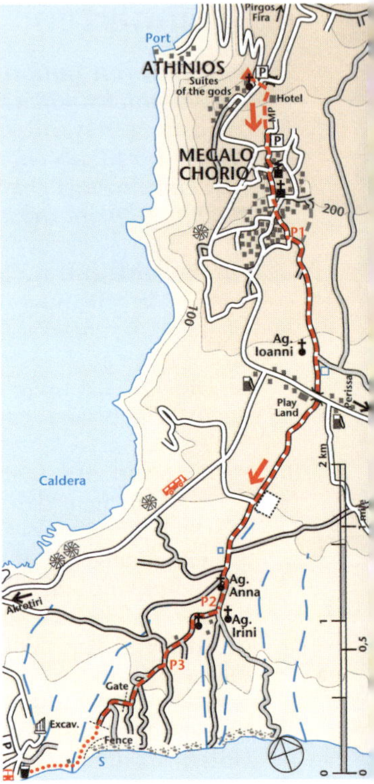

Dann führt uns eine Rechtsabzweigung bei einem Zauntor abwärts (**P3:** N36°21,169′/E25°24,815′). Bei einem Auto-Wendeplatz (re.) geht man geradeaus, dann rechts (also nicht in die Schlucht) und durch ein Zauntor. Bei der nächsten Gabelung dasselbe Spiel: Nach rechts und nicht ans Meer.

So gelangt man an einen Zaun, wo wir links erfreut ein
1.05 **Gatter** samt Pfad entdecken. Den nächsten Zaun lässt man links liegen und erreicht auf Trampelpfaden, links von ei-
1.10 nem Bachbett, das **Meer.** Links liegt ein einsamer, aber steiniger Strand.

An der Küste entlang gelangt man zur Bushaltestelle und
1.15 hinauf zu den **Ausgrabungen von Akrotíri** (s. nächste S.).

8 Akrotíri

Nach Besichtigung der Ausgrabungen steigt man hinauf ins Dorf Akrotíri, wandert zuerst über dem Kraterrand und gelangt auf der flachen Inselaußenseite auf Feldwegen zu einer Taverne und zwei Stränden. Gesamtdauer etwa 3½ Stunden.

■ ***8 km, Höhenuntersch. 230m, leicht bis moderat***

RGZ Mit dem Bus fährt man zu den **Akrotíri-Excavations**.

*Die **minoischen Ausgrabungen von Akrotíri** sind eine der großen archäologischen Sensationen des letzten Jahrhunderts* 1*. Die sichtbaren Teile sind 3500 Jahre alt, die zwei darunterliegenden Schichten sollen sogar bis zu 8000 Jahre alt sein. An der Kasse (bis 20.00 im Hochsommer) gibt es einen Gratisplan.*

0.00 Die Wanderung beginnt **oberhalb des Parkplatzes.** Links von der Einfahrt startet der mit »12« markierte, eingegrabene Pfad. Nach zwei Minuten unterquert er eine Brücke. Mit Blick auf Akrotíri schlängelt man sich am Fuße des Hanges entlang. Nach rechts biegend, wandert man
0.15 durch einen Talboden zur **Straße** hinauf, wendet sich dort nach rechts und hinter dem Parkplatz (re.) links hinauf nach **Akrotíri.** Bei der Apotheke folgt man der ebenen Straße nach rechts und nach der Bushaltestelle der Straße links hinauf zur klassizistischen Schule. Von da weiter in Flugrichtung des Adlers auf dem Denkmal. Nach 30m führen Stufen links ins venezianische Kastro mit Panoramacafé.

Von den Stufen aus geht man geradeaus an der Kirche
0.20 (re.) entlang aufwärts zur **Straße.** Auf dieser bleibt man

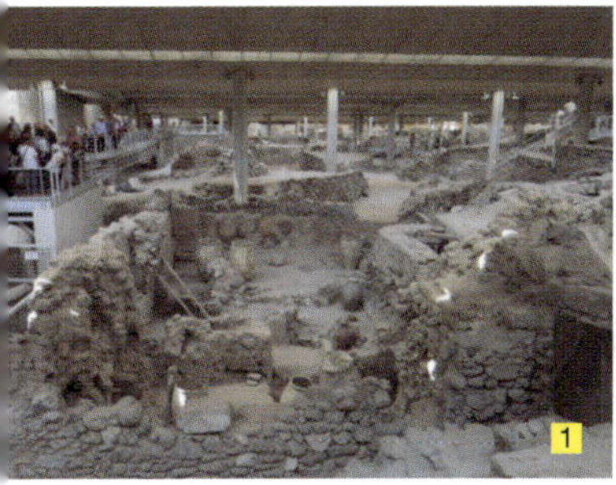

1

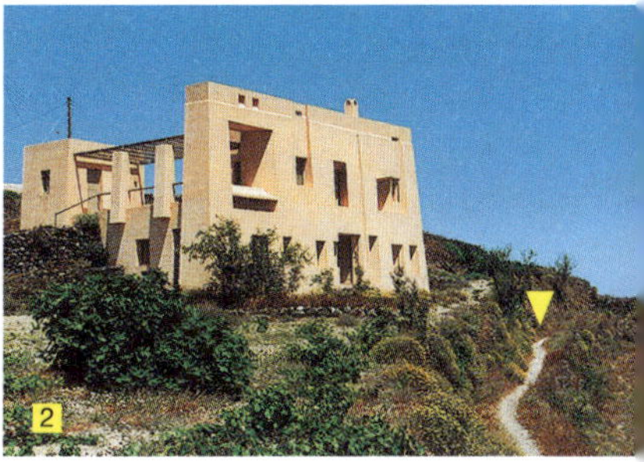

2

100m bis zur scharfen Rechtskurve, wo uns *links* eine Stu-
fengasse weiter nach oben führt. In die erste Gasse biegen
wir links ab und kommen an einem abgesenkten Kapel-
lenvorplatz (li.) und verwinkelten Häusern vorbei. Am
0.25 ebenen Ortsende wartet links nochmals eine **Kapelle** mit
drei Glocken.

Hier geht man rechts auf der Betonstraße hinauf zur Gabe-
lung (re. Souvenirs) und dort links. Durch die folgende
Häusergruppe läuft man hindurch, biegt beim Schild »Ka-
lestesia« rechts in eine Betonstrasse ein, die beidseitig von
Steinmauern gesäumt ist und zu einer interessanten roten
0,30 **Villa** ② führt. 100m davor beginnt unterhalb ein Pfad (**P1:**
N36°21,532'/E25°23,493', 160m). An der nächsten Bie-
★ gung haben wir das gewaltige Bild des »Binnenmeeres« vor
uns.

Fast ohne unser Zutun führt uns der Eselsweg, später
oberhalb der Straße, zu einer Zwillingskapelle. Dort leitet
0.40 uns ein Stufenweg zur **Panagía Kinísi** (**P2:** N36°21,697'/
E25°23,196', 145m) hinab. Vor dem Gittertor dieser Wall-
fahrtskirche wandern wir links auf dem Saumweg in Rich-
tung Leuchtturm am Kap Akrotíri. Im Südwesten hängt
unter der Kuppe eines Berges eine Kapelle ③ – unser späte-
rer Rastplatz!

Zwischen am Boden liegenden Weinstöcken wandert

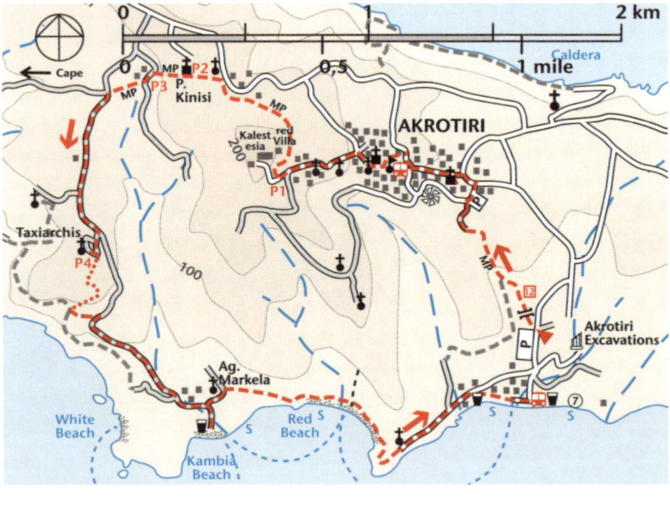

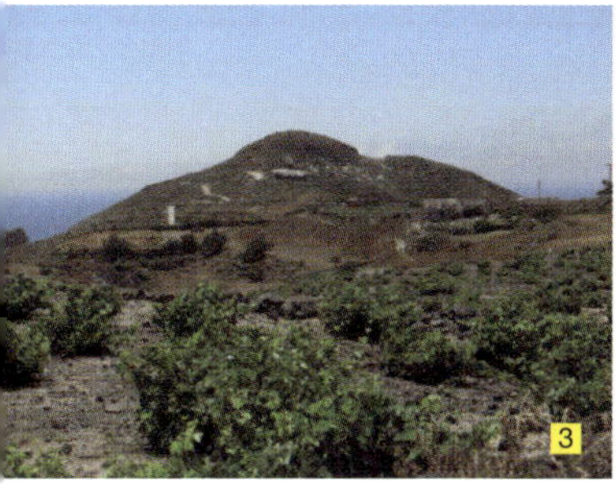

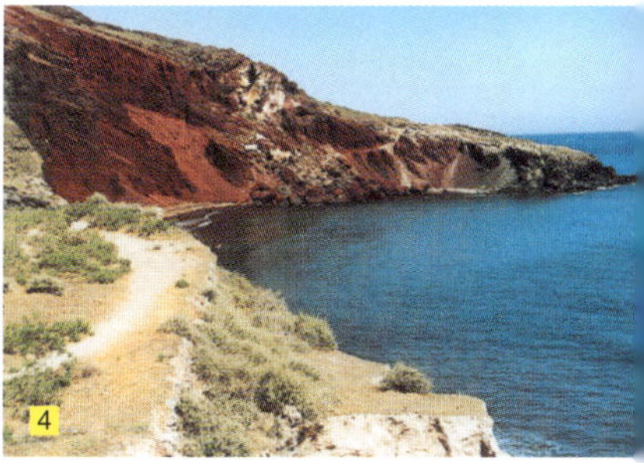

man eben dahin und nimmt sich vor, heute Abend den Inselwein zu probieren. Ende August findet die Weinlese statt.

Vor einer Häusergruppe kreuzt ein Feldweg. Diesem folgen wir 80m weit nach links. In der Linkskurve (**P3:** N36°21,651'/E25°23,057', 145m) biegt man nach rechts in einen eingeschnittenen Pfad ein. Wieder kreuzt ein
0.45 **Feldweg,** dem wir nach links folgen.

Er zielt auf die Kapelle am Felsen und bietet nicht viel fürs Auge – Landalltag pur. Doch bald erheben wir uns aus der optischen Niederung und gehen ein paar Minuten hinauf
0.55 zur abgeschlossenen **Taxiarchis** (Erzengel-) Kapelle (**P4:** N36°21,290'/E25°909', 105m), tun etwas für das Seelenheil und gegen den Durst. Die heilige Paraskeví segnet jeden Schluck aus der Zisterne und ist daneben auch für das Heil der Augen zuständig. Für die gibt es in der weiten Landschaft bis zum Kap etliche Bauruinen zu sehen.

Um die staubige Piste zu umgehen, kann man ab der Linkskehre des Fahrweges einen etwas undeutlichen Pfad am Berg entlang und hinab in eine Senke benutzen. Ab
1.05 dort geht es auf der **Piste** dann schnell hinab zum wenig
1.15 besuchten »**Kambia Beach**« mit grauem Sand und schattiger Taverne.

Wer mehr Strandleben sucht, wandert 100m landeinwärts, bei der Gabelung nach rechts und rechts von der Mauer weiter. In Höhe der Markela-Kapelle (li.) biegt
1.25 rechts der Pfad über die Felsen zum »**Red Beach**« ab [4]. Trotz der vielen Sonnenschirme und -liegen ist gastronomisch wenig geboten. Im Sommer fahren hier Kaikis.

Am roten Felsen entlang, später an schönen Strandlokalen
1.40 vorbei, gelangt man wieder zur **Bushaltestelle** am Wasser.

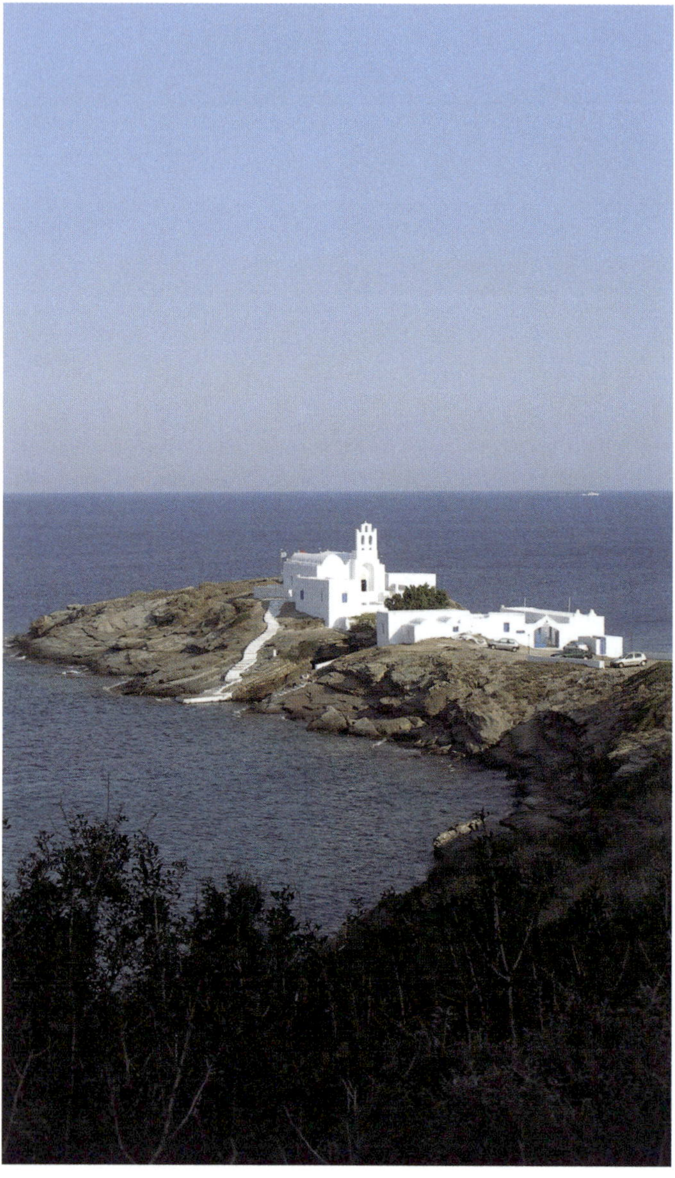

Sífnos

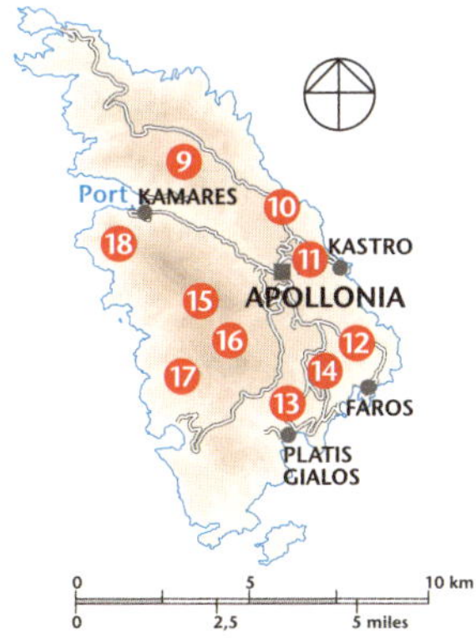

Zwei Gebirgszüge aus weißem Marmor durchziehen die fruchtbare grüne Insel. Einlagerungen aus stark silberhaltigen Erzen machten sie in der Antike zur reichsten Insel der Kykladen. Noch bis vor einhundert Jahren wurde Bergbau betrieben. In den tiefer liegenden Bergschichten findet man abgelagerten glimmerigen Schiefer, der aus dem Meer gehoben wurde. Die Küsten sind meist felsig mit eingesprengten Buchten, in denen man Sandstrände findet.

Die üppige Vegetation mit zahlreichen Olivenhainen und die vielen, immer noch benutzten Eselspfade mit geringen Steigungen machen Sífnos zu einer der Lieblingsinseln der Kykladenwanderer. Die leichte Erreichbarkeit von Athen aus kann aber an Sommerwochenenden zu Engpässen bei den Unterkünften führen.

Der höher gelegene, malerische Hauptort Apollonía ist als Ausgangspunkt für Wanderungen am besten geeignet, dank guter Busverbindungen ist aber auch Kamáres möglich. Der Fahrplan der Busse ist in der Vorsaison allerdings etwas ausgedünnt.

An den auffallend vielen erhaltenen Pfaden in der lieblichen Landschaft findet man zahlreiche geöffnete Klöster, 235 Kapellen und einige Brunnen. Auch die unterschiedlich geprägten Dörfer sind schöne Wanderziele.

Die Inselverwaltung hat zehn Wanderwege säubern und markieren lassen. Statt der gewohnten rot-weißen Täfelchen wurden Farbmarkierungen und Holzstäbe an den Abzweigungen verwendet. Von den hier beschriebenen Wanderungen sind besonders ⑨, ⑮ und ⑱ hervorzuheben.

Wanderkarten: Anavasi # 10.26, Terrain # 304
Sifnos Trails (gratis Municipality of Sifnos)
Taxis: +30-6944-936111/-696409/6988-004344
Zimmer, Mietwagen: Thesaurus, www.thesaurus.gr
Notfall: +30-22840-31315

⑨ Das Kloster Símeon

Wer sich 4½ Stunden Zeit nimmt, wird eine der schönsten Wanderungen der Kykladen erleben und auf mauergesäumten Eselspfaden eine Bilderbuchlandschaft durchstreifen.
Auf halbem Wege liegt ein guter Brunnen (P2).
■ 14 km, Höhenunterschied 310m, moderat bis schwer

RGZ In **Apollonía** beginnt am **Heldenplatz** (175m) neben
0.00 dem altmodischen »Café Lakis« der Stufenweg, die Skala,
hinauf nach Artemónas. Oben steht rechts die große Kup-
pelkirche von Petáli, von wo aus der Weg in eine Senke
0.10 und rechts zur **Brücke** führt.
Die Stufen führen wieder aufwärts zum langgestreckten Platz von **Artemónas.** Links von der schattigen Taverne »Margerita« führt die Gasse etwa 150m geradeaus weiter durchs vornehme Artemónas mit schönen Gärten und Herrenhäusern.
Wo sich ein Haus in den Weg stellt, geht man links. 100m
0.15 danach steht rechts eine prächtig ausgestattete **Kirche** di-
rekt an der Gasse. Noch davor liegt das Atelier der Ikonenmalerin Eleni. Nach weiteren 50m steht links die große Kóchi-Kirche mit blauer Kuppel. 20m danach muss man den leicht abfallenden Weg »7« nach links nehmen und an der Gabelung die Gasse nach rechts. Man verlässt die
Ortschaft, die Antennen rechts über sich. Ungefähr 350m
0.20 nach der Kóchi-Kirche ist das **Ortsende** erreicht.
Nach einem Linksschwenk sehen wir Wegweiser aus Metall, denen wir folgen: ΑΓ. ΣΥΜΕΩΝ / Ag. Símeon! Der tief eingeschnittene Weg wird zusehends zum Traum-Mo-

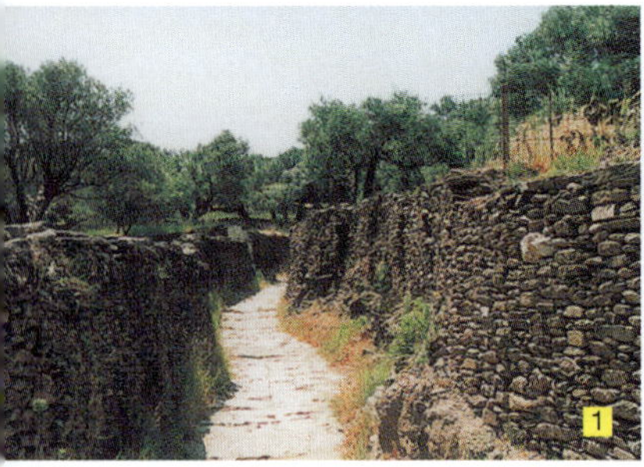

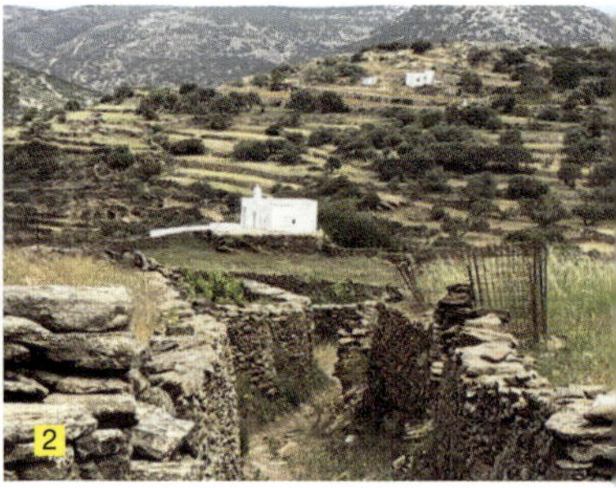

nopáti, Wandern wird zum Wandeln [1]. Nach einem
Brunnen (li.) geht man kurz auf felsigem Untergrund und
!! kommt auf einen Fahrweg, wo man nach 300m die recht-
0.30 winklige **Pfadabzweigung nach links** (**P1:** N36°59,204'/
E24° 42,846', 280m) nicht übersehen darf. Das Metall-
schild steht 10m von der Abzweigung entfernt.
Man nimmt Kurs auf die zwei Gipfelkirchen am Horizont,
geht dann abwärts und bei einer Gabelung links. Rechts
★ steht inmitten der Felder die Dimitri-Kapelle mit Zisterne
0.35 [2]. Nach einer **Senke** schlängelt sich der Maultierpfad wun-
derschön am Hang entlang, dann in Richtung der Hügelka-
pelle Ágios Lázaros und schließlich leicht abwärts. Vom
großen, in den Felsen gehauenen Brunnen ***Trispiges*** (**P2:**
0.55 N36°59,696'/E24°42,467') geht es hinab in den **Talboden.**
Hierher werden wir später von links wieder heraufkom-
men. Für 100m geht es jetzt aber erstmal im Schotterbett
rechts aufwärts und vor einer neuen Zisterne nach links und
auf einem feinen Kalderími [3] wieder bergan. Die schönen
Stufen gehen oben leider in einen Geröllpfad über, aber das
Ziel, der Simonberg, ist deutlich näher gerückt. Links vom
1.10 Saumpfad sieht man die frühere Eisenerzmine **Voríni**, die
zur Mülldeponie ausgebaut wurde.

Sie war eine der fünf antiken Minen von Sífnos. Das hier vorkommende Eisenerz ist stark silberhaltig. Sklaven trieben im 5.Jh. v. Chr. im Liegen die engen Stollen pro Tag 30 cm in den Berg. Das Silber machte Sífnos damals zur reichsten Ägäisinsel.

Von 1900 bis in die 1920er Jahre wurde nochmals Eisenerz abgebaut (s.u.).

1.10 Oberhalb der **Deponie** benutzt man den Fahrweg bis zur
Straße und schreitet sie nach rechts aufwärts. Nach 300m
1.15 findet man bei einem **kleinen Haus** (li.) (**P3:** N36°59,981'/
E24°41,868',325m) den Pfad »7«, der zwischen Mauer
1.25 und Straße hinauf zu einem **Wasserreservoir** (re.) (**P4:**
N37°00,042'/E24°41,469', 350m) führt. *Links davon* trifft
man wieder auf den alten Pilgerweg durch Wacholderge-
büsch, den man (bei der Kehre der Betonstraße nach links
1.45 gehend) bis zum **Gipfelkloster Ágios Símeon** (480m) be-
nutzt.

★ *Völlig entrückt liegt es über dem weiten glitzernden Meer, ein Ort zum Ausruhen.*

Die erste Strecke vom Kloster zurück ist dieselbe wie beim
1.55 Aufstieg. Nachdem man den Betonweg bei der **Haarna-**

delkurve zum zweiten Mal gekreuzt hat, biegt man kurz darauf vom gut erhaltenen Teil des Pflasterweges – etwa 60m vor dem Reservoir – nach rechts ab (**P5:** N37°00,031'/ E24°41,415'). Rechts unterhalb der am Hang entlanglaufenden Mauern geht es weiter ④.

> ***Alternative:*** Wer äußerst schwindelanfällig ist, sollte den Hinweg auch für den Rückweg nehmen.

Auf dem gut sichtbaren, mit blassen Farbpunkten markierten Pfad streift man direkt am Pferch (li.) vorbei und hält sich später in einer Entfernung von 40m unterhalb

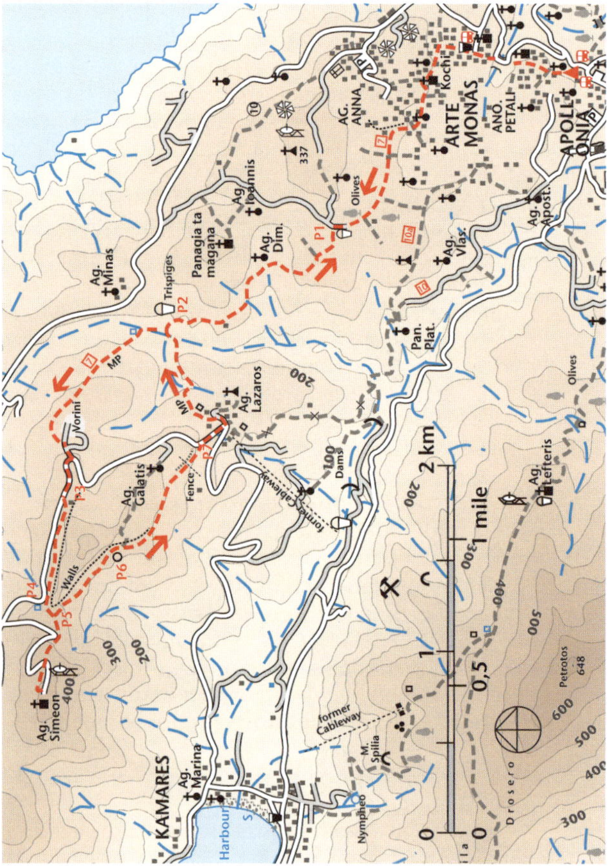

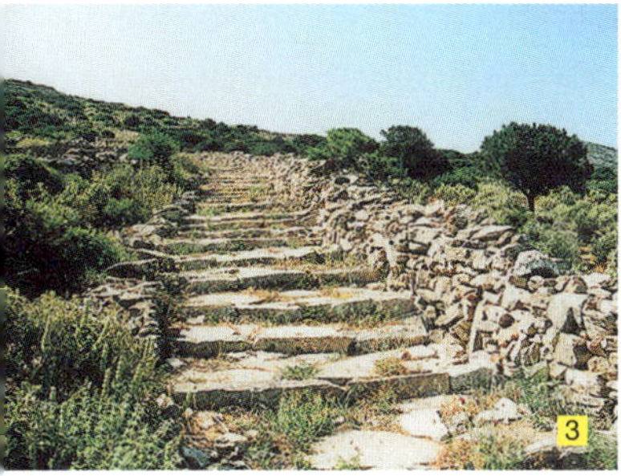

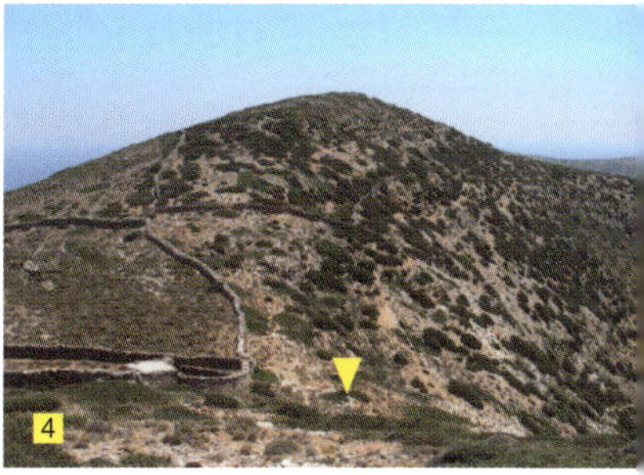

der Trockenmauern. Zuerst kommt man auf einen breiteren Pfad, später wird es ein horizontaler Trampelpfad zwischen Holunderbüschen. Das Kamárestal liegt rechts, teilweise steil unterhalb des Pfades.

Wenn man die Reste eines runden Kalkofens (**P6:** N36° 59,833'/E24°41,662') erreicht hat, geht es hinauf zur Mauer. (Nicht durch den Durchlass!). Von dort führt der Pfad immer in unmittelbarer Nähe der Mauer zur Linken langsam durch Gebüsch abwärts. Apollonía ist am Horizont aufgetaucht, im Vordergrund liegen die Häuser unter der Gipfelkirche Ágios Lázaros.

Nachdem man die Stahlmatte direkt neben der Mauer
2.30 geöffnet hat, trifft man auf die **Straße** (**P7:** N36°59,596'/
E24°42,044') und marschiert 200m nach rechts abwärts zu zwei Steintürmen, die sich oben verjüngen.

Die Türme sind die Überreste der Bergstation der früheren Materialseilbahn des Erzbergwerkes Voríni. Auf der Straße, die wir gerade gegangen sind, befand sich damals eine Gleisbahn.

Direkt links davon beginnt ein Pfad ins Tal, dessen Stützwände aber vor Kurzem zum Teil zusammengebrochen sind.

Links von der Straße – noch vor den Türmen – führt ein
2.25 Fahrweg zum Weiler **Ágios Lazáros**, der sich davor zum
Parkplatz aufweitet. Hier wandert man links zu dem Esels-
2.35 weg, der hinab in das bereits bekannte **Trockenbett** leitet.
Dort findet man 20m links weiter oben den Pfad des Herweges, der rechts zu den *Trispiges* (P2) und zurück nach
3.25 **Apollonía** führt.

⑩ Über dem Meer

Mit schöner Aussicht führt diese 3-stündige, mit »1« und »8« markierte Wanderung von Kástro zuerst an der Küste, später oberhalb des Meeres entlang. Sie verläuft großenteils auf alten Pfaden, dadurch aber auch abseits von Tavernen. Durch eine grüne Senke hindurch gelangt man über Artemónas nach Apollonía.
■ 8 km, Höhenunterschied 250m, moderat

RGZ Von der Landenge vor **Kástro** wandert man unterhalb der
0.00 **Windmühlen** zuerst auf einer Straße die Küste entlang
und bei der Gabelung aufwärts. (Rechts am Meer liegt die
Kläranlage.) Nach 100m beginnt rechts von einer Umzäu-
nung ein Monopáti, das auf halber Höhe der Terrassen
★ zwischen zwei enger stehenden Mauern wunderschön
über dem Meer dahinzieht [1]. Zufrieden erreicht man zu-
0.20 erst eine Kapelle und dann das frühere Kloster **Panagía
Pouláti.** Unterhalb der Kirche, direkt am Weg, wäre in ei-
nem ummauerten Gärtchen ein kykladischer Rastplatz.
Sanfte Terrassen, an denen man sich nicht satt sehen
kann, liegen zwischen hier und Kástro. Bei Hitze lohnen
sich auch die drei Minuten hinab zum Felsenstrand mit
Quelle.

Direkt vor dem Parkplatz beginnt ein ansteigender
Kalderími. Der malerische alte Stufenpfad [2] wird dreimal
vom Fahrweg durchschnitten. Orientieren kann man sich
oben an der Windmühle von Agios Loúkas. Das Haus bei
der zweiten Unterbrechung des Pfades wird links umgan-
0.30 gen. Bei kleinen Ferienhäusern (li.) wird die **Straße** über-
quert. Der Weg streift die restaurierte Windmühle (re.)

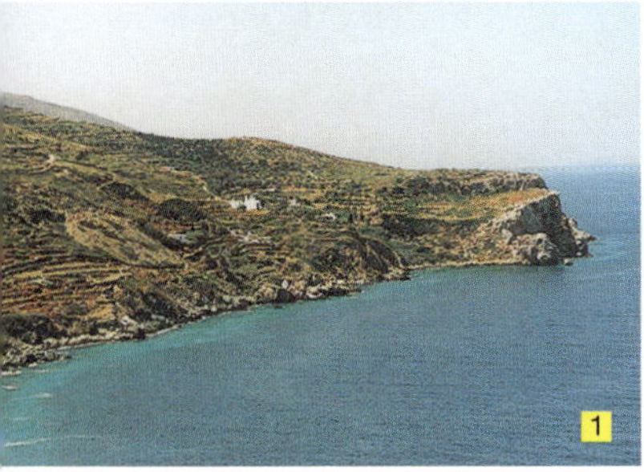

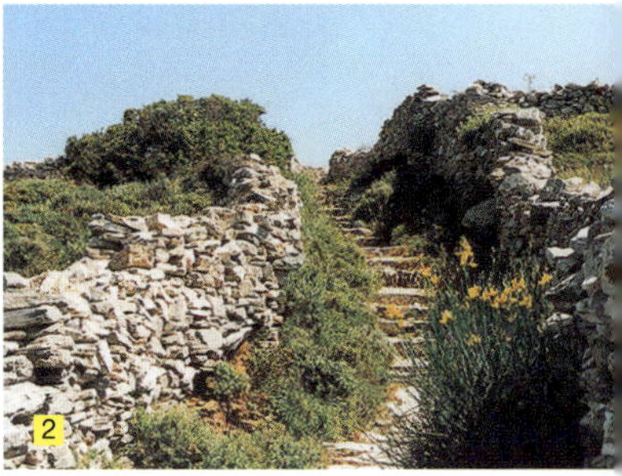

von Agios Loúkas und endet oben im Flachen vor einem Lagerplatz. Hier wendet man sich auf der Straße nach rechts und sieht bald auf der rechten Seite einen wunderbar gelegenen Friedhof. Weiterhin horizontal geht es nach Norden und bei einer Einmündung nach links.

Unterhalb der Ortschaft Artemónas (mit Windmühle)
geht es nach einer Linkskurve der Straße (rechts zwei
!! langgestreckte Ferienhäuser) nach rechts hinein in einen
0.40 **mauergesäumten Weg.** Er gabelt sich nach 100m vor ei-
nem Doppelhaus. Links davon findet man einen leicht
aufwärts führenden Stufenweg. Er läuft später unter einer
hohen Stützmauer entlang, danach 200m horizontal
zu Stufen und hinauf zur Straße (**P1:** N36°59,162'/
E24°43,566'). Auf ihr geht man 40m abwärts und nimmt
0.50 dann links den alten Plattenweg hinauf nach **Agía Anna.**

Abkürzung: In Agía Anna kann man in der Senke links gehen und in 25 Minuten über Artemónas nach Apolonía gelangen.

Im Dorf steigt unser weiterer Weg sofort in einer Gasse
nach rechts an. Links erhebt sich der Antennenhügel, an
0.55 dessen Fuß sich ein weiterer **Friedhof** befindet. 100m da-
nach verlässt man den Fahrweg nach rechts. Hier beginnt
der wunderschöne stille Panoramaweg »8«, der den Hö-
henlinien folgend, hoch über dem Meer nach Norden
zieht. Antíparos und Páros liegen am Horizont. Später
liegt seitlich eine Stahlwasserleitung. Schließlich schwenkt
1.05 der Weg nach links landeinwärts zu einem **Feldweg.**

Man wendet dem Meer den Rücken zu, geht nach links auf Südkurs und befindet sich in einer Hochebene, über der rechts am Gegenhang das Kloster Panagía ta Magána steht. Über allem wacht wieder einmal – wie sollte es an-

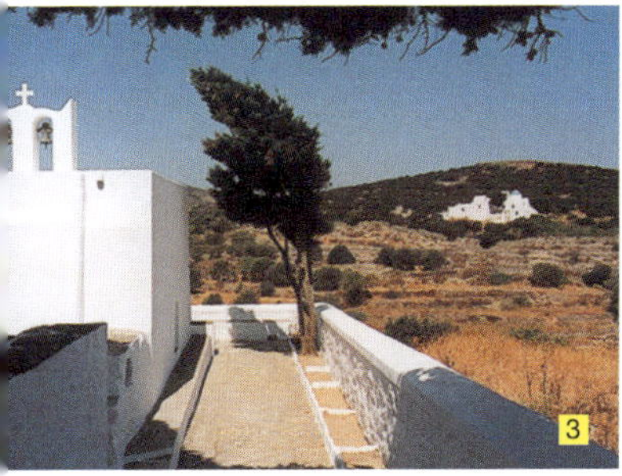
3

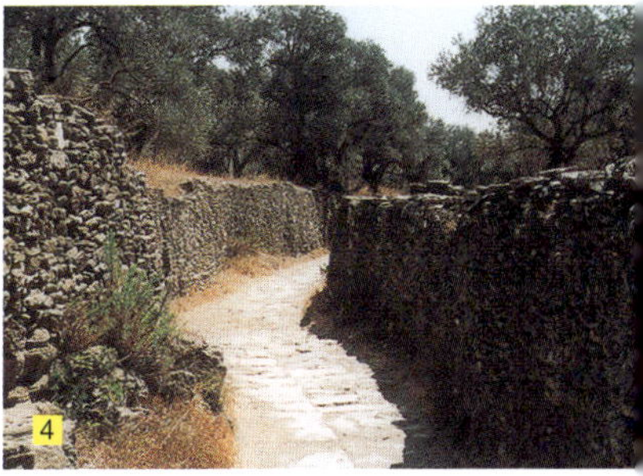
4

ders sein – der Prophet Elias! Auf unserem Weg zwischen
1.10 den Feldmauern passieren wir eine **Johannes-Kapelle**
1.15 (re.) [3]. Weiterhin geht es geradeaus, an einer **Linksabzweigung** vorbei, zwischen dann höher werdenden Mau-
1.20 ern. Bei einer **Gabelung** (Metallschild zum Symeon-Kloster in Gegenrichtung) geht es nach links.
Zwischen den hohen Mauern [4] taucht Artemónas auf. Man gelangt zuvor noch an große Wegegabelungen: Die erste geht man links abwärts, die zweite links aufwärts, die vor dem Blechtor nach rechts. Man muss nur noch der Versuchung der schattigen Tavernen am langgestreckten
1.35 Platz von **Artemónas** widerstehen, um sicher über die
1.50 Stufen der wunderbaren Skala hinab nach **Apollonía** zu gelangen.

▶ **Apollonía besitzt zwei Busstationen:**
Busse nach **Kástro, Fáros** und **Platís Gialós** fahren vom Busstopp an der Straße auf der Ost- oder Seeseite von Apollonía ab.
Am Heldenplatz nimmt man Busse zum Hafen **Kamáres.**

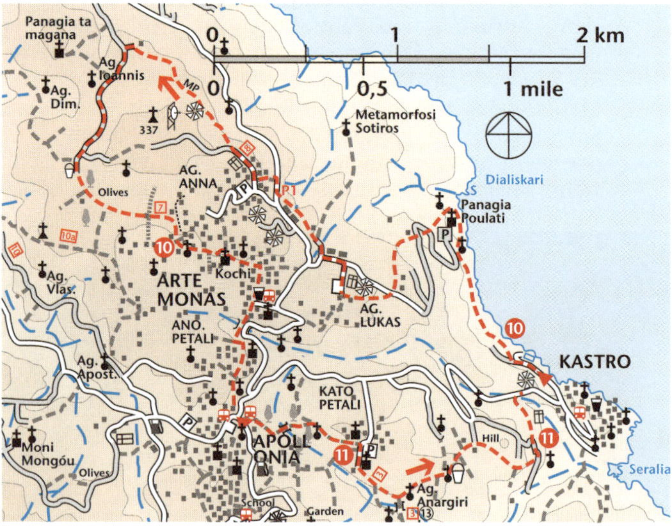

11 Von Apollonía nach Kástro

Durch abwechslungsreiches Bauernland auf der Ostseite der Insel führt diese Wanderung in 1½ Stunden auf einsamen Kykladenwegen nach Kástro, der mittelalterlichen Inselhauptstadt. Dort könnte man die Wanderung 10 anschließen.

■ ***3 km, Höhenunterschied 180m, leicht***

▷ *Karte siehe links*

RGZ Von der **Platía** in **Apollonía**, links vom erhöhten Platz
0.00 mit Kriegerdenkmal, führt beim Imbiss eine Gasse hinein
ins Gewirr der Häuser.
Ihr folgen wir 40m bis zu einem Stufenweg nach links
hinab, unter der Autostraße hindurch und 70m weiter un-
ten nach rechts abwärts. Es ist der wunderbare, gepflaster-
te Inselweg »3« zur Ortschaft **Káto Petáli**, die man bald
auf dem Gegenhügel sieht [1]. Durch das baumbestandene
0.05 Tal gelangt man nach einer **Brücke** zur Ortschaft, die aber
links oberhalb liegen bleibt. Am Ortsende steht links die
0.10 große **Kirche** mit der blauen Kuppel. Man geht 14 Stufen
rechts hinab und rechts vom Parkplatz geradeaus hinein
in den schmalen Plattenweg »3« zu einer Art Vorort.
Dort läuft man leicht abwärts, dann nach links und ober-
halb des Tales, gegenüber einer Kapelle auf der anderen
Talseite [2]. Nachdem man einen Taubenturm (re.) passiert
0.15 hat, geht es bei einer **T-Gabelung** *links hinauf* (Der Weg
»3«, bzw. die Tour 13 führt hier nach rechts.)
Vom wunderschönen Kykladenweg sieht man rechts un-
ten bald zwischen den Bäumen die Zwillingskapelle Anar-
gýri [3]. Bei der Gabelung oberhalb biegt man links ab.

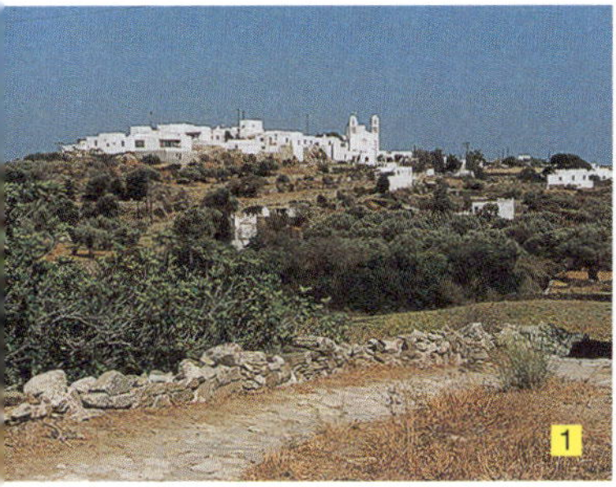

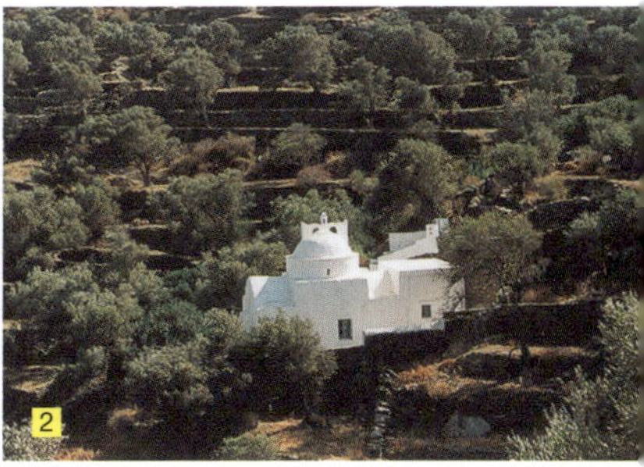

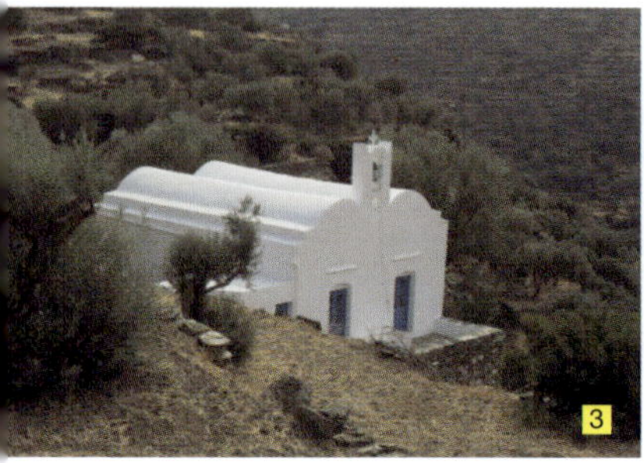

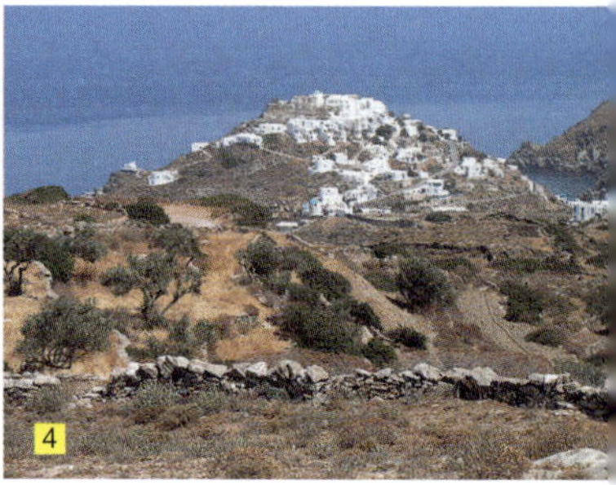

Nach 120m kommen im 10m-Abstand zwei Gabelungen: die erste links, die zweite rechts! Meterhoch bauen sich die Xirolithíes-Mauern zu beiden Seiten auf. Nach einer flach gedeckten Kapelle (re.) biegt man erst nach links, dann nach rechts ab.

0.20 Bei einem **Haus rechts** vom Pfad biegt man rechts ab, überquert dessen Zufahrt und geht auf einem Monopáti weiter geradeaus in Richtung einer Kuppe. Der Pfad biegt davor nach rechts ab, verliert an Höhe und trifft auf einen anderen Eselspfad. Dort biegt man nach links ab und geht abwärts, mit prächtigem Blick auf Kástro [4]. Ein Feldweg läuft unten entlang, dem man für 50m nach links folgt und dann rechts nochmals ein Monopáti findet. Auf ihm gelangt man oberhalb des Friedhofes hinab zu den ausgewaschenen Felsen im Tal und hinauf zur Straße und den Windmühlen. Links führt eine Gasse hinauf nach Kástro. Wer schnell ins Wasser springen will, geht nach Serália,
0.40 dem Hafen von **Kástro.**

Seit der Antike war Kástro die Inselhauptstadt, die während der Spanisch-Venezianischen Zeit ihr heutiges Aussehen erhielt. Die aneinandergebauten Häuser bilden nach außen eine Festung mit fünf Zugängen und legen sich schützend um den linsenförmigen Ortskern mit engen Gassen und Kirchen. Die Funde aus der antiken Akropolis sind im kleinen Archäologischen Museum ausgestellt.

⓬ Von Fáros nach Kástro

Mit dieser 2-stündigen Tour »2« könnte die Wanderung 14 verlängert werden. Sie ist aber auch als Einzelwanderung sehr zu empfehlen.
■ 4,5 km, Höhenunterschied 140m, leicht

RGZ In **Fáros** geht man die Stufen des breiten Kalderími im
0.00 höher gelegenen Ortsteil zwischen den beiden Stränden
aufwärts und kommt am Dorfende an der Nikolauskapelle
vorbei. Der Plattenweg führt durch baumlose Felder über
0.10 Terrassen aufwärts und wird dann **flacher.** Den **Fahrweg**
0.15 geht man etwa 30m aufwärts und findet links dann
wieder den bereits bekannten Kalderími, der später an
0.25 einer Solaranlage (re.) vorbei zur **Straße** führt (**P1:** N36°
57,173′/E24°45,030′).
Diese geht man 120m nach links und biegt gegenüber eines Wasserreservoirs (li.) nach rechts in ein Monopáti ab. Es gabelt sich nach acht Minuten auf einer größeren Fläche mit Viehtränke (li.) (**P2:** N36°57,519′/E24°44,733). Dort wandert man nach links aufwärts und nimmt nach 50m den ebenen Pfad nach rechts. Später findet man nochmals eine Viehtränke (**P3:** N36°57,316′/E24°44,868′),
0.40 geht dort rechts durch das **Talbett** und dann links hinauf
zur kleinen Nikitas-Kapelle auf dem Hügel 1.
Zwischen hohen Mauern streunt man inmitten von Oli-
0.50 venhainen weiter, und geht bei der nächsten **Gabelung**
★ (**P4:** N36°58,008′/E24°44,508′, 340m) links hinauf und ab
dann geradeaus, bis man am Ende des Hohlweges Kástro
0.55 **erblickt** 2. Im Tal findet man geradeaus Stufen hinauf
1.15 nach **Kástro** (s. links).

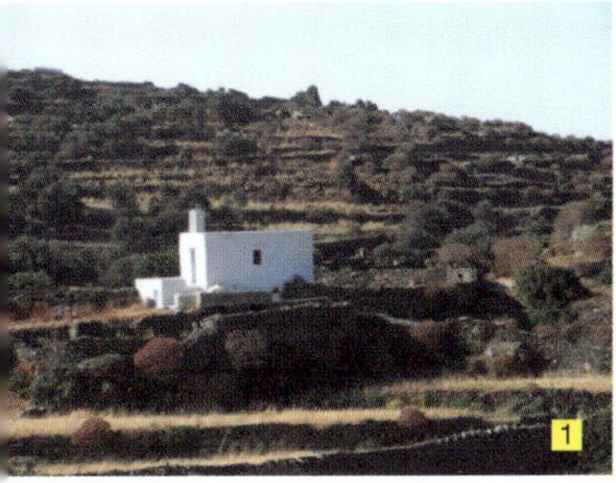
1

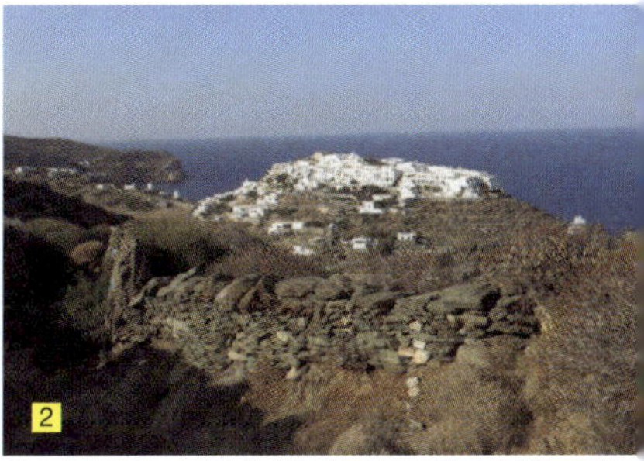
2

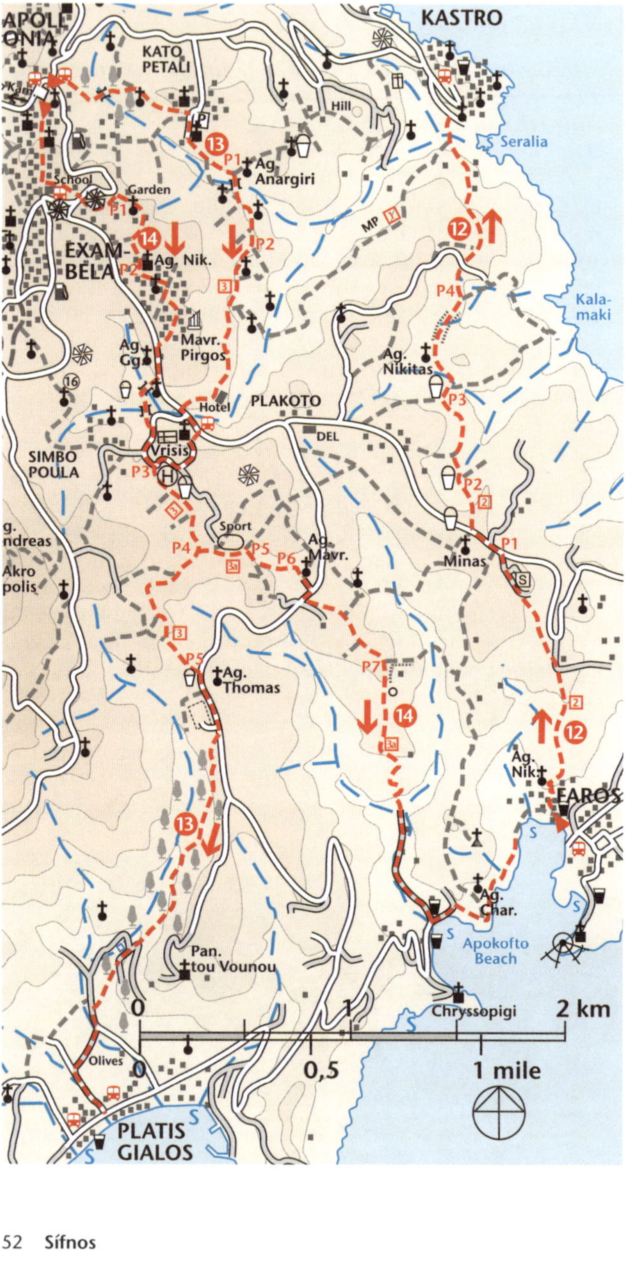
KASTRO
APOLLONIA
KATO PETALI
Hill
Seralia
Ag. Anargiri
School
Garden
MP
EXAMBELA
Ag. Nik.
Kalamaki
Mavr. Pirgos
Ag. Gg.
Ag. Nikitas
Hotel
PLAKOTO
DEL
Vrisis
SIMBO POULA
Sport
Ag. Mavr.
Minas
Ag. Thomas
Ag. Nik.
FAROS
Ag. Char.
Apokofto Beach
Pan. tou Vounou
Chryssopigi
Olives
PLATIS GIALOS
0
1
2 km
0
0,5
1 mile

13 Platís Gialós

Auf der 3-stündigen Tour durch das terrassierte Bauernland von Apollonía bis Platís Gialós werden bis auf zwei kurze Straßenstücke nur alte Eselswege benutzt, was diese Wanderung zum Erlebnis macht. Am Weg liegt das große Wehrkloster Vrísis, das noch bewohnt und bis 12.00 Uhr zugänglich ist. Es besitzt einen romantischen Innenhof.
Von dort geht es zum nahezu einen Kilometer langen Sandstrand hinunter.
■ 7 km, Höhenunterschied 180m, moderat
▷ Karte siehe links

RGZ Von der **Platía** in **Apollonía**, führt links vom erhöhten
0.00 Teil beim Imbiss eine Gasse weg. Ihr folgen wir 40m bis zu einem Stufenweg nach links hinab, unter der Autostraße hindurch und 70m weiter unten nach rechts abwärts. Es ist der wunderbare, gepflasterte Inselweg »3« zur Ortschaft **Káto Petáli**, die man bald auf dem Gegenhügel sieht. Durch das baumbestandene Tal gelangt man nach einer
0.05 **Brücke** zur Ortschaft, die aber links oberhalb liegen bleibt.
0.10 Am Ortsende steht links die große **Kirche** mit der blauen Kuppel. Man geht 14 Stufen rechts hinab und rechts vom Parkplatz geradeaus hinein in den schmalen Plattenweg »3« zu einer Art Vorort.

Dort läuft man leicht abwärts, dann links und oberhalb des Tales. Auf der anderen Talseite steht eine Kapelle. Nachdem man einen Taubenturm (re.) passiert hat, folgt
0.15 man bei einer **T-Gabelung** (**P1:** N36°58,204'/E24°43,945', 150m) der »3« rechts hinab über eine kleine Brücke. Der

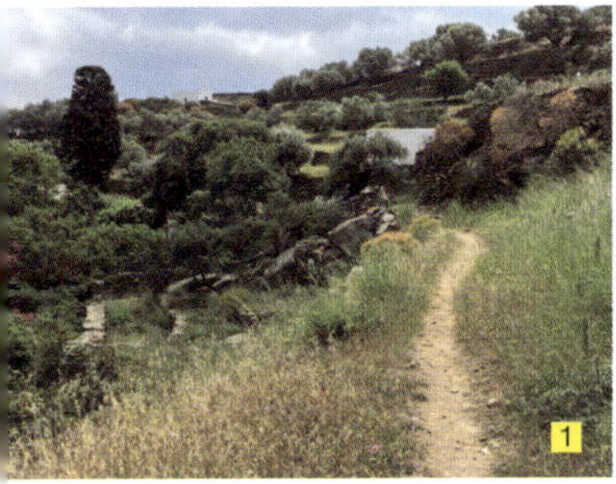
1

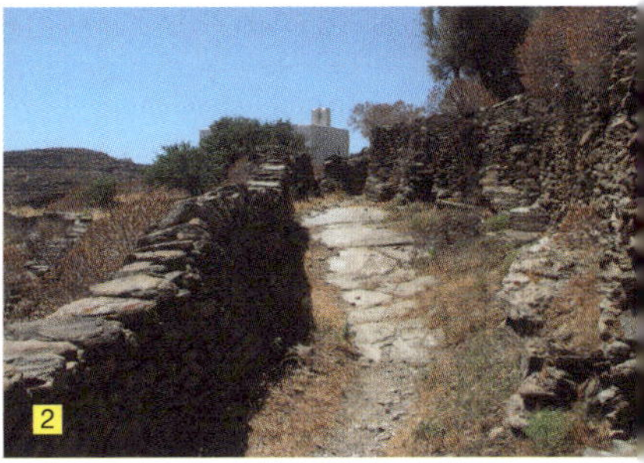
2

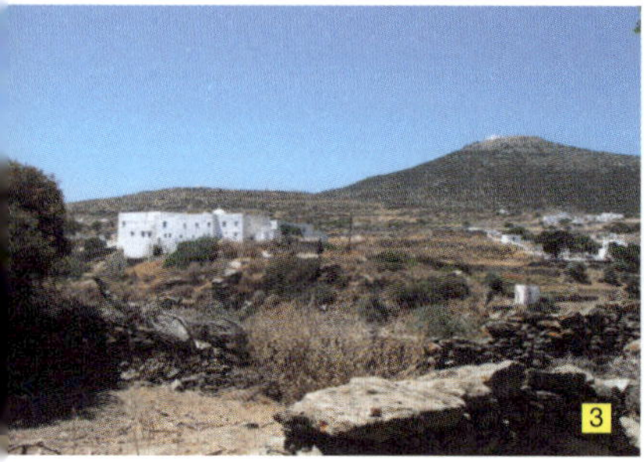

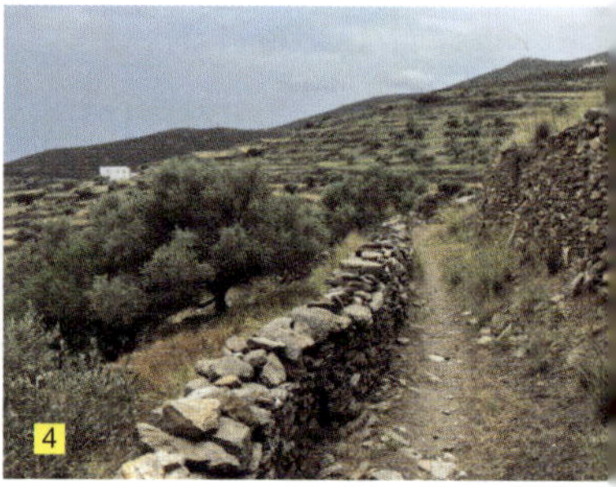

Pfad steigt wieder an und verläuft rechts oberhalb des Baches ①. Bei der Gabelung folgt man den Stufen nach links
0.20 hinauf zu der kubischen **Johannes-Kapelle** (li.). Links entfaltet sich die klassische griechische Terrassenlandschaft, durchzogen von alten Bauernwegen. Bei der folgenden Gabelung geht man links und bei der nächsten rechts (**P2:** N36°58,101'/E24°44,080', 160m). (Kástro ist von dieser Stelle aus nur zur Hälfte zu sehen.) Durch Getreidefelder mit Ölbäumen träumt man sich weiter und
0.25 erreicht eine flachgedeckte **Kapelle** (li.) ②. Vom Vorplatz aus kann man die weiter oben vorbeifahrenden Autos sehen. Folgt man dem Weg, gelangt man zu einer Gabelung mit Wegschildern. (Links hinab führt der Weg »1« nach Kástro.)

Wir gehen geradeaus weiter und rechts von einer großen Hotelanlage aufwärts. Nach einer Rechtsbiegung liegt die wuchtige Klosterburg Vrísis vor uns ③, von oben grüßt Ágios Andréas. Schnell ist man an der Straße, geht auf ihr
0.40 abwärts und auf ausgetretenen Stufen hinauf zum **Kloster Panagía Vrísis.**

Der aus einer sehr kurzen Verbindung zwischen einer Nonne und einem Seemann hervorgegangene Sohn gründete 1654 dieses heute nur noch von zwei Mönchen bewohnte Wehrkloster. Nachdem man unter dem Zellentrakt hindurchgeschritten ist, steht man im malerischen Innenhof, in dessen Mitte sich eine Kreuzkuppelkirche mit wertvoller Ausstattung erhebt.

Von der Klosterpforte führt ein Betonweg aufwärts und
0.45 weiter oben nach rechts zum **Helikopterplatz** (**P3:** N36°57,495'/E24°43,787', 225m). Rechts davon führt der Weg »3« von Mauern geleitet, nach links in Richtung

0.55 Meer und **teilt** sich in Höhe des Fußballplatzes (li.) (**P4:** N36°57,301'/E24°43,928'). Wir wandern auf einem schönen Eselsweg [4] nach rechts weiter und dann links hinab zur Straße (**P5:** N36°56,998'/E24°43,935', 190m).

1.10 Ab dem dortigen **Brunnen** gibt es 400m Asphalt nach rechts. (Dem Pfad *vor dem Zaun* rechts folgt man nicht.) Nach der Umzäunung führt rechts ein Pfad, anfangs ohne Mauerbegleitung, in eine grüne Schlucht. Von Wasserleitungen begleitet, geht man ein längeres Stück oberhalb eines dicht bewachsenen Tales am Hang entlang.

1.35 Der Pfad erreicht die **Kurve** eines Fahrweges. Dort geht man rechts abwärts bis zu einem Wasserreservoir. Links davon führt ein breiter Betonweg weiter abwärts zu einem mauerbegleiteten Monopáti, das an einem Feldweg landet. Dort geht es links und nach 30m rechts weiter durch Olivenhaine. Der folgende Feldweg führt links zum 900m

1.50 langen, aber sehr schmalen **Sandstrand von Platís Gialós.** In der Nebensaison wird man nur wenigen Besuchern begegnen, aber auch weniger Busverbindungen nutzen können.

Die Insel der Töpfer

Die *Flári* sind sicherlich das Erste, was beim Bummeln durch die Gassen der Insel auffällt – die getöpferten runden Kaminaufsätze der Häuser. Sie haben Luv- und Leeseiten, die je nach der örtlichen Windrichtung aufgesetzt werden und verhindern, daß starker Wind den Rauch zurück in den Schornstein drückt.

Seit der Antike besitzt Sífnos eine Töpfertradition; heute betreiben noch ein Dutzend Familien das uralte Handwerk. Der Männer schaffen Talkschiefer, die Tonerde aus der Umgebung heran, die Frauen »versumpfen« sie zu Ton. Auf der Töpferscheibe – vor wenigen Jahrzehnten noch fußbetrieben – formt der Töpfer den Ton zu wunderbaren Gegenständen. Als Souvenir beliebt sind Salatschüsseln, die daheim einen Hauch Ferien auf den Tisch zaubern. Das größte Angebot findet man in Kamáres; beim Töpfer Antonis Atsoneo kann man direkt in der Werkstatt in Vathí auswählen, s. Seite 65.

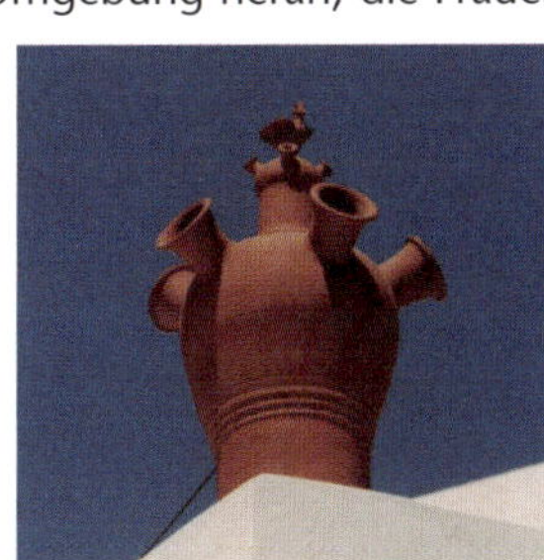

⑭ Das Wahrzeichen

Eine bergab führende, 3½-stündige Wanderung von Apollonía zur Kirche Chryssopigí, dem Wahrzeichen der Insel. Dort gibt's außerdem schöne Tavernen am Badestrand! Eine Verlängerung ist mit ⑫ möglich.

■ 6,5 km, Höhenunterschied 230m, moderat

▷ *Karte siehe Seite 52*

RGZ Rechts vom Imbisslokal am **Hauptplatz** von **Apollonía**
0.00 geht man 40m bis zur Hauptgasse »Odos Prokou«, die
rechts hinaufführt.
30m vor der großen Kuppelkirche steht rechts die sehens-
0.05 *werte **Agios Sóstis** von 1768 mit malerischem Vorhof.*
Bei den letzten Stufen steht links die hohe Mauer des
!! Gymnasiums, *vor* der wir links in den schmalen Weg ein-
biegen, erst abwärts und dann rechts hinauf zur **Straße.**
0.10 Auf der Gegenseite geht man nach zwei Windmühlen
nach links und vor der Straßenkehre nach rechts. Vor einem gepflegten Garten (**P1:** N36°58,164'/E24° 43,696', 250m) beginnt ein ansteigendes Monopáti.
Am linken, seeseitigen Ortsrand von **Exámbela** entlang-
0.15 streifend, sieht man eine schattige **Kapelle** [1] und kommt
0.20 nach einer Linkswendung zur blauen **Kuppelkirche** des
Hl. Nikolaus (**P2:** N36°57,997'/E24°43,752', 230m), bei der man direkt daneben links in eine Gasse geht. An der T-Gabelung vor einer Hausreihe führt der Weg rechts abwärts und nach fünf Metern nach links. Der später abschüssige Weg leitet erst in Richtung Meer, dann nach rechts abwärts. Links steht in einem Bauernhof die Ruine eines antiken Rundturmes. Der »Mavros Pirgos« (Schwarz-

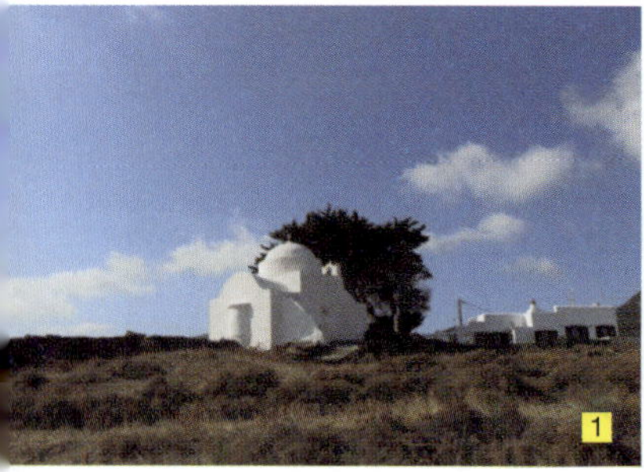

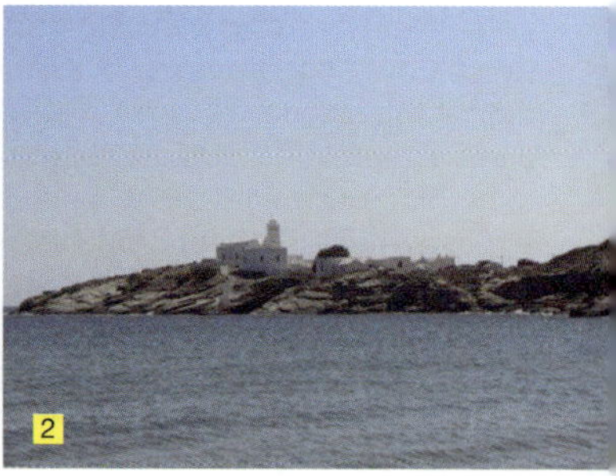

er Turm), wurde im 3.–6. Jh. v. Chr. mit exakt behauenen
Steinen ohne Mörtel gebaut und diente als Fluchtort und
zur Übermittlung von Lichtsignalen.
0.25 Weiter abwärts gelangt man zur **Straße**, der man, an einer
Georgskapelle (re.) vorbei, etwa 220m links abwärts folgt
und sie dann nach rechts verlässt. (200m weiter steht
0.30 oben das Kloster Vrísis von 1654.) **Stufen** führen von der
Straße, an einer Kapelle (li.) vorbei, ins Tal hinab zu einem
Monopáti und zwei Brücken. Bei einem Waschplatz (re.)
gelangt man zu einem Betonweg. Diesem folgen wir
rechts hinauf, links über uns die Friedhofskapelle. Wenn
sich der Betonweg gabelt, geht man *links* hinauf zum
0.35 **Hubschrauberplatz (P3:** N36°57,495'/E24°43,787'). Vom
Landeplatz strebt man nach 40m rechts hinein ins Reich
der Monopátia, dem Meer entgegen. Links steht auf einer
Anhöhe ein Windmühlenstumpf und rechts oben residiert
das mächtige Andreaskloster. Hohe Mauern rechts
vom Weg führen uns sicher weiter. Auf bequemen Platten
0.40 ziehen wir dahin, vorbei an einer **Zisterne** (li.).
Bei einer Gabelung (**P4:** N36°57,303'/E24°43,931', 230m)
geht man den Weg »3A« links abwärts am Fußballplatz
0.50 entlang zur großen **Gabelung** (**P5:** N36°57,467'/E24°44,
132'). Hier wandert man nach rechts und genießt den
schönen Blick aufs Meer. Bei der nächsten Gabelung folgt
man dem breiten Weg links abwärts Richtung Meer. Eine
Kuppelkapelle wird sichtbar. Bei der T-Gabel oberhalb der
Straße (**P6:** N36°57,291'/E24°44,271', 200m) geht es rechts
1.00 zur **Mavroundi-Kapelle** an der Straße. Unten zeigt sich bereits
die Chryssopigí-Kirche auf der Halbinsel, s. S. 40.
Man überquert die Straße diagonal nach rechts und wandert
links vom Fahrweg den Bauernpfad hinauf. Rechtwinklige
Abzweigungen nach links und rechts werden
übergangen. Bei einer Mauerecke geht es geradeaus weiter,
dann aber bei einer Gabelung (**P7:** N36°57,024'/E24°
44,514') vor einer Mauer mit Türchen rechts abwärts.
Anschließend steigen wir ziemlich steil in ein Trockenbett
1.30 hinab, wo ein **Sandweg** ans Meer führt.

*Die Kirche **Chryssopigí** [2] von 1650 besitzt eine wundertätige Ikone und einen Taufstein an der Felsspitze direkt über dem Meer. Ein wahrer »Ort der Kraft«.*

1.45 Von hier aus schlendert man den Küstenweg nach **Fáros**,
ebenfalls mit Strand und Tavernen – und dem Bus.

15 Oben beim Propheten

Der steile Aufstieg von 400m zum höchstgelegenen Kloster von Sífnos wird durch einen weiten Ausblick belohnt. Die 3½-stündige Wanderung kann mit Tour 16 fortgesetzt werden.

■ ***9,5 km, Höhenunterschied 515m, moderat***

▷ *Karte siehe Seite 62*

RGZ Will man nicht, wie in Tour 17 beschrieben, die Hauptgasse von Apollonia benutzen, gibt es auch diese Möglichkeit:

0.00 Von der **Platía Heróon in Apollonía** (175m) geht man
auf der Straße nach Kamáres zwei Minuten abwärts und
direkt nach dem Wassergraben (gegenüber vom Parkplatz) links ein paar Stufen hinauf. Die Gasse im Ortsteil
Kourtsoúdi führt von hier ohne abzubiegen aufwärts. Erst
0.05 bei einer **Kreuzung** geht man rechts. Eine Kapelle steht
kurz danach links hinter einer Mauer, während man in
Richtung einer großen Kuppelkirche weiterhin aufwärts
geht. 50m vor dieser Kirche geht man links und kommt
0.10 durch eine leichte **Senke.**

Am bald folgenden Ortsrand von **Katavatí** hält man sich links und erreicht so eine querlaufende Straße, der man nach rechts aufwärts folgt. Kurz danach geht man unterhalb der Kuppelkirche entlang (1 S. 63) und folgt der Dorfgasse. Rechts erhebt sich unser Ziel, der gewaltige Berg des Profítis Elías. Links am Weg liegt das Hotel »Galini«, rechts später eine Kapelle mit einer schönen Grabplatte im Vorhof.

100m danach zeigt uns das Schild ΠΡ.ΗΛΙΑΣ den Weg

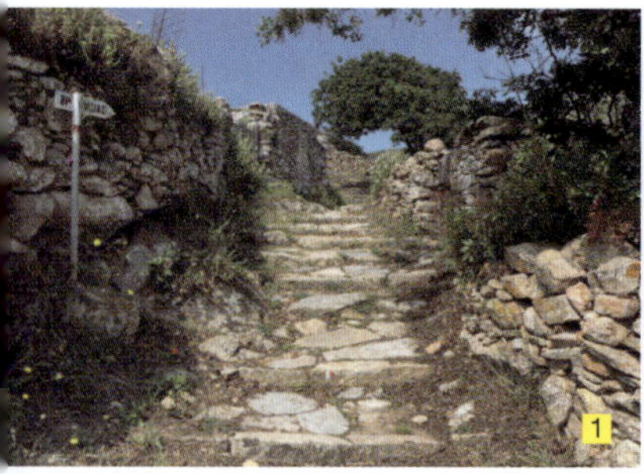

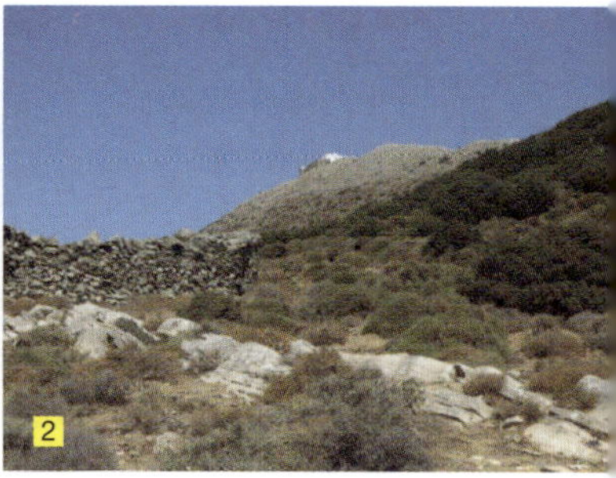

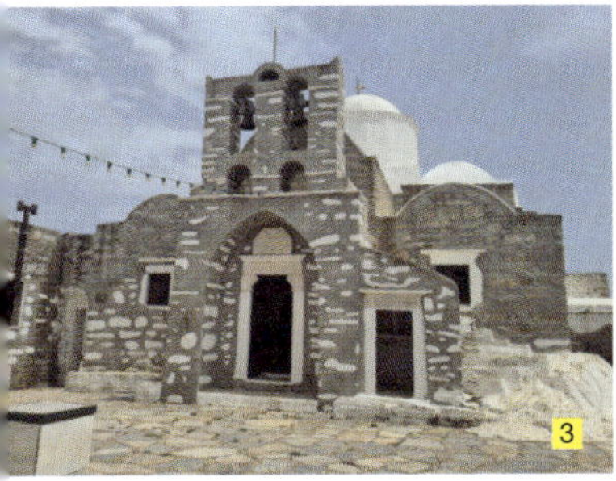

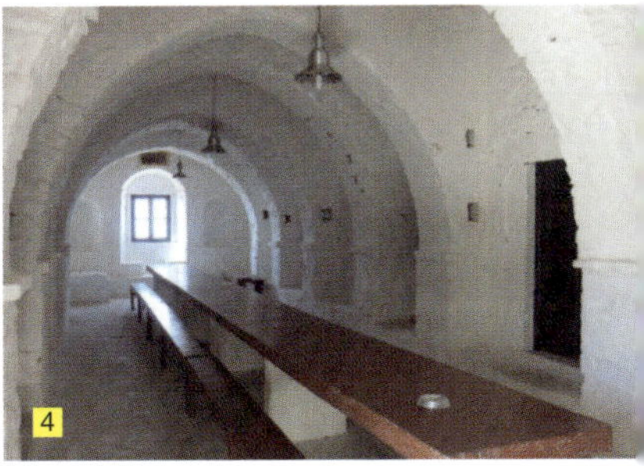

0.25 nach rechts, der zum Infostand an der **Umgehungsstraße** führt.
Diese überschreitet man schräg nach rechts und findet einen aufwärts führenden Eselsweg (**P1:** N36°57,803'/E24° 43,231'), der oberhalb eines Tales (re.) in das Innere der Insel führt [1]. Die folgende Abzweigung nach links (P2) ist
0.35 als Tour 16 beschrieben. Unsere **Abzweigung nach rechts** zum Profítis Elías führt im Talboden über eine Betonfurt (**P3:** N36°57,562'/E25°42,804',270m).
Der Weg durch Mastix- und Wacholderbüsche ist leicht zu
0.50 finden. Eine **Schutzhütte** (390m) liegt rechts am Weg. Von dort aus sieht man das Elias-Kloster wieder [2]. Nach
1.05 dem man einen **Stall** (re.) passiert hat, wird es flacher,
1.20 später nochmals steiler bis zur **Klosterburg** (682m).
OW *Das heute leerstehende Kloster **Profítis Elías o Psilós** (»der Hohe«) wurde vermutlich in den Wirren des Bilderstreites um das Jahr 800 gegründet. Die heutigen Bauten wurden um 1650 errichtet. Es wird angenommen, dass hier schon in der Antike ein Wachtturm stand. Auch damals diente dieser höchste Punkt der Verteidigung der Insel. Das Zentrum der rechteckigen Anlage bildet das Kathólikon, die frei stehende Kirche [3]. Sie besitzt eine interessante Ikonostase aus Stein, in die Bildtafeln eingefügt sind.*
Unter den Mönchszellen in der Außenseite der Klosteranlage liegen Kasematten mit Schießscharten. Im Hauptgebäude finden sich das Refektorium mit langem Steintisch, Zisterne und Schießscharten [4].
Die Klosterkirche ist am Wochenende geöffnet.

⑯ Die mykenische Akropolis

Neben dem Eliaskloster beherrscht die Gipfelkirche des Heiligen Andreas die Mitte von Sífnos. In vorantiker Zeit befand sich hier eine gewaltige Akropolis. Auf Pfaden und Eselswegen wollen wir zuerst die grüne Inselmitte durchstreifen und während der 3 bis 4 Stunden auch die Ausgrabungsstätten besuchen.
Geöffnet Mittwoch, Donnerstag, Freitag und Sonntag, jeweils bis 15.30 Uhr. Es gibt keine Wasserstellen.
■ ***8 km, Höhenunterschied 240m, moderat***

RGZ Bis zur **Umgehungsstraße** folgt man ⑮ oder ⑰.
0.20 Vom **Infostand** des Naturschutzgebietes aus sind es 30m nach rechts über die Straße zum Pfad zum Profitis Elias (**P1:** N36°57,803'/E24°43,231'). Nach etwa acht Minuten Plattenweg verlässt man ihn beim Holzpfosten, der auf den Pfad nach links zur Kapelle Anargíri aufmerksam macht (**P2:** N36°57,698'/E24°42,966', 300m).
Der Saumpfad [1] steigt zwischen Wacholder leicht an,
passiert nach einer Viertelstunde eine Gittertür (**P3:**
0.45 N36°57,397'/E24°43,009', 370m) und erreicht die **Anargíri Kapelle** [2]. Sie ist den Arztheiligen Kosmas und Damian geweiht, die für ihre Behandlungen kein Silber (argíri) angenommen haben. Über ihr ist die Einzäunung der Akropolis zu sehen.
Steinstufen führen nach der Kapelle durch Wacholder zur
0.50 Straße. 20m links geht es zum **Museum.** Es ist zwar klein, bietet aber viele Informationen, Fundstücke und Luftbilder. Von dort führt ein neuer Fußweg unterhalb der Ringmauer zur Ausgrabungsstätte hinauf.

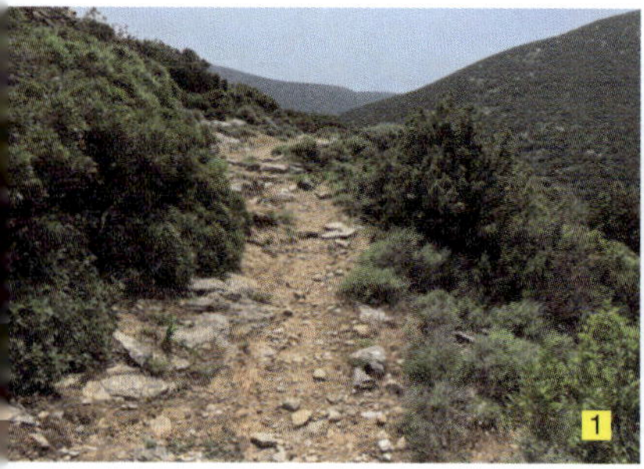

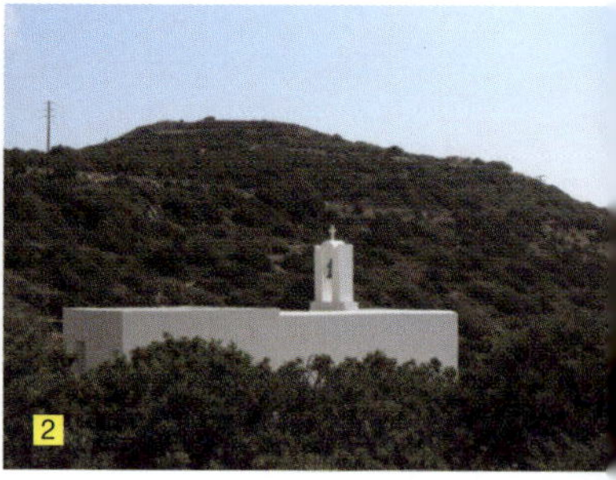

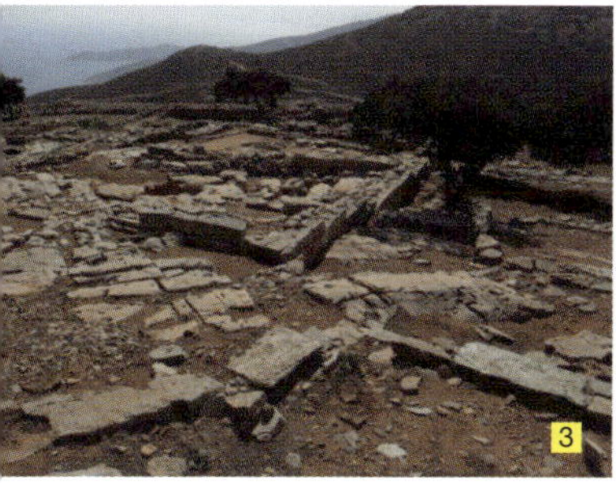

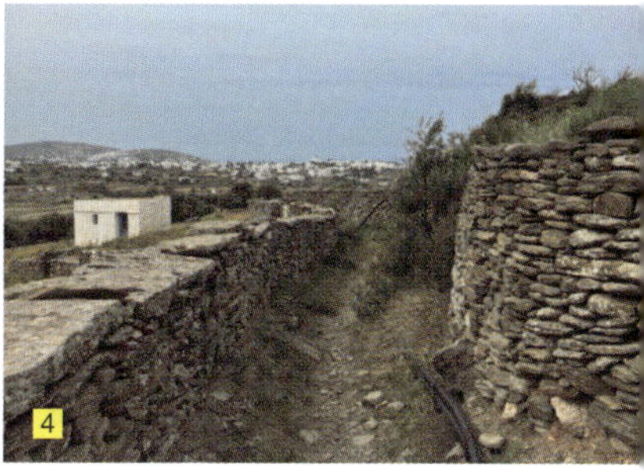

(Sollte die Anlage geschlossen sein, muß man sie rechts, unterhalb des Zaunes umgehen.)

Die doppelte, bastionsverstärkte Ringmauer der ***Akropolis*** *wurde in spätgeometrischer Zeit (8. Jh. v. Chr.) erbaut. 500 Jahre davor gab es hier schon 100 Jahre lang eine mykenische Siedlung. Etwa zehn Hausgrundrisse wurden bisher freigelegt [3]. Die laufenden Ausgrabungen bringen sicher noch mehr Details zu Tage.*

Das Kloster ist im 16. Jh. hauptsächlich aus den Steinen der antiken Mauern errichtet worden, was die Archäologen gar nicht freut.

1.00 Von der Kirche des früheren **Andreasklosters** (grandioser
Rastplatz!) folgt man den abwärts führenden Stufen zur
1.20 **Straße.** Dort geht man etwa 120m nach rechts und auf
dem Sandweg nach links. Nach 70m folgt man einem
Eselsweg ebenfalls nach links (**P4:** N36°57,170'/E24°43,
878'). In schönen Bögen [4] schwingt dieser an einer Ka-
pelle (re.) vorbei und als Feldweg hinunter zum Weiler
1.30 **Simbópoula.**

Vor den ersten Häusern benutzt man den Fahrweg nach links, der später betoniert in einem Rechtsbogen abwärts verläuft. In Kurvenmitte (**P5:** N36°57,559'/E24°43,603', 245m) zweigt man nach links in einen Fußpfad ab, der zuerst ein kleines Tal umschlängelt, dann ansteigt und an einer Kapelle (li.) vorbei hinauf zur Straße (**P6:** N36°57,750'/E24°43,436') führt.

Auf der gegenüber liegenden Seite setzt er sich fort und
1.50 führt zum **Ortsrand von Katavatí.** Hier ist man auf be-
kanntem Terrain: Unterhalb der Dorfkirche geht es rechts
2.05 und beim Gymnasium von **Apollonía** hinab zum **Hel-
denplatz**, der Platía Heróon.

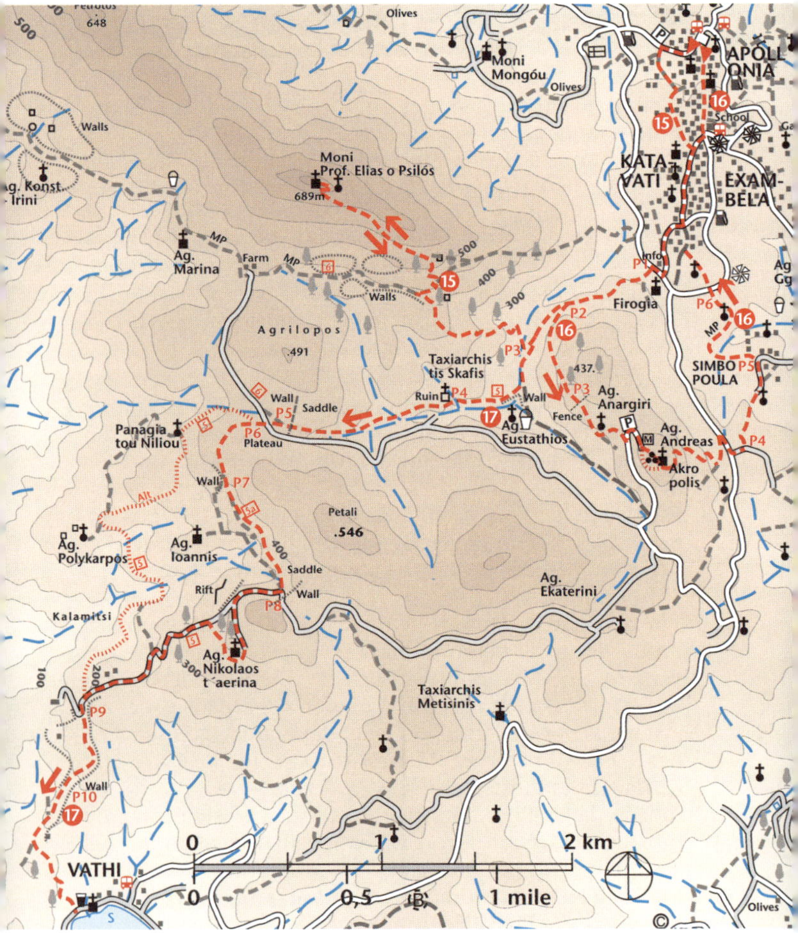

648
500
Olives
Moni
Mongóu
Olives
APOLLONIA
Walls
Moni
Prof. Elias o Psilós
689m
Ag. Konst.
Irini
KATAVATI
EXAMBELA
School
Ag.
Marina
MP
Farm
MP
Walls
500
400
300
Info
Firogia
Agrilopos
.491
Taxiarchis
tis Skafis
437.
SIMBO
POULA
Ruin
Wall
Saddle
Wall
Fence
Ag.
Anargiri
Ag.
Andreas
Akro
polis
Panagia
tou Niliou
Plateau
Ag.
Eustathios
Wall
Alt
Petali
.546
Ag.
Polykarpos
Ag.
Ioannis
Saddle
Rift
Wall
Ag.
Ekaterini
Kalamitsi
Ag.
Nikolaos
t´aerina
Taxiarchis
Metisinis
Wall
VATHI
0
1
2 km
0
0,5
1 mile
Olives

⑰ Zu Füßen des Propheten

Der 4-stündige, mit »5« markierte Weg ist leicht zu finden und führt durch das Naturschutzgebiet am Fuße des Profítis Elías. Zur Entspannung warten am Schluss der Wanderung Tavernenstühle im Sand und das Bad in der ruhigen Bucht von Vathí.

■ ***9 km, Höhenunterschied 420m, moderat***

▷ *Karte siehe links*

RGZ Der Tag beginnt mal wieder am **Heldenplatz** von Apol-
0.00 lonía, beim schmalen Durchgang rechts vom Imbisslokal. Nach 40m geht es rechts die malerische Hauptgasse, die Odos Prokou hinauf. Noch sind die Boutiquen geschlossen und die Tavernen aufgestuhlt. Unter der Woche sind
0.05 alle Kirchen geschlossen, auch die große **Metropolis-Kirche** (li.). Die nach der Schule am oberen Ende des Treppenweges gelegene Asphaltstraße geht man ein paar Meter weit nach rechts und verlässt sie beim Wegweiser nach Katavatí wieder.
0.10 Unterhalb der **Kuppelkirche** (re.) von **Katavatí** ① geht man links, dann vorbei am Hotel »Galini« (li.) und an der
0.15 Kirche **Panagía Angelokísti** (re.), in deren Vorhof das schöne Epitaph eines Popen liegt. An der Gabelung, 80m danach, zeigen Wegweiser nach rechts zum Berg Elias. Auf Beton geht es erst geradeaus, dann abwärts zum Infostand
0.20 an der **Umgehungsstraße.** Diese geht man 30m rechts und die Stufen hinauf (Schild »Elias«) (**P1:** N36°57,803'/ E24°43,231', 235m). Jetzt kann nicht mehr viel schief gehen, rot-weiße Markierungen sind auch noch da!

Der mauergesäumte Weg ②, den man jetzt benutzt, ver-

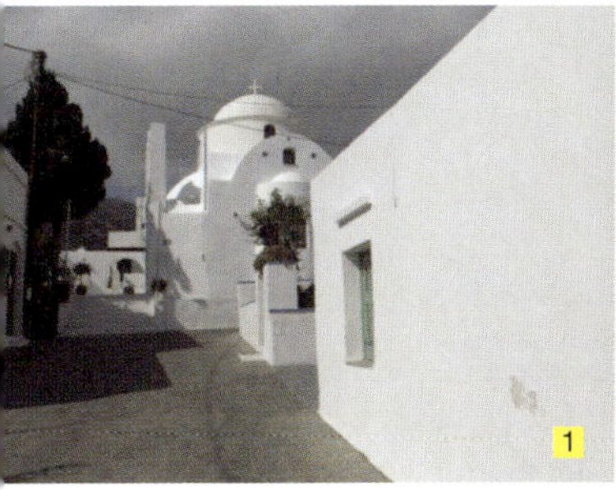

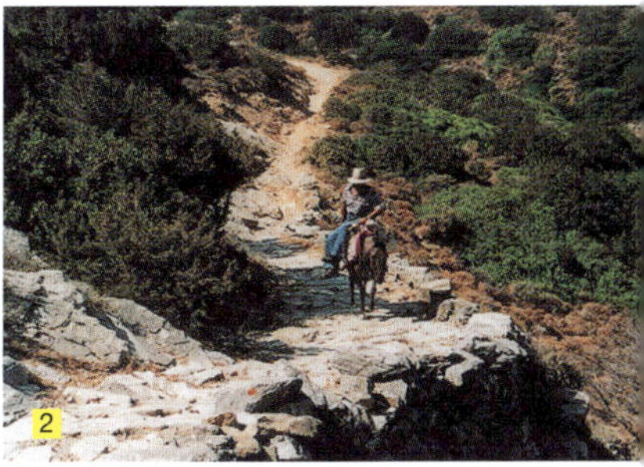

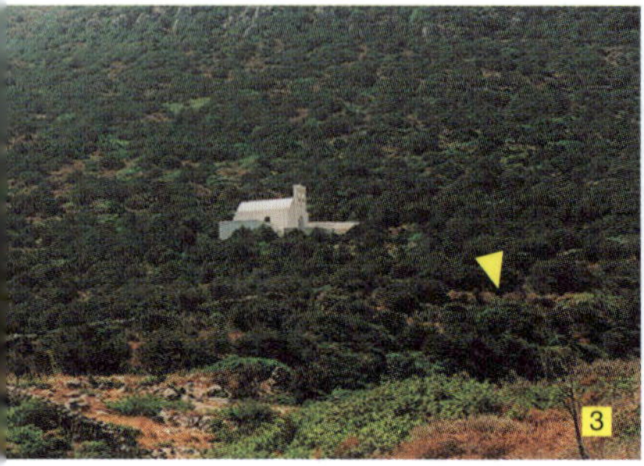

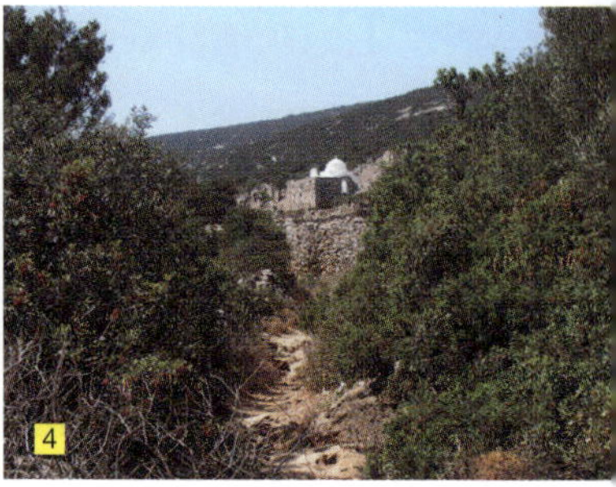

läuft am Gegenhang des Eliasberges. Zuerst gibt es eine
Abzweigung nach links zur Anargýri-Kapelle (P2) ⑯, dann
0.35 zweigt im Talboden der **Weg** zum Profítis Elías nach
rechts ab (**P3:** N36°57,562'/E25°42,804', 280m) ⑮.
Unser Weg »5« führt hier geradeaus aufwärts und biegt
später vor einer Mauer unterhalb einer Kapelle [3] nach
rechts aufwärts in ein breites Hochtal, wo uns bald der Er-
0.45 zengel und seine von Ruinen umgebene Kirche **Taxiar-
chis tis Skafis** [4] (**P4:** N36°57,417'/E24°42,574', 420m) er-
scheinen. In der Kirche rechts oberhalb des Weges sind im
Altarraum, der Bema, schöne Fresken zu sehen. Die Klo-
sterterrassen im Tal sind zum Teil noch mit Wein be-
pflanzt und werden von der Klosterburg des Propheten
Elias bewacht. Über dem östlichen/linken Talende kann
man die abgeplattete Akropolis beim Andreaskloster er-
kennen, das Kloster selbst jedoch nicht.
Schöne Stufen führen weiter zum Hochplateau hinauf.
Beim Wegweiser (**P5:** N36°57,340'/E24°41,966', 390m)
1.05 geht es bei der **Gabelung** links. Nach 120m überquert man
einen Fahrweg und geht bei der folgenden Gabelung
nochmals links (**P6:** N36°57,354'/E24°41,823', 420m). Hier
teilt sich Pfad »5« in einen oberen und unteren Teil.

Der hier beschriebene obere Weg »5a« ist jetzt teilweise ausgebaut worden, bietet aber die schöneren Ausblicke.

Wir benutzen den ansteigenden Pfad *nach links*. Er hat an-
fangs einen Betonbezug und wird nach einer Mauer zum
rotgefärbten Geröllweg. 80m nach einer langen, ausge-
1.15 rundeten Mauer **gabelt** sich der Pfad (**P7:** N36°57,240'/
E24°41,725'). Wir nehmen den *linken Weg,* der parallel
oberhalb verläuft und folgen den Höhenlinien, eine

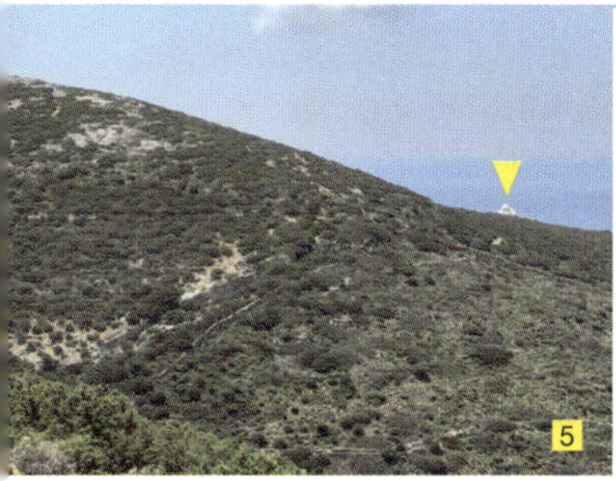

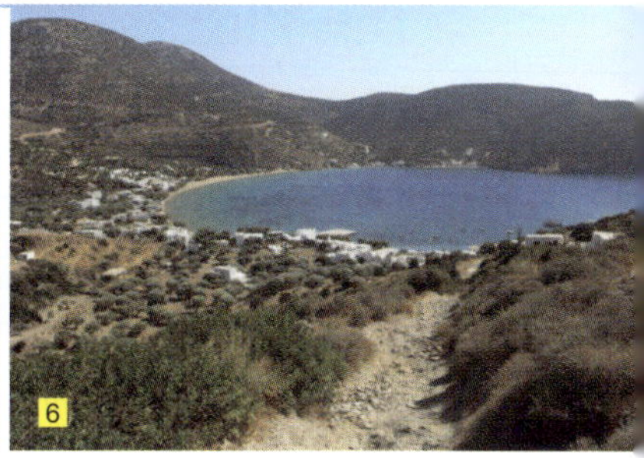

weiße Kuppelkirche ⑤ im Auge. Sie steht rechts unterhalb des nächsten Gipfels. Rechts unten liegt das Johanneskloster. Am Gegenhang rechterhand sieht man eine gewaltige Felsspalte. Welcher der griechischen Götter mag hier wohl gewütet haben?

1.25 Vor einer **langen Mauer** oben im Sattel (**P8:** N36°56,876'/
E24°41,949') trifft man auf den neuen Fahrweg, geht
rechts und folgt auf gleicher Höhe den Rundungen des
1.30 nächsten Hügels. Bei der **Gabelung** geht es links zum
1.35 Kloster **Agios Nikoláos t'aerina**. Der große Vorhof bietet
einen prächtigen Blick auf die Bucht von Vathí.

Der Saumpfad dorthin führt unterhalb des Klosters durch Wacholderbüsche abwärts. Nach 4 min. trifft man wieder den Fahrweg, dem man in schotterigen Serpentinen nach links abwärts und durch ein Gatter folgt. Nachdem auch der untere Weg »5« von rechts wieder auf dem Fahrweg
gelandet ist, kommt eine scharfe Rechtskurve. Dort zweigt
1.55 ein **Eselsweg** nach links ab (**P9:** N36°56,500'/E24°41,
255'). Wir peilen Polyégos, die linke der Inseln an. Nach
einer Mauerverengung (**P10:** N36°56,943'/E24°41, 266')
bieten sich schöne Picknickplätze in den Olivenhainen
an. 50m nach dem Zauntor biegt man links ab ⑥ und er-
2.20 reicht **Vathí**, wo Strandtavernen und ein schmaler Bade-
strand warten.

Zum Bus muss man 100m weiter landeinwärts gehen. Im Frühjahr fährt der letzte Bus schon um 16.20 Uhr, in der Hochsaison gegen Mitternacht.

Falls noch Zeit bleibt: Am anderen Ende der Bucht zeigt die Töpferei Atsonios geschmackvolle Arbeiten!

18 Das Kloster des Wassers

Fernab von allem liegt an der Außenseite der Insel ein kleines, leerstehendes Kloster, zu dem diese 7 bis 8-stündige, mit »6« markierte Rundwanderung führt. Man kann sie in Kamáres oder Apollonía beginnen.
Auf schmalen Bergpfaden geht's entlang des Eliasberges und dann über den Bergrücken zum Kloster hinab. Von dort wandert man hoch über dem Meer am Fuße des Berges nach Apollonía zurück. Drei weitere Klöster liegen am Wege, an zwei Stellen findet man Wasser aus Zisternen, aber auch einen Brunnen.
■ 12/14 km, Höhenunterschied 300m, schwer

RGZ **a) Start in Kamáres:**
0.00 Landeinwärts findet man rechts der Hauptstraße das **Ho-
tel Kamari.** Davor führt eine Betonstraße aufwärts zu ei-
0.07 nem **Wasserreservoir.** Links beginnt der mit »6a« markier-
0.20 te Pfad, der in weiten Serpentinen zu **Steinstufen** führt.
Danach wird der Pfad etwas rutschiger. An der Abzwei-
gung (**P1:** 36°59,054'/E24°42,269') zur *Mávro Spiliá* Höhle
geht man vorbei. Der Pfad erreicht weiter oben Wachol-
dergebüsch, durch das er gut gerodet hindurchführt.
Nach zwei Minuten liegen die einen Meter hohen Überre-
0.35 ste eines runden **antiken Signalturms**, 10m linkerhand
(**P2:** N36°58,982'/E24°40,983', 330m). Zwei Zugangsstei-
ne führen in ein Rund von zehn Metern 1. Auf Sífnos existieren noch die Reste von 55 solcher Türme. Bei Gefahr dienten sie der Übermittlung von Alarmsignalen.

Später erkennt man links zwei Pylone der Materialseilbahn des Erzbergbaus, dann eine große Hausruine (**P3:**

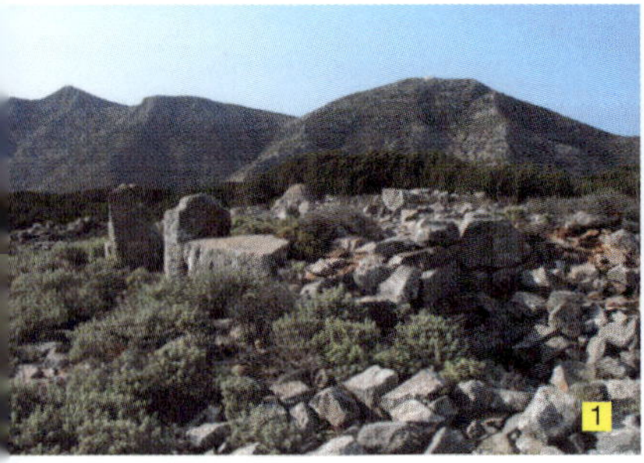

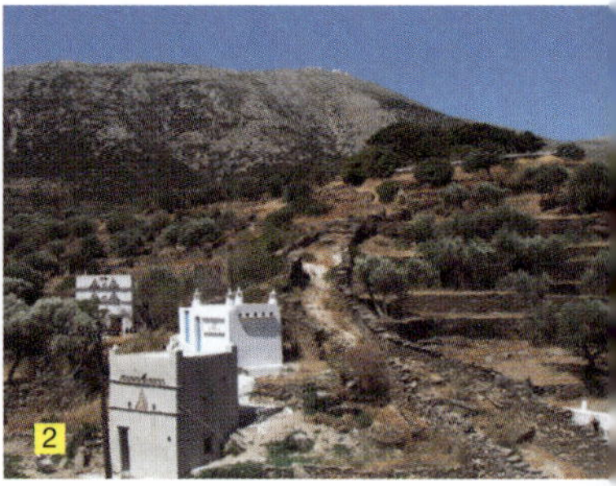

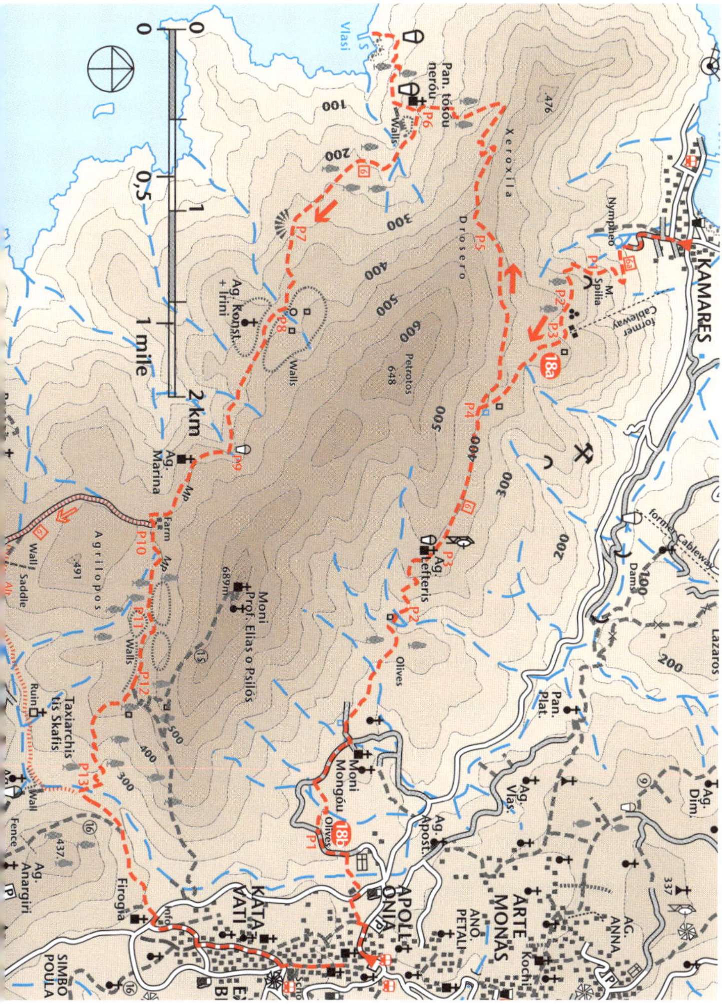

N36°58,640′/E24°41,259′). Der gut erkennbare Pfad verläuft erst horizontal am Hang entlang und dann hinauf
0.55 zum **Wasserreservoir** unterhalb des Hauptweges (**P4:** 36°59,049′/E24°40,695′). Hier ist die RGZ 1.10 des auf der nächsten Seite beschriebenen Weges.

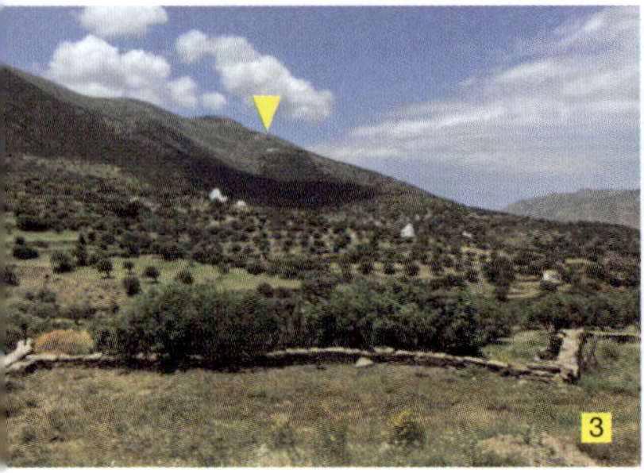

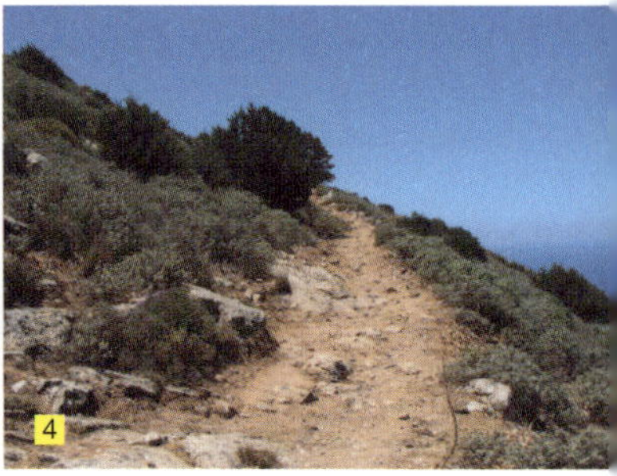

b) Start in Apollonía

0.00 Hier startet man am baumbestandenen **Heldenplatz**, wo man die Straße nach Kamáres, an Stufen (li.) vorbei, 200m
0.02 hinab läuft. Gegenüber des **Parkplatzes** (re.) steigt man links die Stufen hinauf in die Manzourini-Gasse. Von dieser biegt man aber schon nach 30m, bei einem Strommast, nach rechts ab und wandert das markierte Monopáti weiter. Am nächsten Hügel liegt der Friedhof, an dem man später vorbeikommen wird. Bei der nächsten
0.05 Gabelung geht man nach rechts und kommt zur **Asphaltstraße**, die man schräg nach rechts überquert.

Danach geht es an Häusern (li.) entlang abwärts und durch das Bachbett. Rechts von den »wohnlichen« Taubenhäusern [2] dann auf einem Monopáti hinauf zum
0.10 **Friedhof.**

Vom Friedhof aus überblickt man das weitere Geschehen [3]: Das erste Ziel ist das Kloster mit der blauen Kuppel links im Vordergrund, das nächste ist das entfernter liegende Kloster mit dem Radarreflektor oben am Berg. Der Weg sieht schwerer aus als er ist! Links oben wacht auch noch das Kloster des Profitis Elias.

Auf dem Schotterweg geht es zunächst eben nach links und dann leicht aufwärts. Nach 100m nimmt man jetzt wieder ansteigend, für 10m den Fahrweg (**P1:** N36°58, 031'/E24°44,735') nach rechts und gelangt von dort auf einem Monopáti durch Olivenhaine hinauf zum bereits bekannten Fahrweg. Auf ihm wandert man nach rechts und dann abwärts zu einer Kreuzung. Rechts steht das
0.25 Portal des früheren **Klosters Theológos ton Mongóu.**

Im vierhundertjährigen Kloster waren früher Damen der Gesellschaft untergebracht, die dem guten Ruf ihrer Fami-

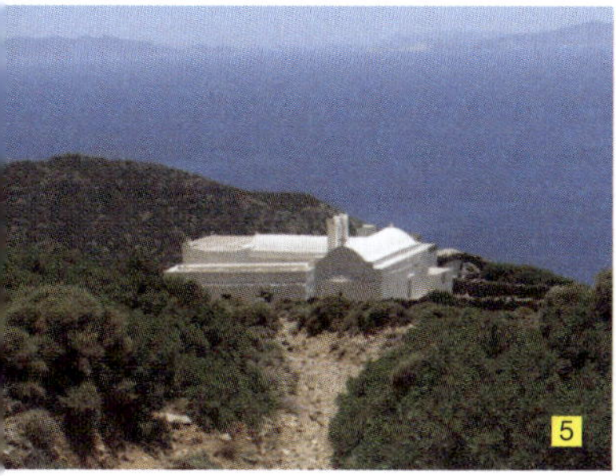
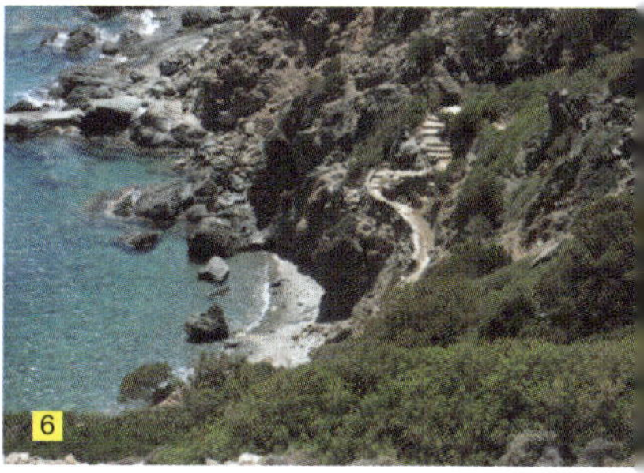

lien nicht gerecht wurden. Es ist mittlerweile in Privatbesitz. Falls die Besitzer da sind, darf man gerne die Kirche mit ihrer schönen »barocken« Ikonostase besichtigen.

Von der Kreuzung wandert man auf dem Betonweg aufwärts und findet nach 15m rechts den mauergesäumten Pfad »6«, der in Richtung unseres Ziels am Berg führt. Spä-
0.40 ter führen Betonstufen zu großen **Hausruinen** (li.) hinauf. 80m danach wendet man sich neben hohen Mauern
!! *scharf nach links* (**P2:** N36°58,517'/E24°42,120', 285m).
0.55 Weitere Stufen führen aufwärts zum **Kloster Agios Leftéris.** Im Gästebuch der schlichten Kirche kann man sehen, wann die letzten Wanderer vorbeigekommen sind. Die Zisterne bietet Wasser, im Gästehaus steht Ouzo auf dem Tisch. Es gibt sie doch noch, die Filoxenía, die griechische Gastfreundschaft. Leider ist es für einen Schluck aus der Flasche noch zu früh – und wir wollen doch zum Kloster des Wassers!

Vor den Radarreflektoren wandert man links (**P3:** N36°58,604'/E24°41,936'), immer am Hang entlang ④. Unterhalb des Pfades sieht man die aufgeschürften braunen Massen des Erzbergbaus und eine riesige Höhlenanlage. Auf der gegenüberliegenden Bergkette, oberhalb des Tales von Kamáres, stehen die Gipfelklöster des Propheten Elias Troulakíou (links) und des Heiligen Simon.
1.10 Mittlerweile haben wir ein **Wasserreservoir** (**P4:** N36°58, 734'/E24°41,323') unterhalb des Pfades erreicht. Hier kommt der Weg von Kamáres herauf (s.S. 67).
1.25 Danach überschreitet man den **Bergkamm Xeroxíla** (**P5:** N36°58,719/E24°40/713', 420 m). Das heißt »Trockenes Holz«. Bevor man selber austrocknet, verlässt man lieber den windigen Sattel. Ein grandioser Inselblick tut sich auf:

Im Hintergrund das hohe Mílos, davor Kímolos, links davon Poliégos, rechts im Meer der Block von Antimílos, usw. Aber ein Kloster? Weit und breit keines in Sicht.

Erst nach einiger Zeit auf dem nicht einfach zu gehenden, schotterigen Pfad sieht man es unten liegen. In weiten Serpentinen führt der Weg durch Wacholdergebüsch hin-
1.55 ab zum verlassenen **Kloster Panagía tósou neróu**, zur »Muttergottes des vielen Wassers« [5]. Ein gastlicher Ort.
★ Die Kirche ist schlicht und die Klosterräume einladend: Eine Küche mit langer Tafel und Unmengen von Geschirr (**P6:** N36°58,520'/E24°40,283', 220m).

> **Baden?** Direkt neben dem Kloster führen Stufen hinab zu einem Pfad, der sich durch Felsen abwärts schlängelt. Bei einer Gabelung geht man rechts und landet nach einer Viertelstunde an der **Kiesbucht von Vlási** [6].

1.55 Vom Vorhof des Klosters schreitet man *sieben* der breiten Stufen hinab und dann links ins Gelände. Oberhalb des ummauerten Feldes führt Pfad »6« durch eine Wasserrinne und dann durch hohe Wacholderbüsche aufwärts.

2.25 Zur Belohnung gibt's oben den prächtigen **Blick** in die nächsten Buchten (**P7:** N36°58,160'/E24°40,787', 170m). Später säumen ummauerte Felder und ein runder Dreschplatz (li. obh.) den Weg (**P8:** N36°58,404'/E24°40,868').

2.45 Die **Kapelle** des Konstantin und seiner Gemahlin Erini liegt in einer großen Geländeterrasse unterhalb des Weges [7]. Wie es sich für ein Naturschutzgebiet gehört, versammeln sich hier dramatische Felsformationen. Nach einer
2.55 **Quelle** (**P9:** N36°57,986'/E24°41,499', 395m) steigt man Stufen hinauf in Richtung eines kleinen weißen Bauernhauses auf der Anhöhe.

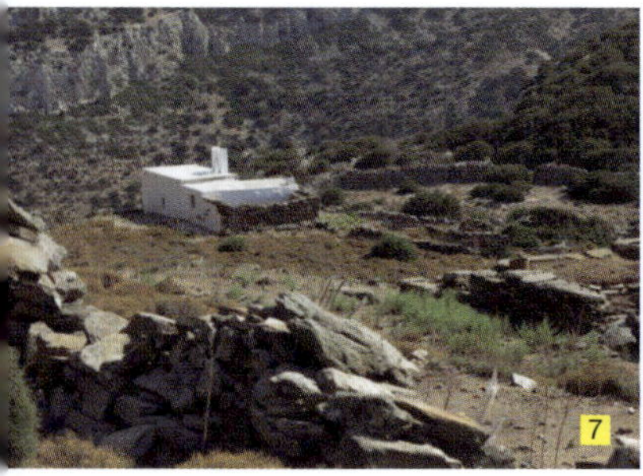

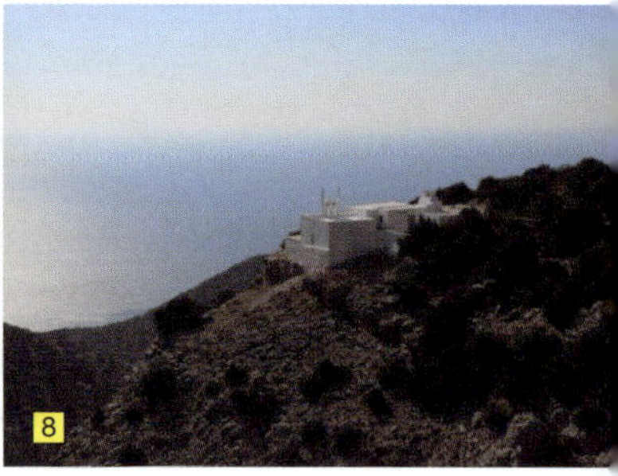

Zuvor wird aber noch der Plattenweg erreicht, der nach
3.05 rechts zur **Kirche Agía Marína** ⑧ führt. Völlig abgehoben
★ auf einem Felsen, bietet sie einen grandiosen Rastplatz.
3.15 Dann aber hinauf zum kleinen **weißen Haus**, in dem jedoch einige angekettete Hunde recht laut werden können (**P10:** N36°57,780'/E24°41,790', 465m). (Ab hier könnte man bequem, aber länger auf dem Fahrweg »6« abwärts wandern und über die Taxiarchis-Kirche die Ortschaft Katavatí erreichen.)
Kürzer, aber etwas komplizierter geht es auch: Zehn Meter rechts vom weißen Haus ist ein schlecht markierter Pfad nach Katavatí angezeigt – zu Beginn ist es eher eine
3.20 Schneise, die durch eine **Senke** führt.
Anfangs undeutlich, später zwischen Feldmauern verlaufend führt dieser Pfad am Rande des Eliasberges entlang. Bei einer größeren freien Fläche geht es *links vom Durchgang* weiter (**P11:** N36°57,757'/E24°42,135', 465m).
Die Mauer rechterhand verlässt man dann nach links hinauf und findet endlich wieder eine »6«. In Mauerbegleitung (re.) geht's einfacher weiter bis zum Plattenweg, der zum Gipfel hinauf führt ⑮ (**P12:** N36°57,637'/E24° 42,560', 380m).
4.00 Jetzt kann's jeder: Auf dem Pfad zur **Brücke** (**P13:** N36°57,562'/E25°42,804', 250m) hinab springen, links gehen und dann den Blick auf Katavatí im Abendlicht genießen. Die Straße wird beim Infostand 20m nach rechts überquert, die Betonstraße durch die Senke genommen und oben bei der *zweiten* Gabelung links gegangen. Die Hauptgasse von Katavatí führt zur Straßenkehre. Am Gymnasium (re.) vorbei schlendert man dann stolz auf
4.30 der Stufengasse hinab zum **Hauptplatz** von **Apollonía.** Im Kafenion Laki kann man dann erzählen, wo man gerade herkommt.

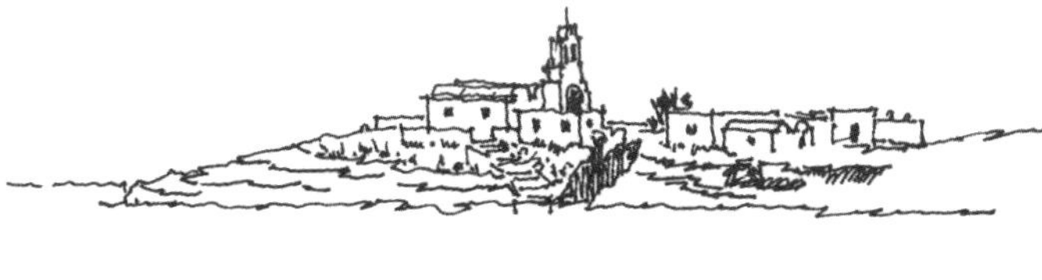

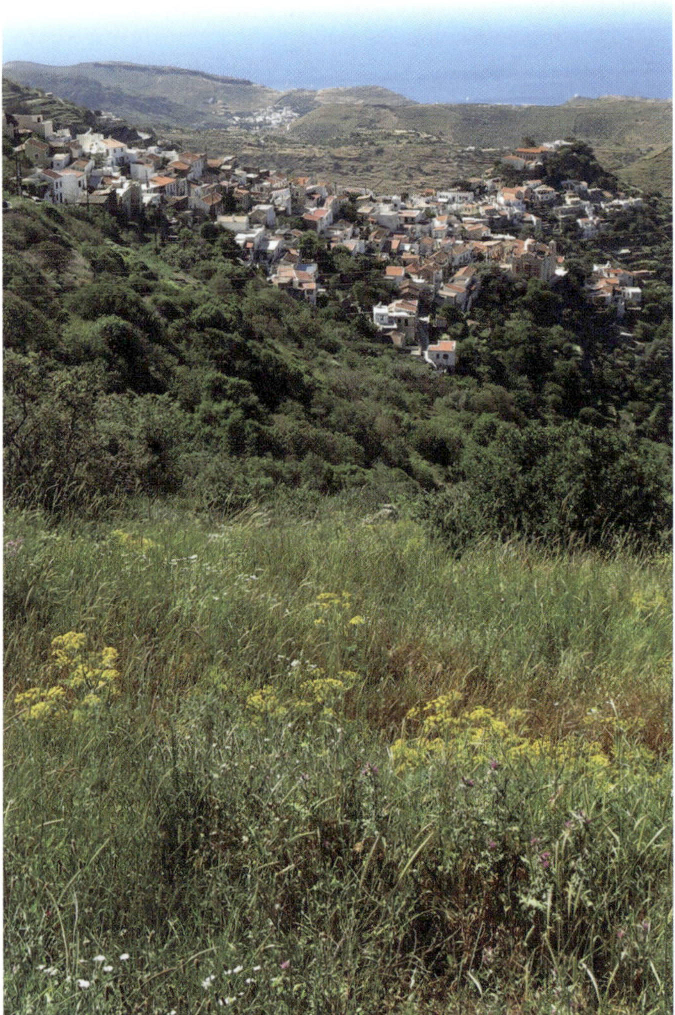

Kéa

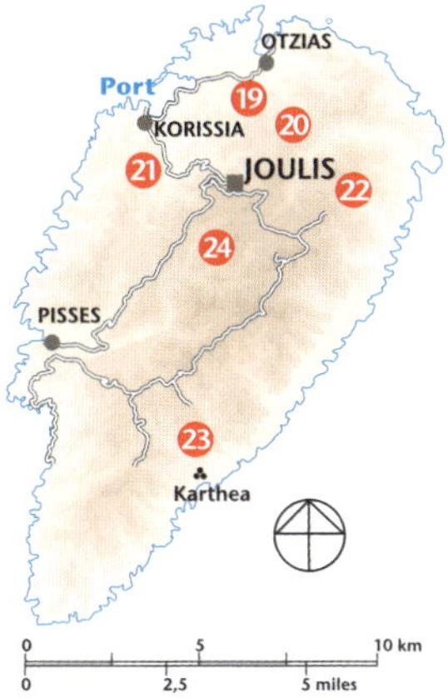

Die zweitgrößte Insel der Westkykladen, auch »Tzia« genannt, ist eine der am frühesten besiedelten Inseln und war schon im 2. Jt. v. Chr. ein wichtiger Handelsplatz zum Schwarzen Meer. Die mit Dachziegeln gedeckten Häuser entsprechen nicht dem gängigen Bild der Kykladen – sie zeigen, dass es hier häufiger regnet. Wegen zahlreicher Quellen und Brunnen besitzt Kéa selbst noch im Herbst eine wesentlich dichtere Vegetation als andere Kykladen. Die Küsten sind dagegen felsig mit eingebetteten Sandbuchten. Haine von Walloneneichen und Nussbäumen machen sie zu einer idealen Wanderinsel, zumal im Inselinneren noch einige Pflasterwege erhalten sind und auch benutzt werden. Die Inselverwaltung fördert das Wandern und hat 12 Strecken markieren und reinigen lassen. Allerdings sind diese Strecken teilweise ohne Taxi nicht zu erreichen, da der Busfahrplan den Wanderern nicht entgegenkommt. Busse fahren nur von Juni bis August! Trampen ist aber kein Problem.
Obwohl Kéa in etwa zwei Stunden vom Athener Flughafen aus zu erreichen ist, hat sich kein internationaler Tourismus entwickelt. Die Insel ist Naherholungsgebiet von Athenern, die hier viele Wochenendhäuser besitzen. Gastronomie und Hotellerie sind eher unterdurchschnittlich entwickelt, haben ein höheres Preisniveau und stoßen an manchen Sommerwochenenden an ihre Grenzen. »Rooms« gibt es kaum.
Von den hier beschriebenen Wanderungen sind die Wanderungen ㉑, ㉓ und ㉔ besonders empfehlenswert.

Wanderkarten: Anavasi #10.41 Terrain #301 (Tzia)
Taxis: +30- 22880-20015
Mietwagen an Wochenenden besser reservieren!
Leon 22880-21898, Stegadi -22651
E-Bikes: 6970 051121
Notfall: 6977-142736

⑲ Ioulís

Die Inselhauptstadt ist das Ziel dieser Tour »b« von 2½ Stunden, anfangs auf Fahrwegen mit weiten Blicken übers Meer, am Schluß durch Olivenhaine auf einem alten Pflasterweg. Das Wahrzeichen von Kéa, der steinerne Löwe, döst am Wege. Anfahrt mit dem Taxi.
Die Alternative 19a führt auf Eselspfaden in knapp 1½ Stunden zur Stadt.
■ 2 oder 6 km, Höhenuntersch. 180m, leicht bis moderat
▷ *Karte siehe Seite 78*

RGZ Mit dem Taxi ist man 3 km zur Haarnadelkurve oberhalb
0.00 von **Kómi** gefahren. Von dort führt ein Stufenweg ins Tal. Etwa 30m nach dem Brückchen beginnt links von einem Elektrozähler der mit »2« markierte Pfad. Anfangs ist es ein etwas überwachsener Hohlweg, der dann aber wunderschön auf Stufen [1] aufwärts führt. Oben trifft man auf einen quer laufenden Fahrweg, dem man nach rechts folgt. Ioulís liegt wie ein Amphitheater ausgestreckt in den Hügeln. Links säumt die lange Gartenmauer einer ge-
0.10 waltigen **Villa** den Fahrweg,

Alternative 19a: Nach 40m zweigt rechts das Monopáti »2« ab. Vor einem Schuppen steigt es an, fällt dann wieder ab und biegt nach links. Bei einem Wegealtar (li.) steigt man rechts durch den dicht bewachsenen
0.25 **Talboden** und dann langsam ansteigend nach links. Später kommt der anstrengendste Teil; im Zickzack
0.45 hinauf nach **Ioulís**.

0.10 **Weg b:** Bleibt man bei der Villa (v.o.) auf dem Feldweg,

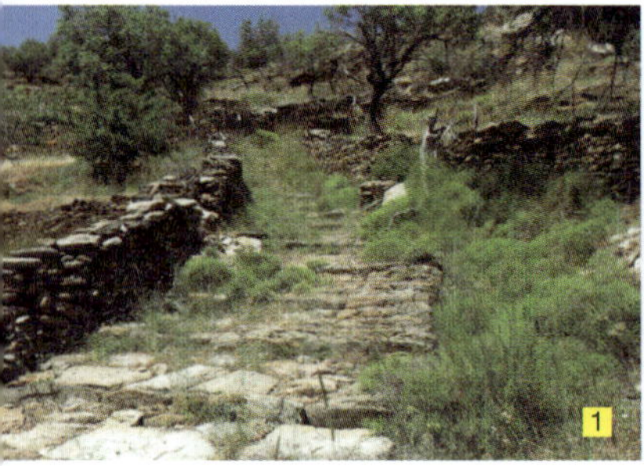

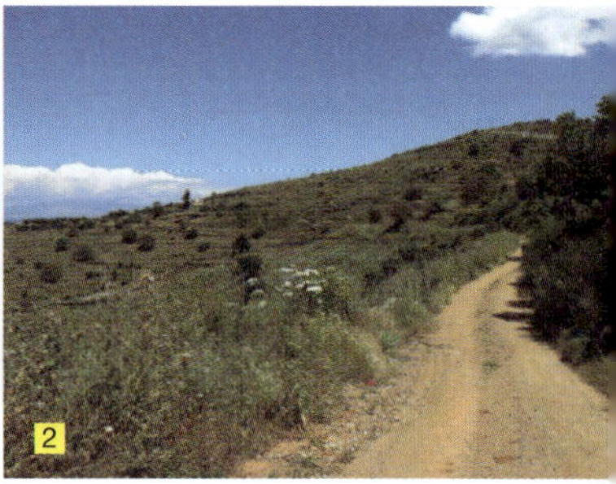

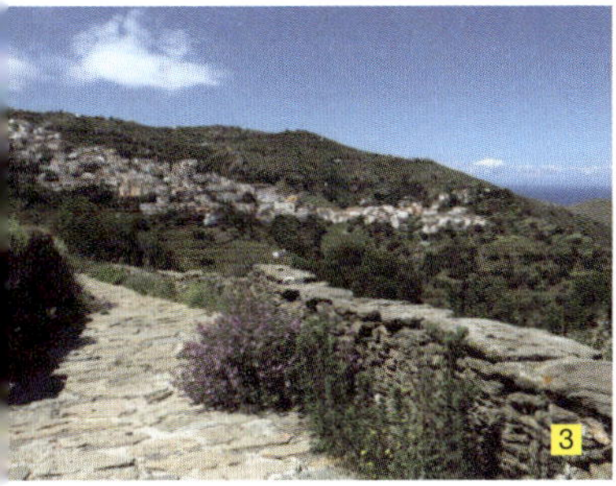

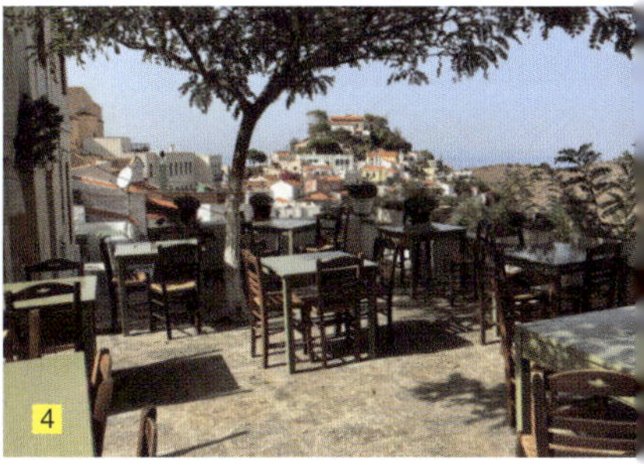

führt er über eine Kuppe und fast eben ② an einer Rechtsabzweigung vorbei. Er bietet einen weiten Blick über die grüne Küstenlandschaft, in die weiße Tupfer einiger Ferienhäuser eingebettet sind. Draußen auf dem Meeresgrund liegt irgendwo die »Britannic«, die im 1. Weltkrieg auf eine deutsche Mine gelaufen ist. Sie war das Schwesterschiff der »Titanic« und diente als Lazarettschiff.

0.20 Bei der **Gabelung** (**P1:** N37°39,171'/E24°20,493') geht es rechts und dann in einer weiten Linkskurve unangenehm steil aufwärts. Die größten Anstiege sind dann aber geschafft! Bei der nächsten Gabelung darf man sowieso nicht links abbiegen, so dass der Bergrücken bald überschritten ist und man wieder abwärts schlendern kann. Links liegen die Buchten von Vourkári und Otziás.

Nachdem man zwischen der Prokópios-Kapelle und einer Villa (re.) hindurchgegangen ist, braucht man noch 200m bis zu runden schwarzen Wassertanks (li.) und weitere 70m bis zur Rechtsabzweigung von zwei Pfaden. Rechts
0.45 steht ein **Elektroverteilermast** (**P2:** N37°39,058'/E24° 21,083', 270m).

Bei einer Zisterne (re.) beginnt hier der sehr schöne Plat-
★ tenweg »1« durch eine breite Senke mit Oliven- und Mandelbäumen und hinauf zu einem Feldweg, wo rechts bald
1.05 die große **Benjamin-Quelle** auftaucht. Auf dem Platz mit der gewaltigen Platane fanden früher Viehmärkte statt.

Unser Ziel ist näher gerückt ③ – ein breiter Weg führt dort-
1.10 hin, vorbei am berühmten **Löwen** (re. unterhalb, s. S. 79). Am Friedhof und einer Kirche vorbei, endet er in **Ioulís**,
1.25 wo eine breite Gasse am Hauptplatz, der **Platía** endet. Zum vollkommenen Glück fehlt jetzt eigentlich nur noch ein Tisch mit Talblick ④.

⑳ Der Mühlbach

»Mylopótamos« heißt »Mühlenfluss«. Es handelt sich allerdings eher um einen Bach, an dem früher 13 Wassermühlen standen. Er liegt zwischen Ioulís und Korissía, dem Ziel dieser 3-stündigen Wanderung auf Monopátia und Kalderímia. Zum Schluss führt ein Feldweg über einsame Höhen.

■ 11 km, Höhenunterschied 310m, moderat

RGZ
0.00 Vom **Busstopp/Taxistand in Ioulís** steigt man rechts von der Nationalbank die Stufen hinauf. Zur Linken steht nach 80m eine Kirche, auf der anderen Talseite das klassizistische Rathaus, unterhalb dessen man nach einer Gabelung vorbeikommt. Dort beginnt ein Pfad, von wo man den Blick auf das wunderbar gelegene Ioulís genießt.
0.05 Nach der Biegung liegen links ein **Brunnen** und eine Kapelle. Die Rechtsabbiegung vor einer Mauer mit Tür lässt man außer Acht und wandert auf dem schönen Monopáti
0.15 geradeaus weiter bis zur **Straße.**

Das Gittertor gegenüber läßt sich unten entriegeln, der Draht oben öffnen. Fahrspuren führen hinunter zum
0.20 früheren **Dafne-Kloster** 1 (**P1:** N37°38,454'/E24°19,747', 270m). Man umläuft das Kloster und stößt auf der anderen Seite, 40m unterhalb, auf einen horizontalen Pfad. Er ist weiter rechts zugewachsen, so daß man besser durch einen kleinen Mauerdurchgang noch ein paar Meter weiter abwärts steigt und den parallel verlaufenden Trampelpfad nach rechts nimmt. Man erreicht einen breiten, dreieckig ummauerten Graben und steigt hinunter. Die dreieckige Fläche verjüngt sich zu einem Eselsweg. Ab-

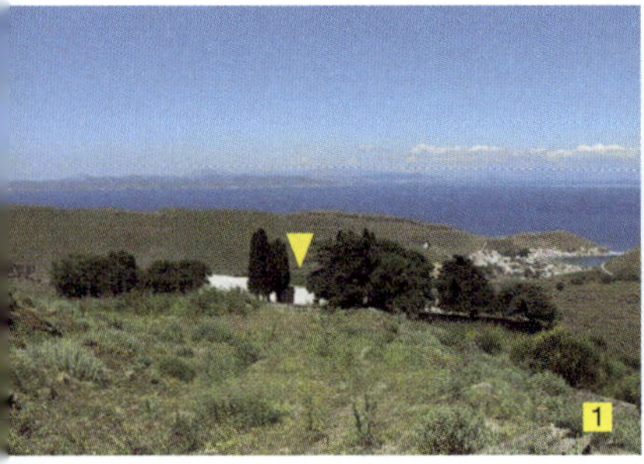

1

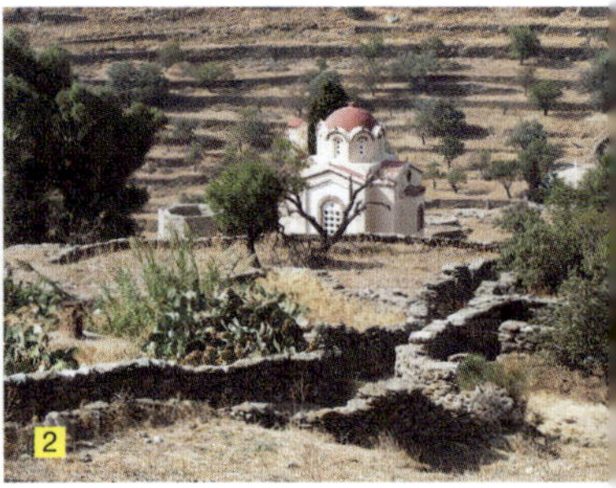

2

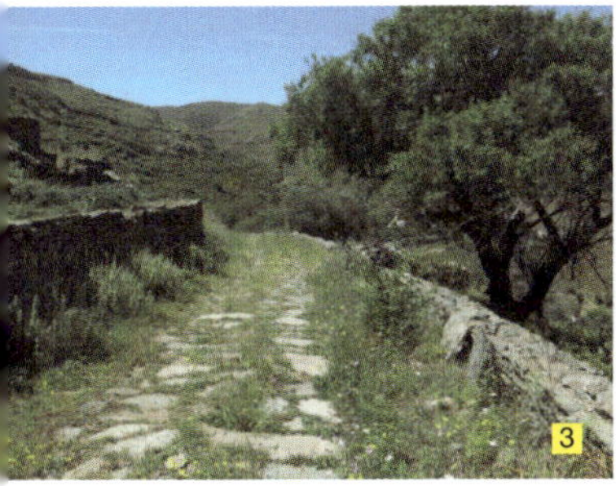

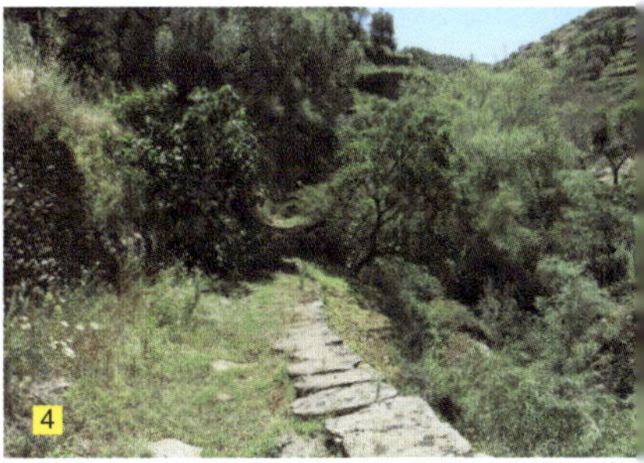

wärts, später zwischen zwei Türchen hindurch (**P2:**
0.35 N37°38,512′/E24°19,797′) kommt man zur **Konstantin-**
Kapelle [2]. Dort schwingt die breite Pflasterstraße »2« [3], in weiten Kurven hinab.

0.50 Im **Tal** verlässt man den breiten Kalderími direkt vor dem Bachbett *nach links* und geht nach 30m, vor dem nächsten Haus, nach rechts. Die Abzweigung des Weges »2A« interessiert nicht – wir folgen der »2«, die uns in ein wildromantisches Tal [4] leitet. Bald wird die Ruine der ersten
1.00 Mühle erreicht und zwei Minuten später der **Bach** überquert (**P3:** N37°38,377′/E24°18,794′). Vor einer jetzt bewohnten, früheren Mühle geht man rechts aufwärts und vor der Zufahrt nach links. Kurz danach liegen links zwei große runde Trichter am Wege. Hier wurde der Mühle das Wasser zugeführt und unten auf ein waagerecht laufendes Wasserrad geleitet, das die Mühlsteine betrieb.

Bei der kurz danach rechts über dem Pfad liegenden Panagía- (Gottesmutter-) Kapelle wenden wir uns rechts
1.05 hinauf zur **Straße.** Diese marschieren wir etwa 120m nach links aufwärts zum Schild »Xyla«, das uns nach rechts hinauf schickt. Der Feldweg führt langsam anstei-
1.15 gend zum verlassenen Weiler **Stavróki** (**P4:** N37°38,521′/E24°18,691′, 160m).

Dort wendet man sich nach Nordwesten und kehrt dem Mühlental den Rücken zu. Die vor uns liegende Hügellandschaft ist weitgehend kahl und leer. Über einem links unter uns liegenden Tal wandert man längere Zeit eben
1.35 dahin und gelangt bei einer Gabelung zu einem **Ferien-**
haus (re.) (**P5:** N37°38,913′/E24°18,334′). Die folgenden zwei Gabelungen lassen keine Irritationen zu, so dass man
1.55 ohne Probleme zum Hafen von **Korissía** gelangt.

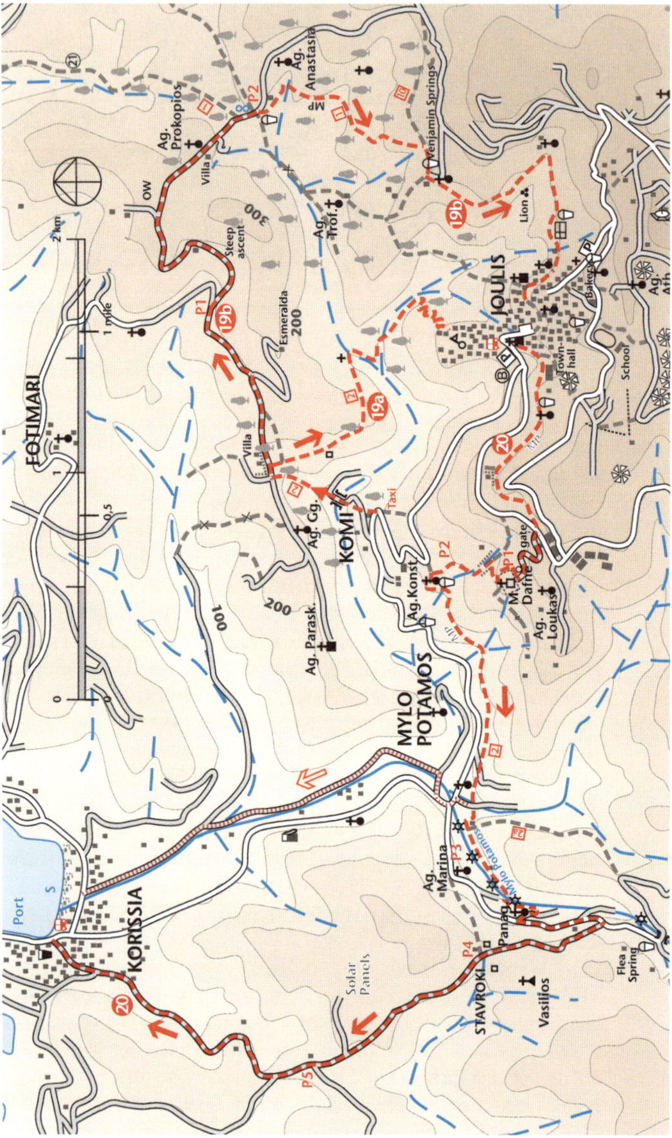
FOTIMARI
KOMI
MYLO POTAMOS
KORISSIA
JOULIS
STAVROKI
Port
Ag. Prokopios
Ag. Anastasia
Venjamin Springs
Ag. Trof.
Esmeralda
Steep ascent
Villa
Ag. Gg.
Ag. Parask.
Ag. Konst.
Ag. Marina
Ag. Loukas
M. Dafne
Town-hall
School
Bakery
Lion
Solar Panels
Panag.
Vasilios
Flea Spring
Taxi
Mylo Potamos
1 mile
2 km

㉑ Der lächelnde Löwe

Die wunderschöne Wanderung führt in etwa 3 Stunden von der Chóra zur Bucht von Otziás. Bis zur Kapelle Ágios Prokópios wandert man unter Steineichen und kommt danach durch eine romantische Schlucht. Die mit »1« markierten Pfade sind leicht zu gehen und führen fast nur abwärts. Proviant und Wasser könnte man vergessen, nicht aber die Badesachen.
■ 7 (13) km, Höhenunterschied 290m, leicht/moderat

RGZ An der ***Platía* von Ioulís** (290m) paradieren wir am hoch-
0.00 dekorierten Kriegshelden vorbei nach links aufwärts, neh-
men die Stufen der Malabazou Gasse, passieren am Ort-
0.05 sende eine **Kirche** (li.) und, schon außerhalb, den
Friedhof (re.). Im Tal kann man bereits das Wahrzeichen
der Insel entdecken.

0.15 *Warum der **Löwe von Kéa** 1 archaisch lächelnd und schmollend der alten Stadt den Rücken zukehrt, weiß nur er. Auf jeden Fall hat er sich trotz seines hohen Alters von 2600 Jahren und seines fragilen Körpers aus Schiefer gut gehalten. Er ist eine der ältesten Großplastiken Griechenlands.*

0.20 Am weiteren Weg findet sich bald die große **Benjamin-Brunnenanlage**, die malerisch halbrund um eine Platane angelegt ist. Hier fanden früher große Tiermärkte statt, die Metallringe dienten zum Anbinden der Tiere. Es geht in derselben Richtung weiter. Der Hauptweg gabelt sich 150m nach dem Brunnen und führt unter Eichen auf dem
★ Kalderími »1« 2 links hinab in eine griechische Ideallandschaft. Nach der Senke mit schmalblättrigen Mandelbäu-

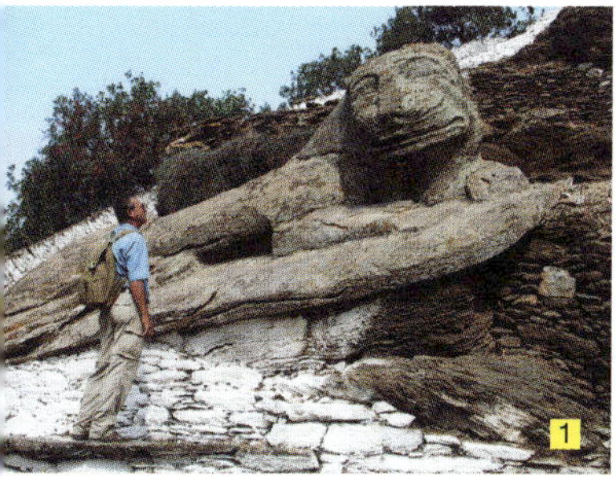

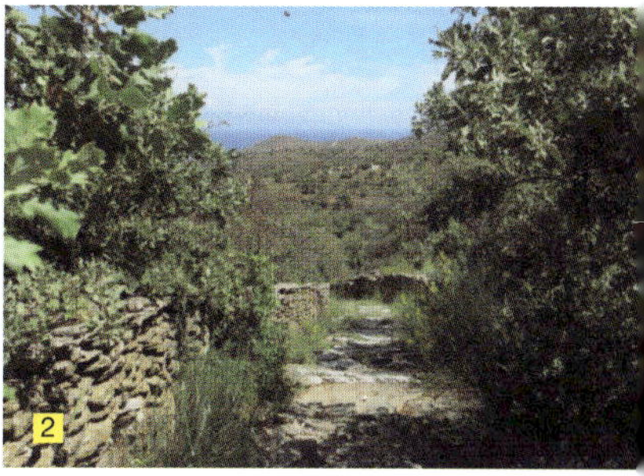

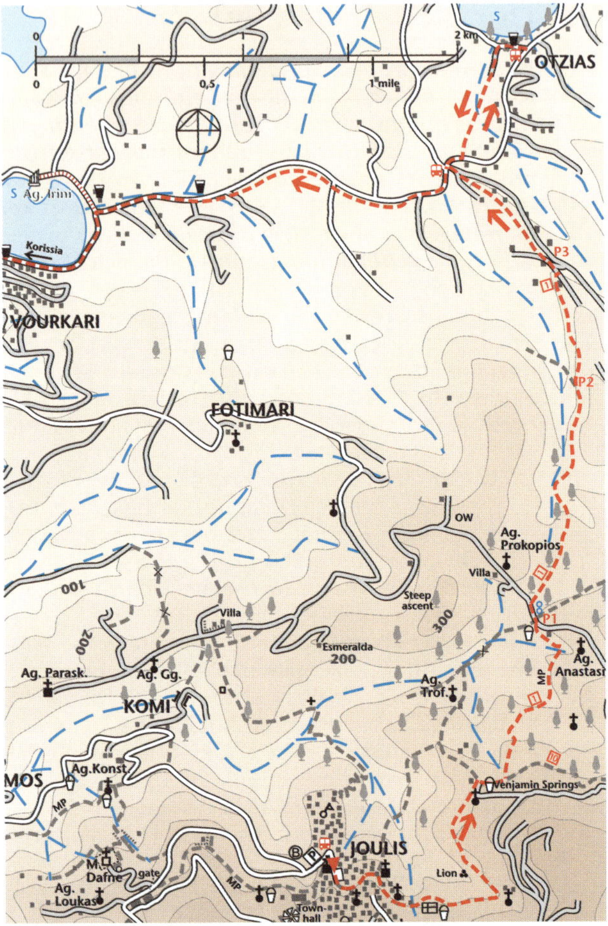

0.40 men trifft man an der Staubstraße auf ein paar **Ställe** mit
Zisterne (**P1:** N37°39,058'/E24°21,083', 270m). Man folgt
der Piste 80m weit nach links und biegt vor dem Anstieg
bei den Wegschildern nach rechts ab. Auf einem abwärts
führenden Monopáti streift man durch lichten Wald und
gelangt später in ein Trockenbett. Nachdem man bizarre
1.00 Felsformationen ③, passiert hat, übergeht man die **Links-
abzweigung** eines schmalen Pfades (**P2:** N37°39,592'/

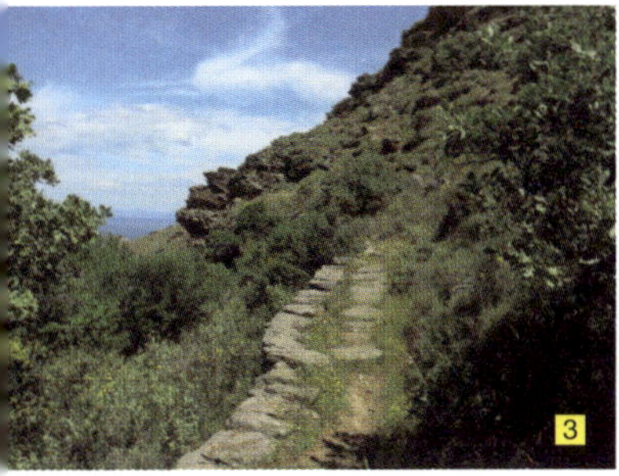

3

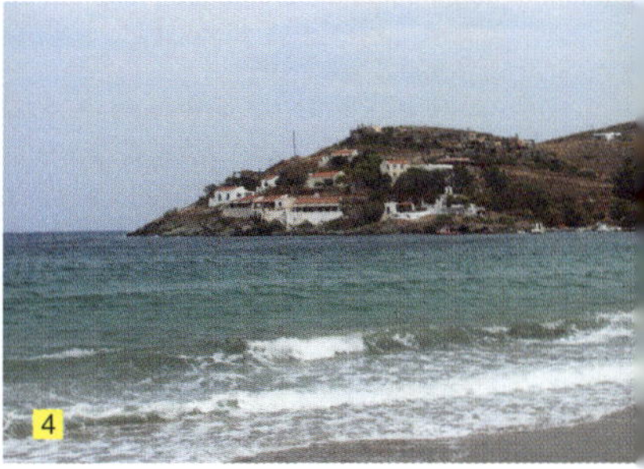

4

E24°21,210′) und gelangt auf einem horizontalen Panoramaweg am Hang entlang zu einigen Häusern.

1.10 Den dortigen **Fahrweg** (**P3:** N37°39,922′/E24°21,136′) geht man 40m nach links und findet rechts einen abwärts leitenden Eselsweg. Die umliegenden Hügel sind mit Wochenendhäusern von Athenern überzogen. Die Bauvorschriften schreiben Bruchsteinwände vor, um sie der Landschaft anzupassen.

Nach einem kurzen Stück Feldweg und einem Betonweg
1.20 wird die **Straße** erreicht. 30m rechts vom Wartehäuschen
1.30 leitet ein Pfad zum **Badestrand von Otziás** [4].
Hier gibt es ein schattiges Lokal, wo man ein Taxi bestellen könnte, falls man sich nicht losreißen kann.

Möchte man durch die Landenge weiterwandern, bleibt nur die Straße und der Pfad links daneben. Nach einer halben Stunde steht man wieder am Wasser und blickt auf Vourkári und tolle Yachten.

*Die **Ausgrabungen auf der Halbinsel Agía Iríni** sind nicht zugänglich. Es bleibt nur der Blick durch den Zaun. Von deutschen Archäologen wurden in den 1950er Jahren vier Siedlungen aus der Bronzezeit gefunden, die von 3000 bis 1500 v. Chr. bestanden. Ein Teil der gefundenen Artefakte sind im Museum der Chóra ausgestellt.*

Vourkári besitzt schöne Lokale mit ebensolchen Gästen. Vorbei am Tamariskenstrand von Jaliskári und allerlei Ferienarchitektur, gelangt man in einer weiteren halben Stunde nach **Korissía**.

㉒ Unter Eichen …

… beginnt die fast 6-stündige, sehr schöne Wanderung durch kaum besiedelte, weite Hänge ans Meer. Meist auf Plattenwegen und an zwei Quellen vorbei, müssen allerdings zweimal größere Höhenunterschiede bewältigt werden. Mit dem Mietwagen könnte man zwei Touren gestalten.

■ 16 km, Höhenunterschied 480m, schwer

RGZ Mit dem Mietwagen oder dem Taxi ist man oberhalb von Ioulís entlanggefahren und in die nach Süden führende Landstraße eingebogen. Fünf Kilometer nach Ioulís steht links an der Straße das Wegschild EPISKOPI (**P1:** N37° 37,732'/E24°21,165').

0.00 Beim Mülltonnenplatz stellt man das **Auto** ab und marschiert auf dem Feldweg aufwärts. Nach drei Minuten biegt man in der Senke – 70m vor dem Kloster – links in den Pfad »4« ab [1].

*Das verlassene **Wehrkloster Episkopí** ist eine malerische Anlage auf antikem Grund. Der gemauerte Turm dürfte ein hellenistischer Beobachtungspunkt gewesen sein. Das Kapitell einer dorischen Säule dient als Unterteil des Kirchenaltares.*

Unter Eichen führt der schmale, etwas zugewachsene Pfad
0.05 auf eine **T-Gabelung** zu, bei der man rechts abbiegt. Auch bei der Gabelung nach drei Minuten (**P2:** N37°37,895'/ E24°21,347', 440m) geht man horizontal rechts weiter. Man sieht nur wenige Olivenbäume, Eichen bestimmen das Bild. Ab dem ersten Wohnhaus von Sotíra (li.) wird der Weg besser sichtbar. Auf Platten [2] führt er zu einem

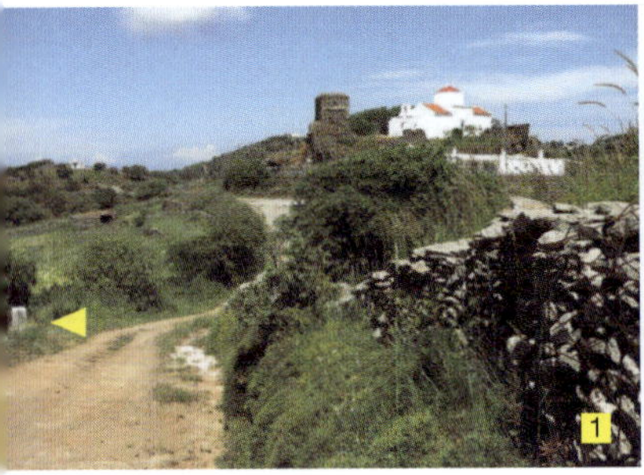

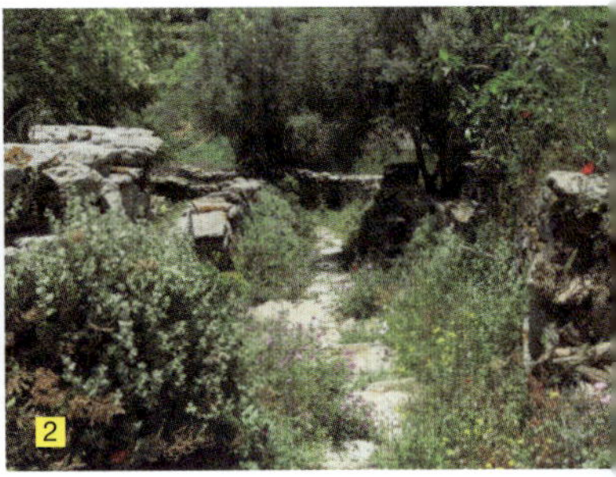

0.15 **Betonweg** hinab und auf ihm 150m abwärts bis zu den letzten Häusern (**P3:** N37°37,905'/E24°21,694').

!! Aufgepasst – *links* führt unser Plattenweg seitlich ins grüne Tal! Bei der ersten Gabelung weiter unten geht es links und
0.20 danach bei der **Linksabzweigung** zur Quelle (**P4:** N37°37,987'/E24°21,736', 380m) geradeaus auf Steinstufen unter Eichen aufwärts (S. 124) und wieder ins Freie.

0.30 Ein kurzes **ebenes Wegstück** (**P5:** N37°38,148'/E24°21,950', 430m) bietet Ausblicke über die hügelige und wenig besiedelte Westseite von Kéa.

Nachdem man auf einen
0.35 **Fahrweg** gestoßen ist, biegt man links ab und nach 100m bei der Gabelung horizontal nach rechts. Beim früheren Baustofflager überquert man
0.40 die **Straße** schräg nach rechts.

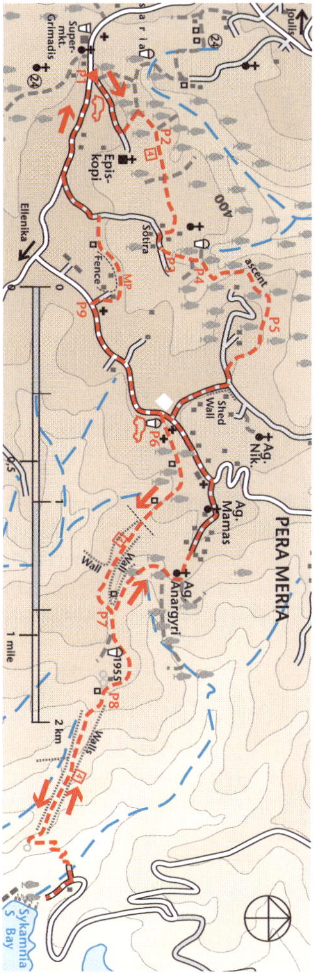

Vor einer Zisterne (**P6:** N37°37,910'/E24°22,230', 450m) beginnt ein wunderschöner, schattiger Plattenweg in Richtung Meer ③, der später an einem verlassenen Haus (re.) vorbeiführt. Nach dem Gatter, das man *links* öffnen oder übersteigen kann, betritt man wieder weites freies Land. Hier läuft
!! man rechts von der langen Mauer und folgt ihr *nach links*
1.00 hinab zu einer **Mauerecke** (**P7:** N37°37,791'/E24°22,796', 340m) Dort steht im Hain eine Hausruine.

Der Pfad macht einen Rechtsschwenk hinunter zu einer

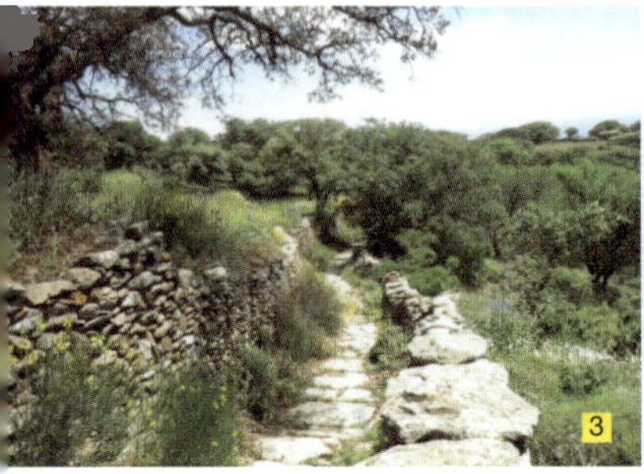
3

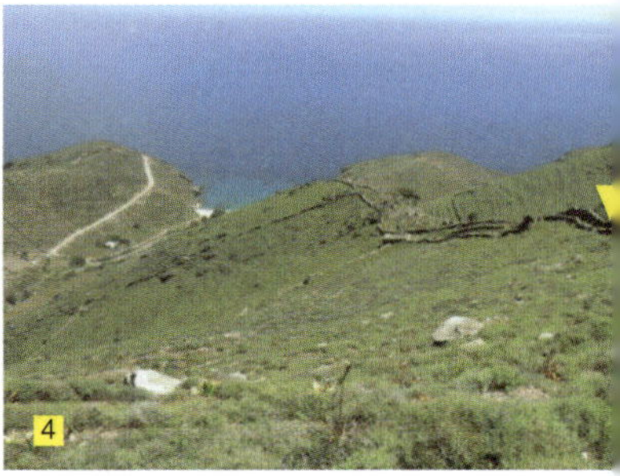
4

Gabelung, wo man horizontal nach links geht. Über einem Felsen führt er zunächst eben weiter und dann auf
1.05 Stufen hinab zum **Brunnen von 1995.** Die Stufen steigen von dort wieder zu einem Panoramapfad hinauf, von dem aus man jetzt auch unser Ziel, eine Sandbucht mit einigen Tamarisken, sieht.
1.15 Bei **Steinhütten** (**P8:** N37°37,746'/E24°23,088', 270m) schwenkt der Pfad, von Mauern begleitet, hinab zum Meer 4 und biegt unten bei einem großen Dreschplatz
1.45 nach links. Auf einem Fahrweg erreicht man die **Sandbucht von Sykamnía** und tankt unter Tamarisken Kräfte für den Rückweg.

Es erfordert einige Kraft, die 270 Höhenmeter wieder hin-
2.10 auf zu P8 zu schaffen. Dort geht es horizontal zum **Brun-**
2.15 **nen von 1995** und weiter aufwärts zur **Mauerecke P7.** Schon 340 Höhenmeter!

Hier wandern wir jetzt nach rechts, erst horizontal zwischen Mauern, dann auf Stufen unter Eichen hinauf zum
2.25 Weiler **Ágios Mamas-Péra Meriá.** Links steht die Anargíri-Kapelle der Arztheiligen Kosmos und Damian. Auf einem Betonweg geht's hinauf zur Straße und dort links. Ab jetzt ist Taxi oder Trampen erlaubt.
2.40 Später am **Baustofflager** geradeaus vorbei in Richtung
2.50 Antennen bis zum **Wegealtar** (re.) (**P9:** N37°37,748'/E24°21,867'). Dort biegt man in den Feldweg nach rechts ein und pirscht sich nach 30m rechts vom Zaun auf Wegspuren weiter bis zu einer Steinhütte. Hinter ihr leitet ein Monopáti nach rechts zu einem Fahrweg. Von dort
3.05 links hinauf, gelangt man wieder zur **Straße** und geht dort
3.10 dann nach rechts bis zum **Wegschild Episkopí.** Der Fußweg nach Ioulís ist auf Seite 90 beschrieben.

23 Die Tempel von Karthéa

Auf einem vor 2500 Jahren mit Marmor gepflasterten Weg wandern wir hinab zu den Überresten der antiken Stadt Karthéa. Hin und zurück braucht man 4 Stunden – archäologisch Interessierte mehr. Es gibt weder Quellen noch Bäume. Zur An- und Rückfahrt braucht man einen Mietwagen.
■ 8 km, Höhenunterschied 360m, moderat

RGZ Von Ioulís aus ist man an **Elleniká** vorbeigefahren und nach 900m, beim Schild »**Ag. Symeon**«, links abgebogen. Nach zwei sehr schönen Kilometern fährt man vor einem weißen *Wegealtar* rechts. Das weithin sichtbare Simonskloster erhebt sich links auf dem Kegelberg. Nach einigen
0.00 Ferienvillen stellt man das Auto beim **Wegaltar** 150m unterhalb von einem großen Bauernhof (li.) ab, Achtung Lastwagenverkehr!

Auf dem Feldweg wandert man an der Athanassios-Kapel-
0.05 le (li.) vorbei abwärts. Ab **Beginn des Fußpfades** zwischen zwei Metalltoren werden uns rot-weiße Blechschildchen »3« begleiten.

Nach einem drolligen Wegealtar – einem winzigen Kirch-
0.15 lein – **gabelt** sich der Pfad [1]. Wir gehen *geradeaus,* ob-
!! wohl es hier stärker zugewachsen ist (**P1:** N37°34,531'/ E24°20, 145'). Rechts ist ein tiefes Tal eingegraben, das ebenfalls nach Karthéa strebt. Nachdem man oberhalb von Terrassen [2] entlang gewandert ist, sieht man nach einer Biegung das Ziel der Wanderung: Erst die Panagía-Kapelle, dann das Plateau des Athene-Tempels unten am Meer [3].

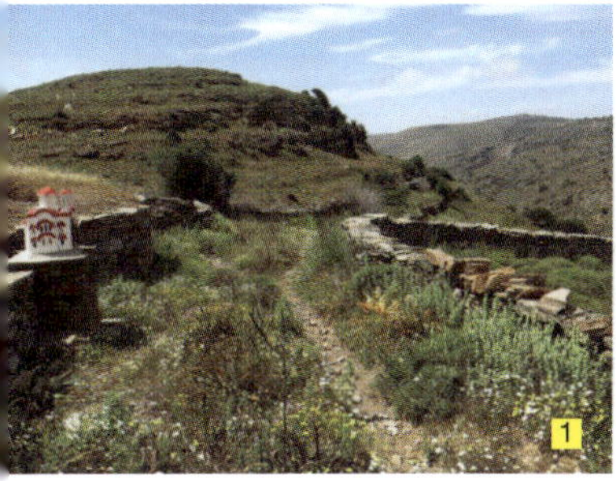

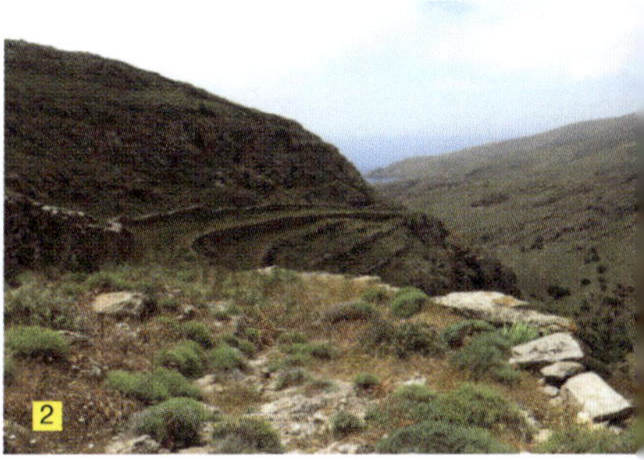

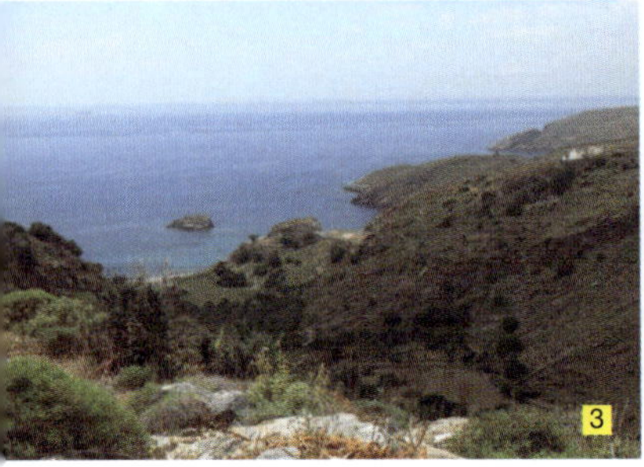

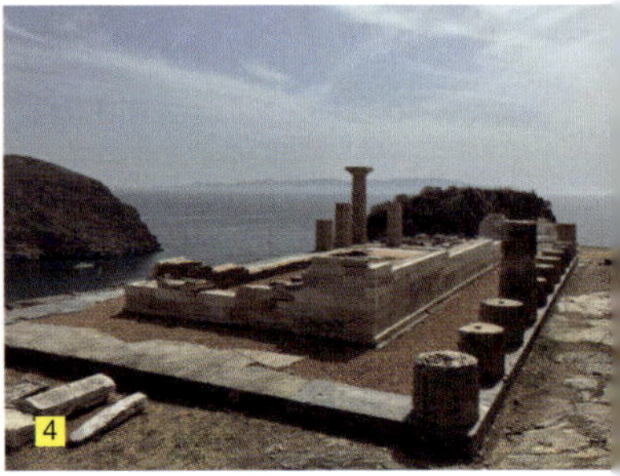

0.30 An einem grandiosen **Picknickplatz** auf einem Fels-
★ brocken (**P2:** N37°33,998'/E24°19,927', 140m) könnte es begossen werden – falls man mit entsprechenden Getränken ausgerüstet ist.

Nach einer Metalltür (li.) hält man sich in der grünen
0.45 **Küstenebene** links. 30m vor dem Wasser steigt man
0.50 rechts zu den **Tempeln von Karthéa** hinauf 4.

Auf zwei Plateaus wurden seit 1811 zwei Tempel ausgegraben, die 2009 restauriert wurden. Das untere Plateau gehörte dem Tempel des Apollon Pythios, das obere, auf einer Zyklopenmauer gelegene, der Athene. Die Bauzeit war von 500 bis 300 v. Chr.

0.50 Von der **Küstenebene** geht es auf demselben Pfad hinauf. Falls man das weiße Steinhaus rechts oberhalb als Markierung nimmt, kann nichts passieren. Nach der
1.30 Rechtsbiegung **sieht** man wieder das Simon-Kloster und kommt erfreut wieder
1.45 zum **Auto.** (Hoffentlich hat man beim Baden den Schlüssel nicht liegen gelassen.)

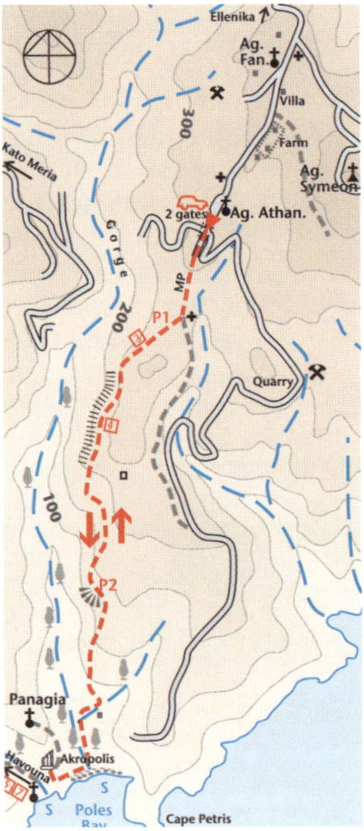

24 Die antike Straße

Auf märchenhaften Eselswegen durchstreift man eine menschenleere und dicht bewachsene Gegend. Eine 2500 Jahre alte Pflasterstraße durch einen Eichenhain ist der Höhepunkt dieser 5-stündigen Rundwanderung. Man findet ein Lokal sowie einen guten Brunnen.
■ ***12 km, Höhenunterschied 240m, moderat bis schwer***

RGZ Über der **Platía von Ioulís** (290m) sieht man den Turm der
0.00 großen Dimitrios-Kirche. Um sie zu erreichen, geht man
die Hauptgasse weiter aufwärts und nach der Kurve die erste Seitengasse rechts. Nach 12 Stufen kommt man an einer Kapelle (re.) vorbei. Nach 15m nimmt man links weitere Stufen. Bei einem roten Feuerwehr-Hydranten erreicht man eine horizontale Gasse und geht 30m nach
0.05 rechts. Dann links auf weiteren Stufen hinauf zur **Dimitrios-Kirche** von1883.

Das Kirchenportal im Rücken geht man 30m horizontal und die lange Stufenreihe links. 20m nach einem alten Marmorbrunnen (re.) leiten weitere Stufen hinauf zu einer großen, oben gekappten Kiefer (li.). Eine Fahrgasse führt
0.10 dort rechts hinauf zur Bäckerei (li.) an der **Straße.** Gegenüber stehen Wegschilder und ein trockener Brunnen (**P1:** N37°38,251′/E24°20,501′).

Dort geht es auf dem Pfad »9« Richtung »Myli« aufwärts,
!! aber nach 100m, an der *Abzweigung* an der Ecke des Sportplatzes, nach links. Auf breiten Felsen erreicht man vor der Athanassis-Kapelle ein kleines ruhiges Sträßchen (**P2:** N37° 38,193′/E24° 20,587′, 450m). Hier wendet man sich links, geht aufwärts und links an zwei Windmühlenstümpfen

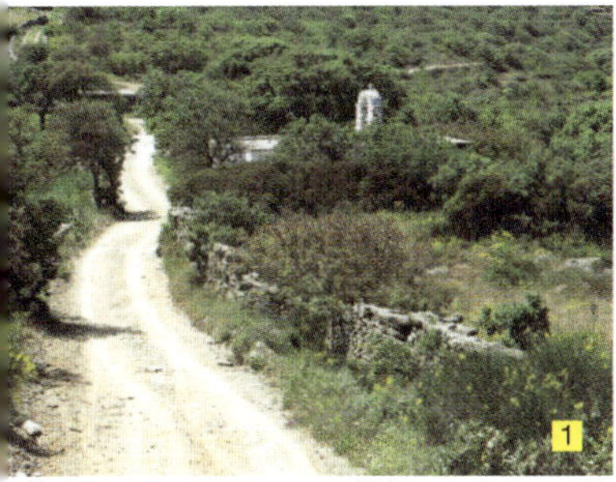

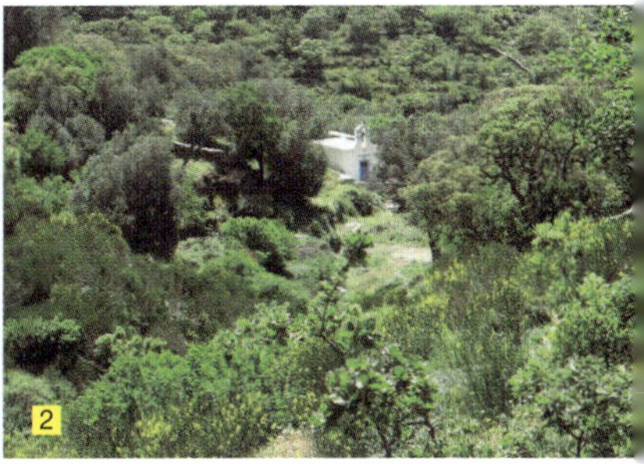

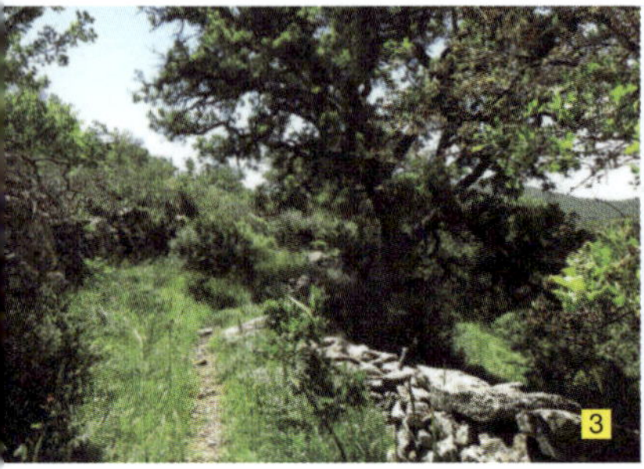

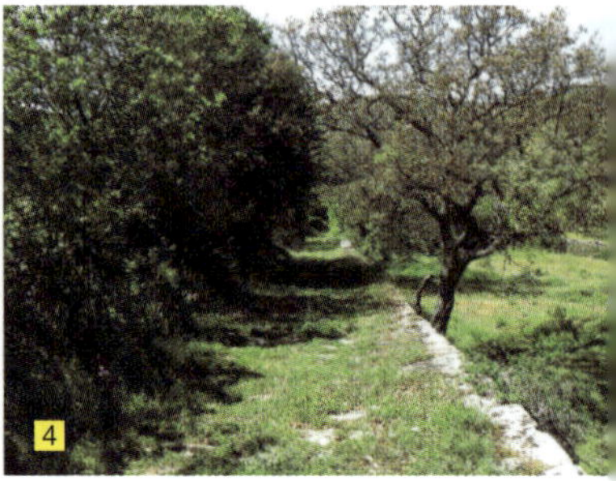

0.20 vorbei zu der **Abzweigung** eines Fahrweges unterhalb der
Antenne auf dem Hügel.
Dort nach rechts, an Zufahrten zu Ferienhäusern entlang.
0.30 Bald ist die Doppel-Kapelle **Agios Ioánnis & Theologos** [1]
erreicht. Sie ist liebevoll eingerichtet und bietet davor ei-
nen lauschigen Sitzplatz. 50m weiter biegt man vor einer
Steinhütte nach links ab (**P3:** N37°37,820'/E24°20,599',
475m) und marschiert unter Eichen in Richtung der
unsäglichen Antennen ins Tal hinab. Links unterhalb wird
später die Georgs-Kapelle [2] im Tal sichtbar.
50m nach der Linksabzweigung dorthin steht links die
0.45 neue **Johannes-Kapelle** mit grandiosem, schattigen Rast-
platz (**P4:** N37°37,416'/E24°20,730'). Hier biegt man nach
links auf wunderschöne, abwärts führende Stufen ab. Im
Talboden streunt man zuerst nach rechts, dann für etwa
sieben Minuten im schattigen Trockenbett weiter. Der
Waldpfad nach links wird übergangen. Wenn man die Bäu-
0.50 me hinter sich gelassen hat, nimmt man den **Pfad auf
Felsplatten** links hinauf (**P5:** N37°37,416'/E24°20,730').
Links oben steht eine Kapelle.
Den Pfad ins Tal beachtet man nicht, sondern wandert
1.05 oberhalb davon dahin, bis das Monopáti [3] bei der **Niko-
lauskapelle** (li.) und zwei Häusern leider endet (**P6:**
N37°36,920'/24°20,512', 485m). Dort beginnt ein Feldweg
1.30 hinauf zur **Straße** (**P7:** N37°36,750'/E24°21, 230').
Auf ihr eilen wir acht Minuten den Antennen entgegen
!! und biegen nach einigen Häusern (li.), *gegenüber eines We-
gealtars* nach links in den alten breiten Pflastersteinweg
»3« ab (**P8:** N37°37,058'/E24°21, 370'). Diese antike Straße
wurde als Verbindung der damaligen Städte Ioulís und
Karthéa ㉓ angelegt.

Der Weg verläuft weiter oben kurz auf einem Fahrweg, der dann aber nach rechts wegschwenkt. Im
1.45 **Scheitelpunkt** (515m) steht ein Wegealtar, bei dem man geradeaus und dann die aus-
★ getretenen Platten 4 hinabgleitet. Alte Eichen spenden dabei Schatten. Nach einer Senke gelangt man aufwärts und zur
2.05 **Straße.** (Für Verdurstende gibt's links Grimadi's Supermarkt und ein Lokal!)
Auf der Straße geht man 80m nach rechts hinauf und biegt beim Schild »Episkopí« (**P9:** N37°37,732'/E24° 21,165') links ab und 20m danach nochmals in den sehr schönen Eselspfad »3«. (Der Fahrweg führt weiter zum verlassenen Wehrkloster Episkopí 5). Auf dem schattigen Pfad biegt man später nach links ab zu einem

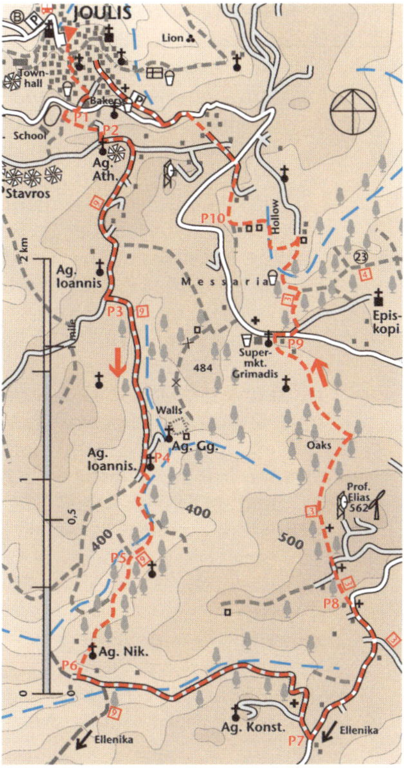

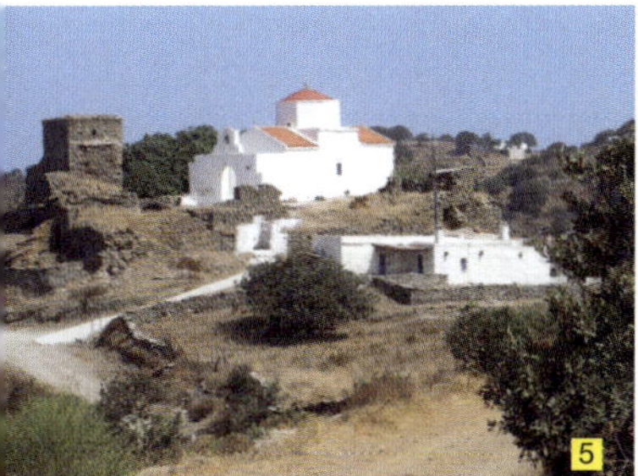
5

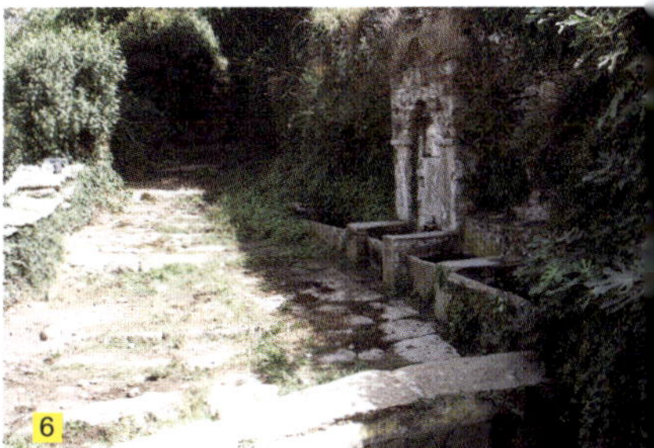
6

2.10 großen **Brunnen** ⑥. Von hier aus geht es in einem Rechts-
bogen durch den Talgrund und auf schönen Stufen auf-
wärts. Dann heißt's aufgepasst: 30m *vor dem ersten,* rechts
!! stehenden, Haus muss man *rückläufig nach links abbiegen.*
2.15 Auf einem etwas zugewachsenen **Monopáti** wandert über
eine Kuppe und in der folgenden Senke nach rechts.
Nachdem die ersten Wanderer im Frühjahr dort die ho-
hen Mariendisteln, trotz ihres schönen Namens, auf 20m
niedergemacht haben, gehen sie befriedigt links hinauf zu
einem verlassenen Haus (li.).
2.25 Nach 200m, bei der **Gabelung** mit Trafomast (**P10:** N37°
37,991'/E24°20,983') biegt man nach rechts ab, erreicht
ein Sträßchen und geht links. Auf der anderen Seite der
2.30 folgenden **Kreuzung** geht es auf dem Sträßchen weitere
120m aufwärts und dann geradeaus in einen Fahr- später
Eselsweg, von dem aus man bald Ioulís sehen kann. Nach-
2.35 dem man die **Straße** nach links überquert hat, stiefelt
man auf der Rampe Ioulís entgegen und erreicht – über
2.40 allerlei Gassen – wieder die **Platía.**

Anreise nach Kéa und Kíthnos

Kéa kann täglich erreicht werden – aber nur vom Festlandshafen Lávrion oder von der Insel Kíthnos aus.

Kíthnos hat tägliche Fährverbindungen nach Lávrion, weniger nach Piräus.

Vom **Flughafen** – auf der Seitenstraße gegenüber Eingang 3 – fährt bis 20.20 Uhr alle zwei Stunden ein Bus nach Markópoulo. Dort steigt man um in den Bus nach Lávrion. Gesamtdauer etwa eineinhalb Stunden.
Schneller geht es mit dem Taxi – in einer starken halben Stunde direkt zum Hafen von Lávrion für etwas über 50 Euro.
In Lávrion gibt es mittlerweile ausreichend Hotels und Pensionen.

In **Athen** nimmt man die Metro-Linie 3 nach Markópoulo und dort den Bus nach Lávrion – dauert zwei Stunden.

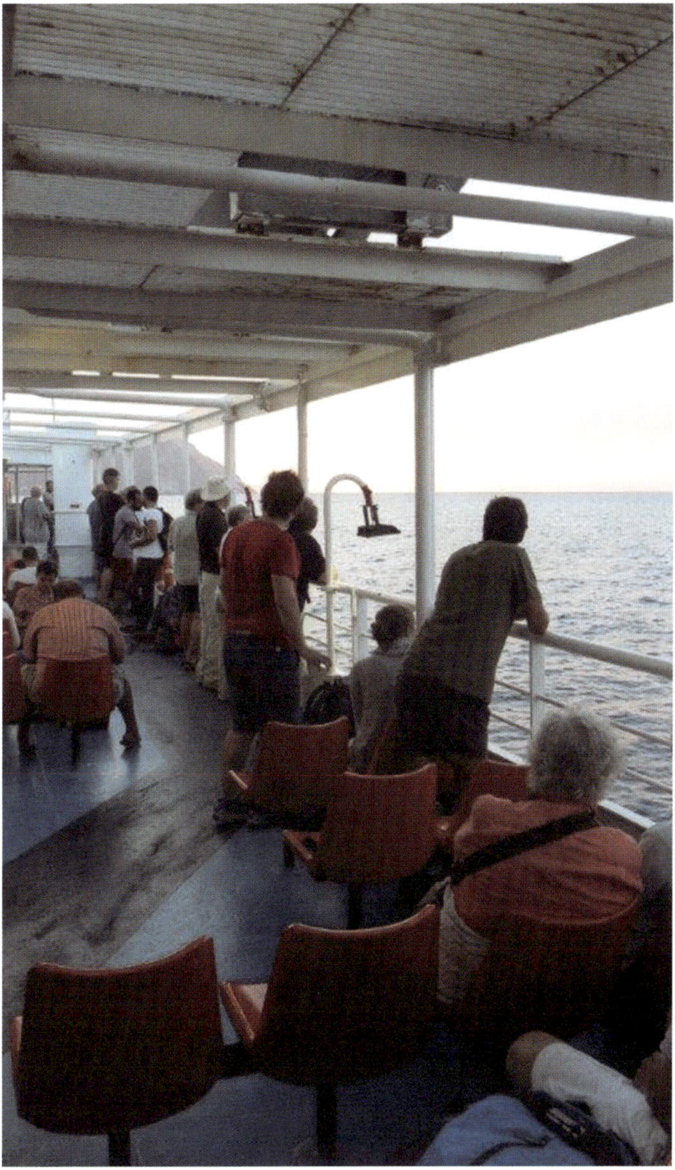

Anáfi

Die gebirgige, südöstlichste Insel der Kykladen liegt einsam im Meer. Wie Santorin steht sie auf dem seismisch aktiven Kykladenbogen und erlitt beim Erdbeben von 1956 ebenso schwere Zerstörungen.

Anáfi ist fast baum- und schattenlos und wird landwirtschaftlich bis auf einzelne Vegetationsflecken in Tälern und geschützten Senken kaum genutzt. 200 Jahre lang war die Insel wegen der Piratenüberfälle fast unbewohnt. Daher findet man nur einfache Saumpfade ohne Begleitmauern.

Obwohl sie wunderbare Strände besitzt liegt Anáfi immer noch abseits der Urlauberströme. Oben in der Chóra zu sitzen, ist ein Geschenk, das sich nur wenige gönnen. Anáfi ist auf jeden Fall die eineinhalbstündige Schiffsreise von Santorin wert.

Wanderkarten: Anavasi 10.47, Terrain # 318

Taxi: 6987950445, 6970848622. Bus ab Mai.

Notfall: 0030-22860 61350

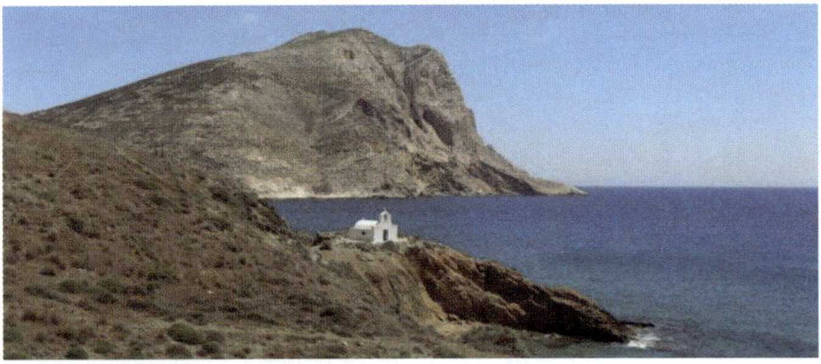

25 Aus der Vogelperspektive

Anáfi erscheint von der See her rau und felsig – im Innern sind jedoch grüne Täler eingebettet. Auf sie blickt man auf dieser 3-stündigen Tour im Nordteil der Insel hinab. Man findet allerdings weder Bäume noch Brunnen.

■ 7 km, Höhenunterschied 140m, leicht

RGZ Beim Busparkplatz der **Chóra** biegt man bei vor der drolli-
0.00 gen Kapelle (li.) und der Antenne aufwärts von der Hauptstraße ab und passiert danach zwei Windmühlen (li.). Hier beginnt ein Saumpfad »4«, der am Hang entlang nach Norden führt 1. Nach einer Biegung sieht man rechts oben auf der Bergspitze den Helikopterlandeplatz.

0.15 Bei Hausruinen erreicht man einen breiten **Fahrweg** (**P1:** N36° 21,523'/25°46,344', 305m).

20m links versetzt, links von der Auffahrt, führt der Pfad aufwärts weiter. Unterhalb von Psáthi benutzt man kurz den Fahrweg und umgeht den Weiler, heute eine Ferien-
0.25 anlage. Oberhalb davon führt ein **horizontaler Fahrweg** nach rechts weg zu einem weiteren Saumweg, der bald durch eine grandiose Felsenlandschaft führt 2. Wenn sie durchschritten ist erreicht man in einer grünen Senke einen Fahrweg (**P2:** N36°22,039'/E25°46,043'). Er verläuft oberhalb von mehreren Kapellen rechts unten. Dies ist das grüne Herz der Insel, in das Felder, Kapellen und Häuschen eingesprengt sind. Ansteigend erreicht man die
0.45 **Stavrós-Kapelle** unterhalb des Berges Vígla 3.

Auf der davor liegenden Wegekreuzung (»Stavrós« bedeutet »Kreuz«) (**P3:** N36°22,213'/E25°45,875', 345m) trafen sich bis vor wenigen Jahren noch mehrere Eselswege.

Auf dem Fahrweg in der bisherigen Richtung über dem tiefen Tal zur Linken wandernd, schwebt man weiter. Ruinen von Bauernhäusern, Kalköfen, Felder liegen weit unten im Tal. Die große Linksabzweigung dort hinab beachtet man jedoch nicht, ebensowenig den mit Steinmännchen markierten, sehr steilen und holprigen Pfad, der in den Inselkarten mit »4« bezeichnet ist.

Nach einem weiten Rechtsschwenk erreicht man einen

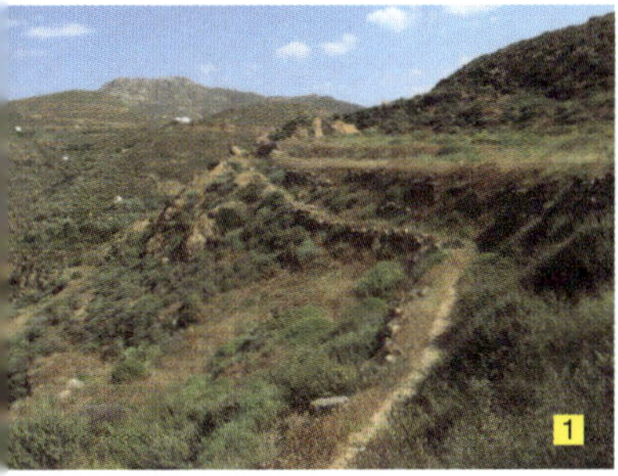

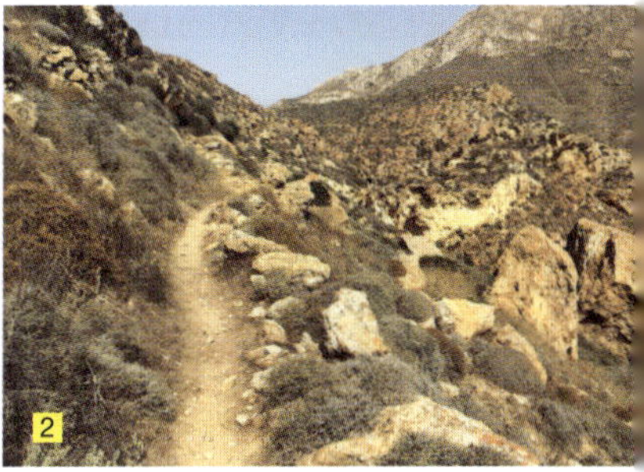

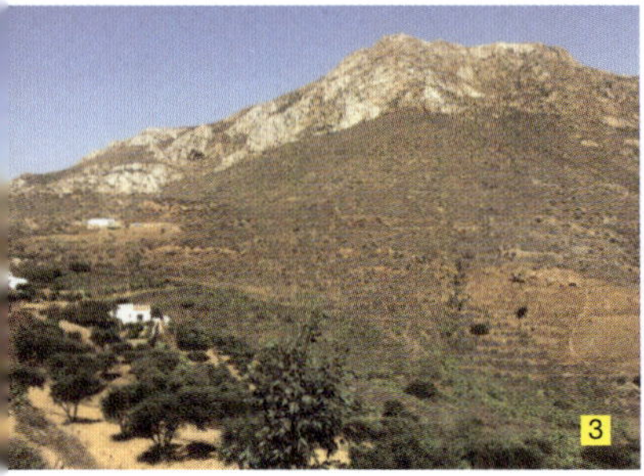

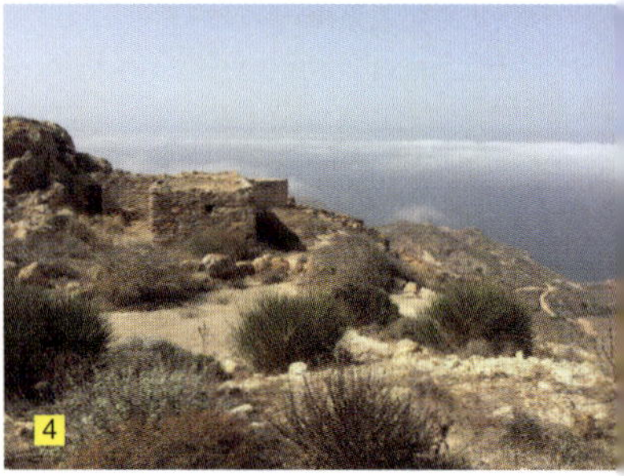

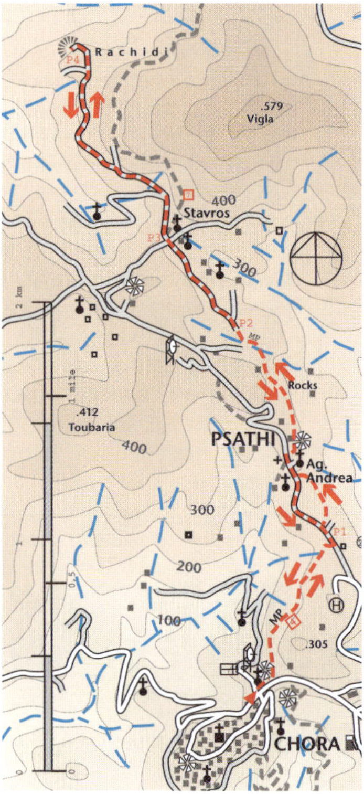

Sattel mit Olivenbäumen und Bienenkörben. Dahinter hat man einen überwältigenden
1.00 **Ausblick** auf die tiefer liegende Küstenlandschaft ④ (**P4:** N36°22, 651'/E25°45,592').

Zurück nimmt man denselben Weg über
1.15 **Stavrós**, das grüne Tal und den Felsenpfad. Mit sehr schönen Ausblicken bis zum Berg Kálamos landet er wie-
1.35 der in **Psáthi.**
Aus Bequemlichkeit – aber auch wegen des Blickes auf das Städtchen – nimmt man dieses Mal den Fahrweg und verläßt ihn bevor er ansteigt, nach rechts in den Pfad (P1)
1.55 zur **Chóra.**

㉖ Der Traumstrand

Die 3-stündige Wanderung führt unterhalb der antiken Stadt Anáphe entlang und hinab zum Sandstrand von Roúkonas, wo man einkehren und den Bus nehmen kann. Das Strandlokal ist nur in der Saison geöffnet.
■ 6 km, Höhenunterschied 280m, moderat

RGZ *Alternative:* Der unten beschriebene Weg ist auf einem etwa 100m langen, leicht geneigten Stück etwas rutschig. Alternativ kann man bis Miliés das Taxi nehmen.

0.00 Beim **Busparkplatz** der Chóra biegt man bei der Kapelle und der Antenne aufwärts auf einem Betonweg von der Hauptstraße ab und passiert danach zwei Windmühlen (li.). Von hier führt der Saumpfad »4«, am Hang entlang nach Norden (s. auch ㉕). Bei Hausruinen überquert man
0.15 einen breiten **Fahrweg** (**P1:** N36°22,039'/E25°46, 043') und steht nach einigen Metern über einem Tal mit einer Straße. Pfadlos wendet man sich hier links und geht unterhalb der Felsen horizontal bis zu einem schotterigen Abhang. Weiterhin ohne Weg steigt man etwas mühsam in Serpentinen zur Straße hinunter.

Geradeaus zieht man das kakteenbestandene Tal entlang und verlässt den Asphalt bei einem Strommasten mit
0.35 Wegschild »6« auf einem **Feldweg** nach rechts (**P2:** N36°21,572'/E25°46,663', 160m). Bis hierher wäre es mit dem Taxi leichter gewesen!

Wir gehen auf dem Feldweg abwärts und finden in der Rechtskurve im Graben (**P3:** N36°21,570'/E25°46,739')
0.30 links einen Pfad. Auf ihm ziehen wir zwischen zwei **Haus-**

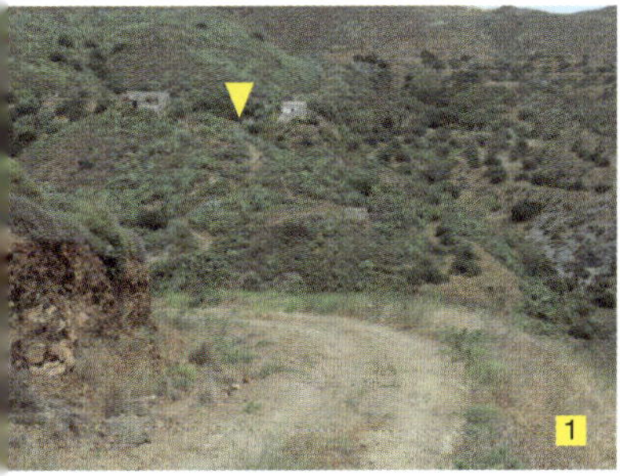

1

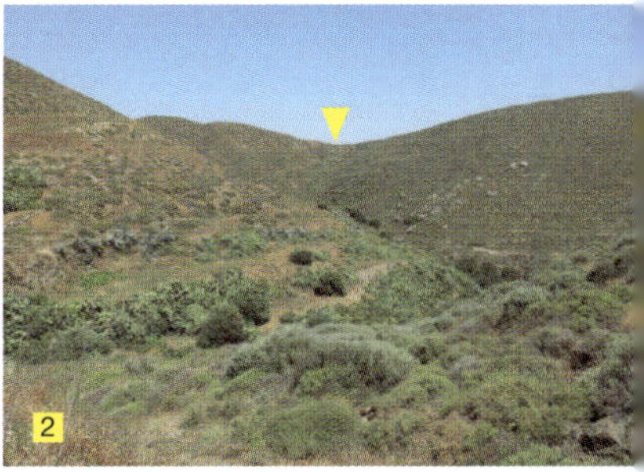

2

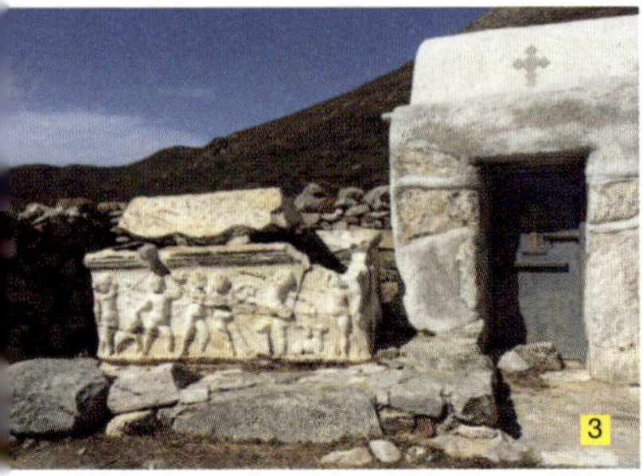

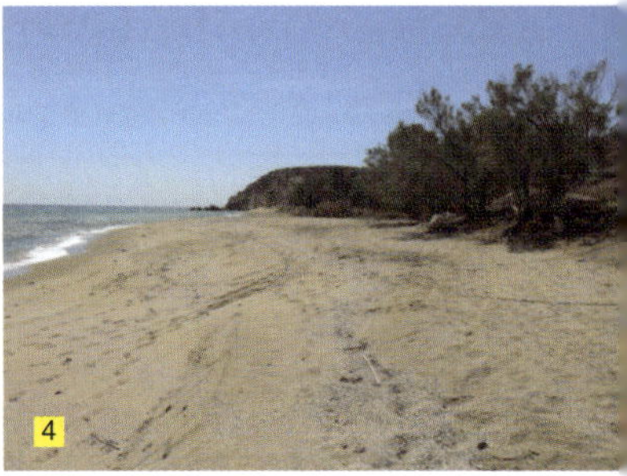

ruinen [1] hindurch zwischen unzähligen Kakteen aufwärts. Nach zwei Minuten schwenkt der Pfad nach rechts und führt rechts vom Hügel bergan. Nach einem kleinen Sattel mit Olivenbäumen und rechts unterhalb liegenden Hausruinen sehen wir unterhalb eine grüne Senke und darüber einen breiten Bergrücken. Links davon liegt ein
0.45 **Sattel** [2], den man auf Trampelpfaden bald erreicht (**P4:** N36°21,656'/E25°47,313', 235m).
Über dem nächsten Tal erhebt sich der Kastélli-Berg. Rechts von dessen Spitze lag einst die dorische Stadt Anáphe. Wir winden uns auf Trampelpfaden hinab, zuerst nach links,

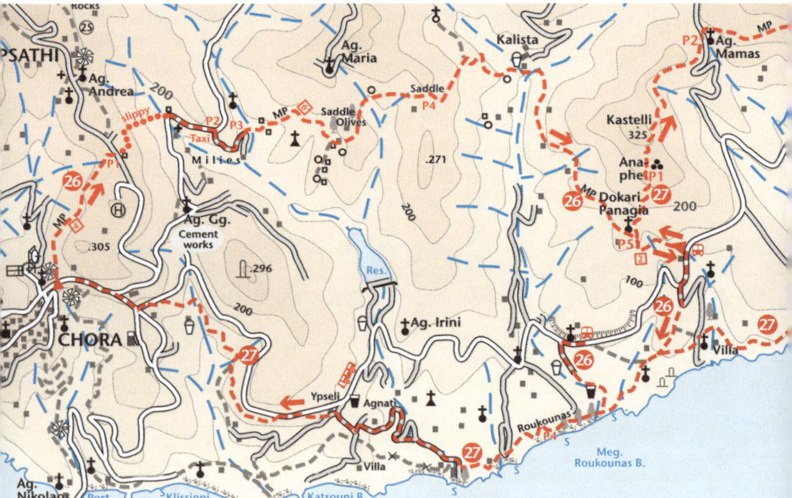

dann im Zickzack zur Schnittstelle von zwei Tälern, an der ein Stall und ein kleines Bauernhaus in einem Garten stehen.

Unterhalb des Hauses durchquert man den schilfbestan-
1.00 denen **Talgrund** (Kálista) und findet am Gegenhang weiter oben den weiterführenden Trampelpfad. An einer Ruine und an einem Stall (re.) vorbei führt der Pfad leicht
1.25 ansteigend zur **Kapelle Dokári Panagía** (**P5**: N36°21,313'/ E25°47,914') und zu einem Sarkophag mit Greifen, dem Pferd Pegasos und sechs spielenden Kindern [3].

Der Weg abwärts führt anfangs in Richtung Berg Kálamos
1.30 und auf der **Straße** 200m rechts abwärts zur Linksabzweigung eines Fahrweges. Von ihm biegt in der ersten Kurve
★ rechts ein Pfad ab. Ab einer halb verfallenen Kapelle
1.50 führen Ziegenpfade zum Traumstrand von **Roúkonas** [4]. Die schattige Taverne landeinwärts ist ab Mai geöffnet. Zum Busstopp oben an der Straße sind es 5 Minuten.

Unerbittliche Wanderer finden auf S. 100 den Fußweg zur Chóra (+ 4,5 km, +1.05 RGZ).

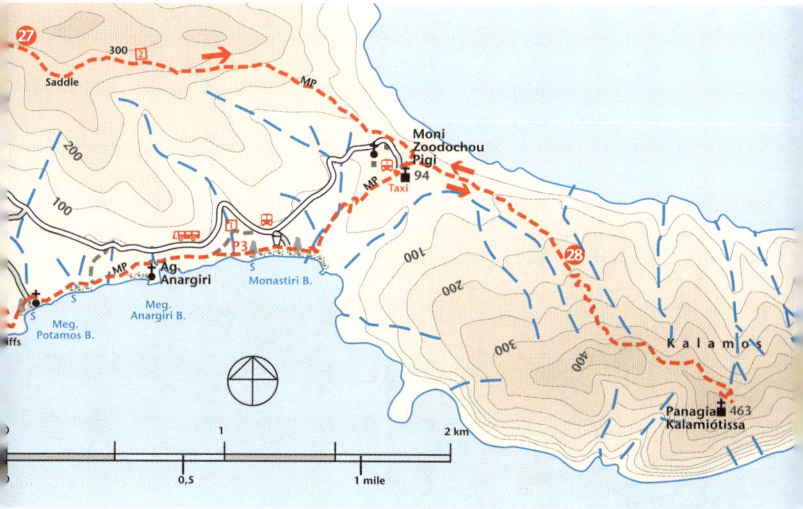

27 Das untere Kloster

Diese wohl schönste Wanderung auf Anáfi dauert 4 bis 5 Stunden bis Roúkonas. Fast ausschließlich auf Pfaden streift man die wenigen Ruinen der antiken Stadt Anáphe, dann das »untere« Kloster Zoodóchos Pigís und ruht sich am breiten Sandstrand von Roúkonas aus.

■ ***10 km, Höhenuntersch. 235m, moderat bis schwer***

▷ *Karte siehe vorige Seiten*

RGZ Im Bus oder im Taxi fährt man am Strand von Roúkonas vorbei und aufwärts bis zum Busstopp »Kastelli«. Bei **ge-**
0.00 **pflasterten Stufen** und dem Schild »Kastelli« (li.) beginnt die Wanderung.
0.06 Der Pfad »2« leitet erst zur **Kapelle Panagía Dokári**
0.20 (S. 96). Rechts von ihr führt der Pfad nach **Anáphe** hinauf (**P1:** N36°21,525′/E25°47,971′, 235m).

Unterhalb der Spitze des Kastelli-Berges machen die Zyklopenmauern der ***dorischen Stadt Anáphe,*** *die um 800 v. Chr. erbaut wurde, noch immer einen imposanten Eindruck. Nach der römischen Epoche wurde die Stadt um 500 n. Chr. wohl wegen eines Erdbebens aufgegeben. Von hier aus führte damals eine Prozessionsstraße zum Apollotempel von Kálamos. Diesen Weg wollen wir heute gehen.*

Bis 1998 befanden sich im Gelände noch sehr schöne Marmorstatuen aus römischer Zeit. Sie wurden teilweise bei einem Rodungsfeuer beschädigt und sind jetzt im Museum in der Chóra ausgestellt.

An einem runden, antiken Wasserbecken (li.) vorbei zieht man an der rechten Flanke des Kastelli-Berges entlang

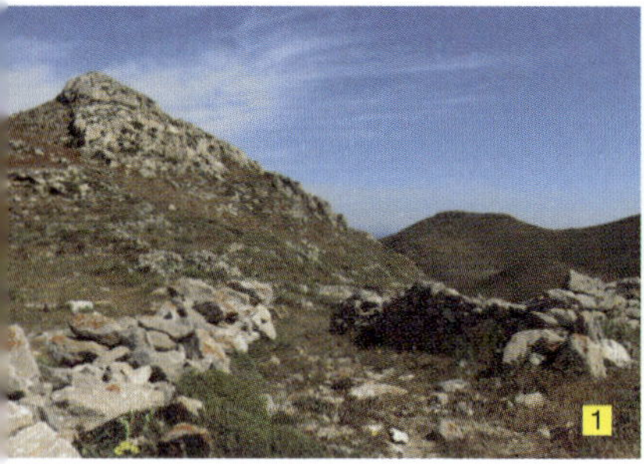

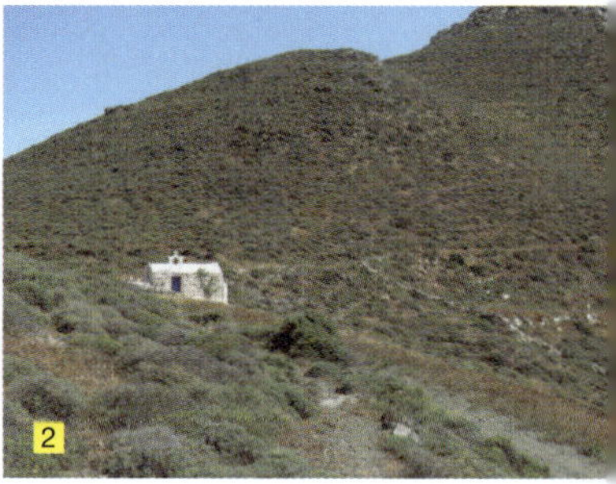

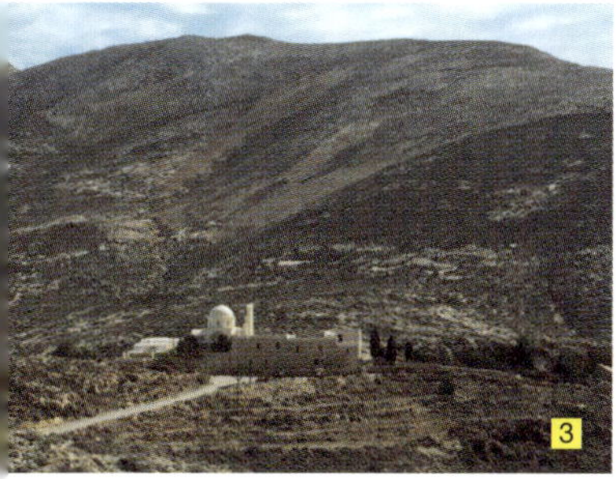
3

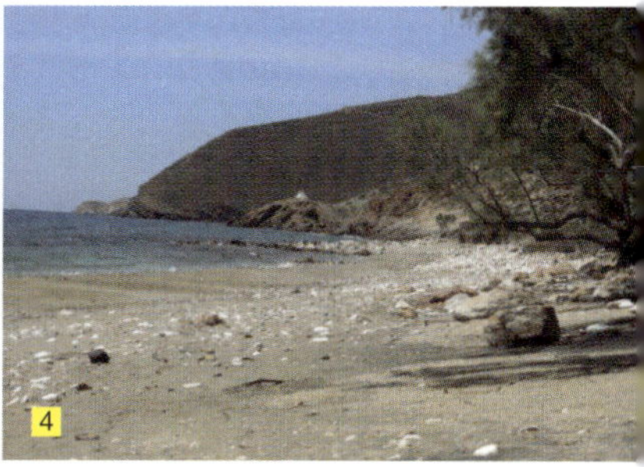
4

langsam abwärts [1]. Das Zwischenziel ist eine kleine Kapelle. Das eigentliche Ziel, das große Kloster, verbirgt sich noch am Fuße des gewaltigen Berges Kálamos zur Rechten. Anfangs wandert man rechts an einer Mauer entlang abwärts, darauf kurz horizontal, dann in steilen Serpentinen abwärts. Dann gemächlich um ein Tal und den Ge-
0.35 genhang herum zur **Kapelle Ágios Mámas** [2] (**P2:** N36° 21,819'/E25°48,129', 230m). Direkt hinter ihr führt der Weiterweg fast horizontal am Berg entlang.
0.55 Auf dem **Bergrücken** steigt mit jedem Schritt der Kálamos
★ wieder empor. Grandios. Die beiden weißen Klöster oben und unten sind jetzt deutlich zu sehen. Beim Absteigen [3] erkennt man auch den Pfad der zum oberen Kloster hinaufführt. Unser etwas anstrengender Geröllpfad endet am
1.30 »**unteren Kloster**«.

Das nicht mehr bewohnte ***Kloster Zoodóchos Pigís,*** *der »lebensspendende Quell«, ist 200 Jahre alt und wurde aus antiken Resten eines früheren Apollotempels gebaut. Antikes Recycling, der Alptraum der Archäologen. Der Tempel hatte seinen Ursprung in der griechischen Sagenwelt. Die Argonauten, die das Goldene Vlies im Goldland Kolchis an der Ostküste des Schwarzen Meeres ergaunert hatten, betraten hier nach stürmischer Fahrt wieder griechischen Boden und errichteten zum Dank an dieser Stelle einen Tempel.*

Das Kloster ist im Sommer bis 13.00 Uhr zu besichtigen. Neben der Ikonostase von 1830 und dem Refektorium sind die 800 Jahre alten Ikonen vom »Oberen Kloster« besonders sehenswert. Sie sind jetzt hier untergebracht.

Der Weg zum Gipfel und zum Kloster Panagía Kalamiótissa, ist in ㉘ beschrieben.

1.30 Vom Picknickplatz geht man rechts an zwei Säulentrom-
meln vorbei in 12 Minuten hinab zum Monastíri-Strand,
an dem Tamarisken Schatten spenden [4]. Bei der zweiten
Baumgruppe, nach der Felsenzunge, führt ein Pfad (**P3:**
N36°21,293'/E25°49,421') durch niedriges Gestrüpp über
die Küstenfelsen und mündet in den breiten Küstenpfad
1.55 »1«. Erst passiert er die **Anárgiri-Kapelle**, dann eine Sand-
bucht. Nach der größeren Mégalo Potamós-Bucht steigt
der Pfad an und führt über Felsklippen. In einem feuchten
2.20 Graben umläuft er ein heruntergekommenes **Feriendo-
mizil.** Oben überquert der Pfad einen Fahrweg und gabelt
sich später hinter weißen Grenzpfählen. Wir gehen links
2.30 abwärts und kommen zu einer kleinen **Kapelle**, die aus
Teilen antiker Bauten zusammengesetzt ist. Auf dem Kü-
stenplateau erheben sich mannshohe Steintürme. Ähnli-
che dienten wohl als Markierung für den damaligen Ha-
fen von Anáphe.

Von der Kapelle benutzt man Ziegenpfade hinab zum
2.35 breiten Sandstrand von **Roúkonas.** Hier gibt es ab Mai ein
sehr schönes Lokal – und den Bus in die Chóra.

Der Weiterweg zur Chóra, 4,5 km

Am Westende des langen Strandes beginnen im Trocken-
tal (**P4:** N36°20,828'/E25°47,661') Pfade, die oberhalb der
Küste verlaufen und zwei Buchten streifen. Ab der zwei-
ten, einer groben Kiesbucht mit länglichem Haus, nimmt
2.50 man besser den **Fahrweg** hinauf, da die Pfade über die
Hügel an der Küste alle versperrt sind.
3.10 Oben an der **Gabelung** unterhalb der Straße (re. Café
Agnati) geht man den breiten Weg nach links und nach
80m, nach den Mauern, nach rechts auf einen schmalen
Pfad. Er wurde beim Bau der Straße unterbrochen. Hier
muß man zur Straße hinauf, kann jedoch nach 100m den
unten verlaufenden Pfad wieder erreichen und auf ihm
3.40 wunderschön zur **Chóra** wandern.

㉘ Aufstieg zum Kálamos

Der Bus fährt bis zum »unteren« Kloster Zoodóchos Pigís. Ab dort dauert die empfehlenswerte Bergtour 3 Stunden. Am »Oberen Kloster« erwartet die Wanderer eine gewaltige Aussicht.

■ ***5 km, Höhenuntersch. 280m, moderat bis schwer***

▷ *Karte siehe Seite 97*

RGZ Das »untere« **Kloster Zoodóchos Pigís** ist im Sommer bis
0.00 13.00 Uhr zu besichtigen, s. S. 99.
Am Picknickplatz beginnt ein Pfad, der anfangs nach rechts abwärts, später zwischen großen Felsbrocken hindurch aufwärts führt. Nach vielen Kurven verläuft er ent-
✓ lang einer Bergflanke. Wer allzu höhenängstlich ist, könnte umdrehen und trotzdem die Aussicht genießen.
0.40 Zeitweise gibt ein **Geländer** optischen Halt. Nach weite-
1.05 ren Kurven erreicht man stolz das »Obere Kloster« der **Panagía Kalamiótissa**, der Schutzpatronin der Insel [1]. Der Meeresblick aus 461 Meter Höhe lässt die Schweißperlen schnell vergessen.

In den letzten 400 Jahren wurden mehrere Kirchen an dieser Stelle errichtet. Die jetzige wurde nach dem gewaltigen Erdbeben von 1956 neu erbaut. Bis zu einem Blitzunfall vor über 100 Jahren, mühten sich die Anáphier jedes Jahr zum Kirchenfest herauf. Heutzutage pilgern sie mit dem Auto nur noch zum unteren Kloster.

2.00 Auf demselben Pfad [2] gelangt man wieder zum **Kloster Zoodóchos Pigís.** Erholen kann man sich bestens unter
2.10 den Tamarisken des **Monastiri Strandes.** Von dort erreicht man leicht die Bushaltestelle oben an der Straße.

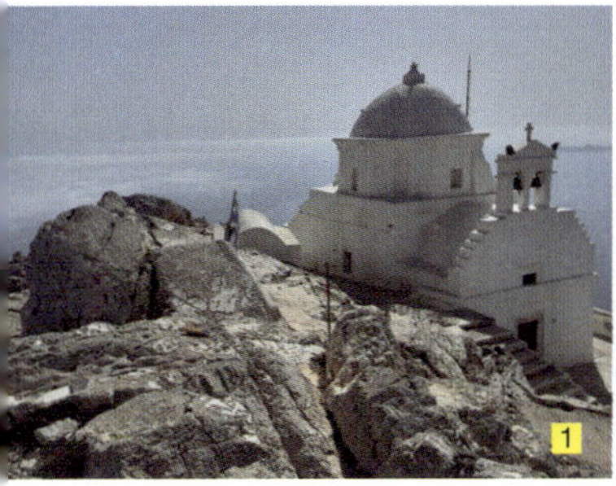

1

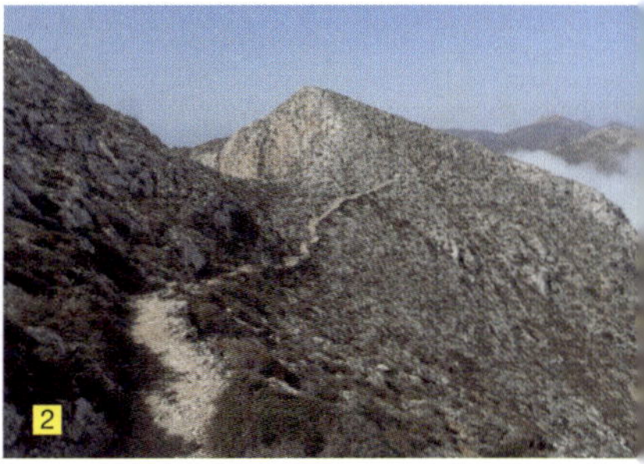

2

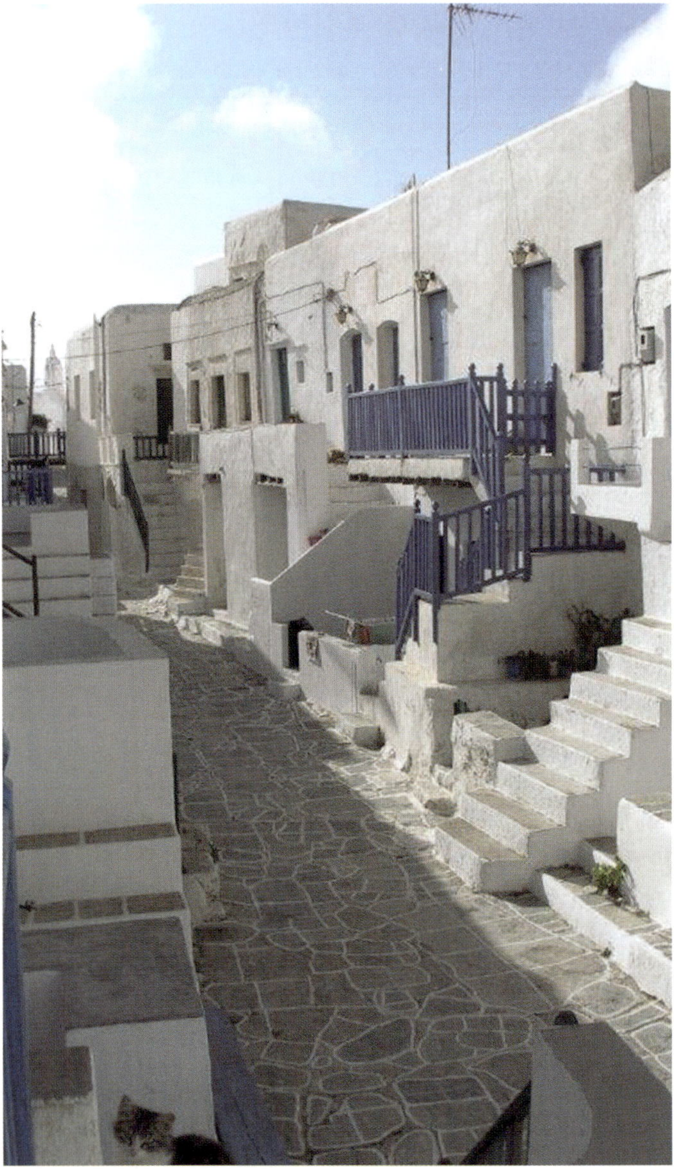

 Folégandros, Kástro

Folégandros

Die Chóra, mit einem wunderbaren Kastro, guten Tavernen und mehreren kleinen Plätzen, zählt sicherlich zu den schönsten Orten der Kykladen.
Das Profil der Insel zeigt eine steil, über 400m hoch ansteigende Küstenwand aus Marmor im Nordosten, von der landwirtschaftlich genutzte Terrassen nach Westen zum Meer hin abfallen. Hauptsächlich im Norden sind sie teilweise noch immer bestellt. Gut erhaltene und markierte Pfade findet man überall, besonders auf Tour ㉙.
Wanderkarten: Anavási 10/46 Terrain # 316
Taxi: +30-69446-93957
Notfall: 0030 22860 41222

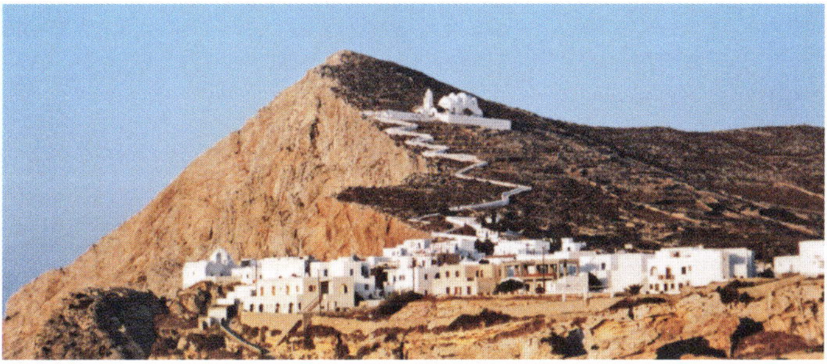

㉙ Die Westküste

Weit im Westen liegt die schöne Livadáki-Bucht, die nur zu Fuß oder mit dem Badeboot erreichbar ist: Man wandert 4 Stunden dorthin und eine weitere Stunde hinauf nach Ano Meriá, von wo aus der Bus zurück zur Chóra fährt. Im Sommer kann man auch mit dem Boot vom Livadáki-Strand nach Angáli zurückfahren.
Die sehr schöne Wanderung verläuft ausschließlich auf Eselspfaden. Es gibt keine Einkehrmöglichkeiten, dafür aber einen Brunnen. Als weitere Abkürzung könnte man mit dem Bus bis Angáli fahren.
■ 11 km, Höhenunterschied 260m, schwer
▷ *Karte siehe Seite 107*

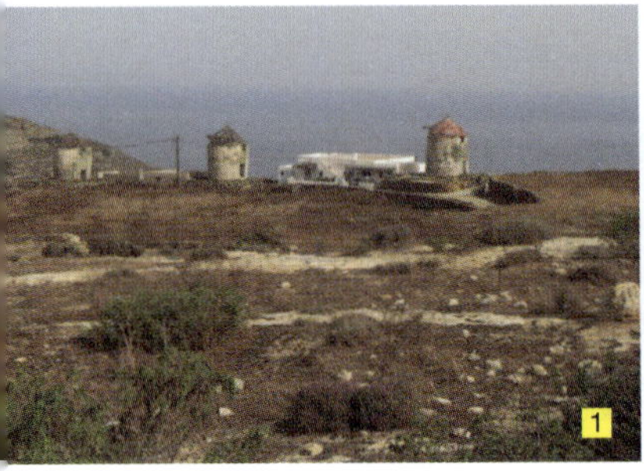

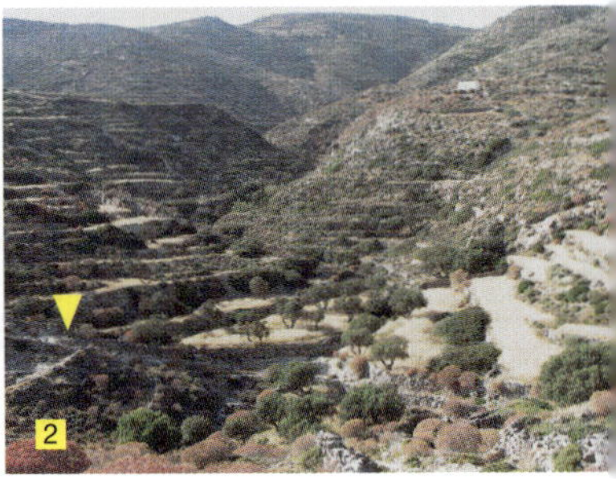

RGZ Bis zur **Stavrós-Kapelle** ist der Beginn der Wanderung
0.15 identisch mit ㉚. 20m nach der Kapelle wandert man beschwingt nach rechts in einen Fahrweg hinein, der bald an
0.20 drei **Windmühlen** [1] vorbeiführt. Direkt nach der dritten steigt man rechts hinab und sofort links. Kühn zieht sich der schmale Pfad an der Steilküste am weiten Meer entlang, bis man wieder hinauf zur Saránda-Kapelle an der
0.30 **Straße** gelangt.

Diese geht man 80m links abwärts und verlässt sie 30m nach der Paraskévi-Kapelle (re.) wieder nach rechts (**P1:** N36°37,993'/E24°54,172', 155m). Dort führt ein mit »1B« markierter Pfad hinab ins Angáli-Tal. Vom mauergesäumten Pfad aus werden die Gebäude an der Bucht bald sichtbar. Nach ein paar Häusern rechts vom Weg kreuzt man bei
0.50 zwei **Brunnen** eine Betonstraße. (Am oberen Brunnen kann man Wasser schöpfen.)

Um 15m schräg nach rechts versetzt und etwas versteckt, geht es auf Schottersteinen wieder aufwärts (**P2:** N36°38, 153'/E24°53,726'). Unser Eselsweg zieht horizontal am
0.55 Hang entlang, Angáli zur Linken. In einem **Trockenbett** (**P3:** N36°38,133'/E24°53,490') geht man *geradeaus* (nicht
!! links) aufwärts. Erst auf den Steinen im Trockenbett, dann gemächlich auf einem Pfad nach links kommt man zum
1.00 verlassenen Weiler **Georgi t'Aga**, in dem drei Palmen stehen. 50m dahinter führt rechts ein Weg nach Ano Meriá hinauf ㉚ – wir gehen dort geradeaus und nach weiteren 80m bei der Gabelung links abwärts (**P4:** N36°38,068'/E24°53,332', 110m).

Man läuft die Tour 30 in umgekehrter Richtung oberhalb der Küste entlang und sieht die Fremdenzimmer an der Galifos-Bucht, die noch echte Romantik bei abendlichem

Petroleumlicht versprechen. Später schaut man auf die
Agios Nikoláos-Bucht mit den Tamarisken hinunter.
Der abwärts führende Weg wird enger – in vielen Jahren ist
er in den Schiefer eingetreten worden. 60m vor den Rui-
1.10 nen des Weilers Mármaro biegt bei einer dreieckigen **Gabe-
lung** (P3 von ㉚) links der Pfad zur Agios Nikoláos-Bucht
ab. Wir wandern geradeaus hinauf, durch **Mármaro** hin-
durch und hinab in eine Senke, über der die Stavros-Kapel-
1.15 le wacht ②. Unten sammelt sich ziemlich trübes **Wasser** in
einer Lache, allerdings im edlen Marmorbett.
Leider geht es schon wieder unbequem aufwärts auf einem
Pfad in ausgewaschenem Fels. Danach kreuzt man einen
1.30 längsgestreckten Olivenhain in einem **Graben.** (**P5:**
N35°38,088'/E24°52,743'). Hier endet der Pfad.
Links von der aufwärts verlaufenden Mauer folgt man in
der Direttissima den blauen und den »5«-Markierungen
rechts hinauf. Nachdem sich die Mauern wieder verengt
1.40 haben, gabelt sich der Pfad **oberhalb eines Hauses** (li.).
Die Hochfläche ist mit ummauerten Feldern bestellt.
Unser Pfad führt zwischen ihnen hindurch nach links in
Richtung Meer. Auf dem Hügel, den man kurz danach er-
reicht, wandert man nach rechts und langsam abwärts. Der
Weg schmiegt sich an den Hang und schwenkt vor einer
Feldmauer nach rechts. Der Leuchtturm wird sichtbar, da-
hinter Mílos. Zur Linken von einem Mäuerchen begleitet,
2.00 gelangt man zu **Hausruinen** (**P6:** N36°38,026'/E24°
51,881', 110m) und zieht rechts wieder aufwärts weiter.
Direkt rechts von der Mauer macht man einen großen Bo-
gen. Der Leuchtturm steht querab an Backbord. Nach der
Mauer sollte man auf blaue Pünktchen und Steinmänn-
chen achten! Es geht nach rechts durch Felsen in mehreren

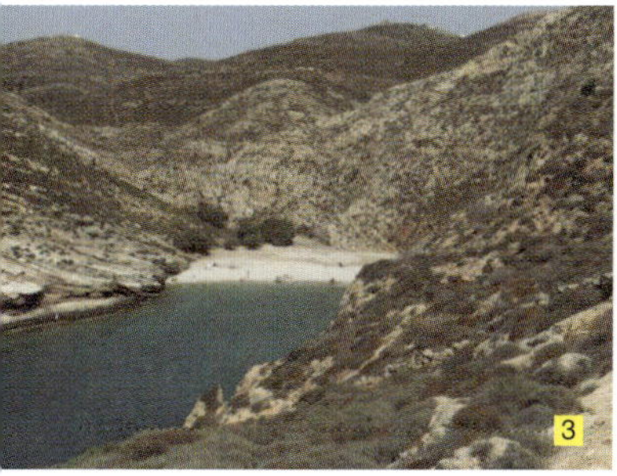

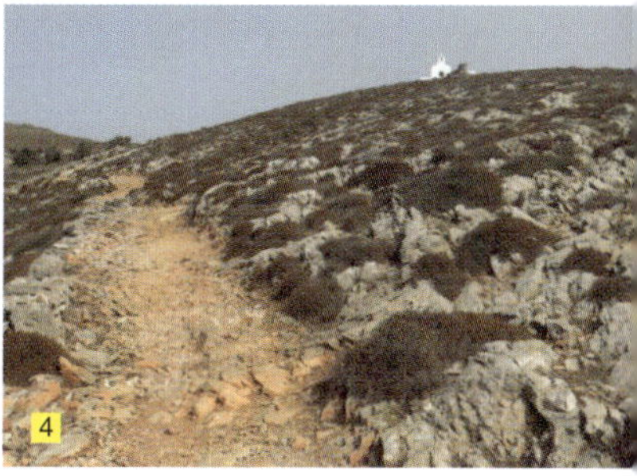

Bögen zur Bucht hinab. Die letzte Strecke verläuft horizontal auf einem Felsenpfad hinunter zur **Livadáki-Bucht** ③
2.25 (**P7:** N36°38,160'/E24°51,547'). Unter Tamarisken könnte man Sonne und See genießen und vielleicht mit dem Kaiki (bis 17.00) zurückfahren.

Auf der anderen Seite der Bucht steigt bei einer Steinhütte ein breiter Weg an. Schaut man von dort zurück, sieht man nochmals den Leuchtturm und die gewaltige Felsenküste. Der gut erkennbare Pfad »5« endet nach einer Steinhütte
2.40 (li.) vor Mauern und geht bei einem Durchlass in ein **Monopáti** über (**P8:** N36°38,026'/E24°51,882'). Dieses führt an Ruinen eines Weilers (li.) vorbei aufwärts ④. Die ver-
3.05 schlossene **Anargíri-Gipfelkapelle** bietet einen grandiosen Panoramablick nach Poliégos und Mílos.

Der Eselspfad führt weiter aufwärts zur Straße und rechts in
3.25 einem Kilometer nach **Ano Meriá – Ágios Andréas.** Dort geht man am Buswendeplatz vorbei und wartet im Lokal »Zum Treffpunkt« ganz gemütlich auf den Bus (**P9:** N36°38,881'/E24°52,146').

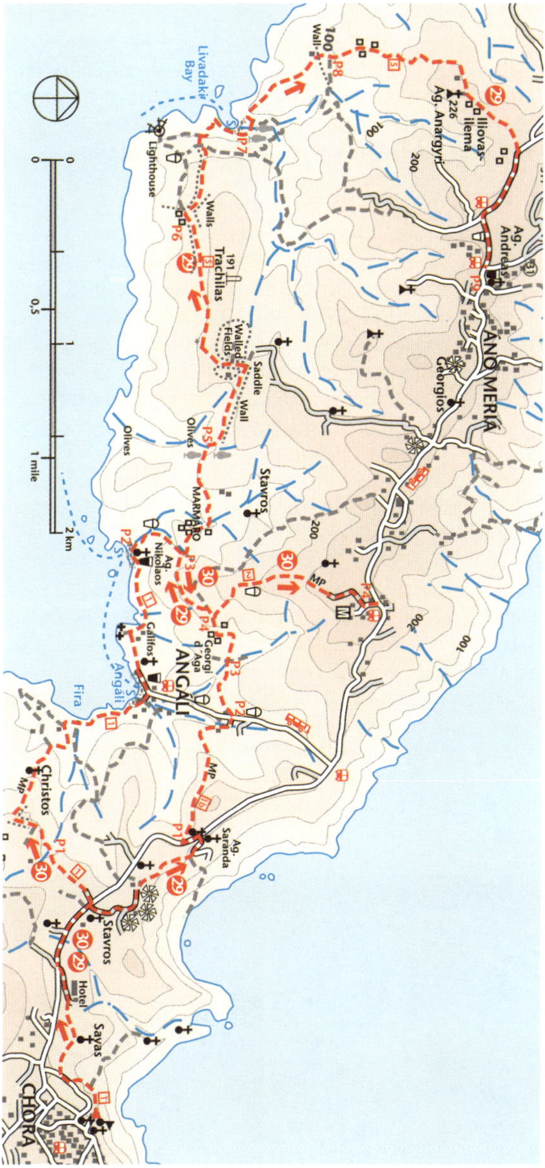
Livadáki Bay
Lighthouse
Walls
Trachilas
Walled Fields
Saddle
Wall
Olives
Stavros
MARMARO
Ag. Nikolaos
Gallifos
ANGÁLI
Georgi d'Aga
Fira
Angáli
Christos
Ag. Saranda
Stavros
Hotel
Sayas
CHÓRA
ANO MERIÁ
Georgios
Ag. Andreas
Iliovas-ilema
Ag. Anargyri
226
0
0,5
1
2 km
1 mile

30 Die Bucht von Angáli

Durchwegs auf Pfaden führt diese 4-stündige Wanderung zu den zwei schönsten Sandstränden mit schattigen Tavernen. Sie endet oben in Ano Meriá.
■ 7 km, Höhenunterschied 280m, moderat
▷ Karte siehe vorige Seite

RGZ Links von der Taverne »Araxe« am Hauptplatz, mit dem
großen Baum im Rücken, geht man in die enge Gasse, bei
der Taverne Spitiko dann links weiter und verlässt die
Chóra auf einer abwärts führenden Betonrampe. Unter-
0.00 halb des Ortsrandes zieht ein **Fußweg** hoch über Meer
und Terrassen dahin. Immer den Höhenlinien folgend,
0.05 führt er an der flach gedeckten **Sávas-Kapelle** (re.) im Sat-
tel vorbei. Nach der folgenden Senke beginnt neben der
0.10 Hotelanlage ein Betonweg zur **Straße**, der man 300m
0.15 nach rechts folgt. *20m nach* der **Stavrós-Kapelle** (rechts
über der Straße) biegt man in den höher liegenden Weg
nach links ein, der später zum Eselspfad wird.
Er hat nur auf der linken Seite eine Mauerbegrenzung und
0.20 führt in eine **Senke** [1] (**P1:** N36°37,581'/E24°54,172',
155m) mit dem einzigen Bauernhaus der Gegend. Der mit
»1« markierte Weg ist danach beidseits von Mauern ge-
0.25 säumt. Wenn diese **auseinander driften**, geht es an der
rechten Mauer entlang in weitem Bogen abwärts. Überra-
schung! In dieser gebirgigen Gegend verläuft ein mit viel-
★ farbigen Marmorplatten befestigter Kalderími. Ein Oli-
venhain wird über dem blauen Meer sichtbar und die
0.30 weiße **Christos-Kapelle** rundet das zauberhafte Kykladen-
bild ab [2].

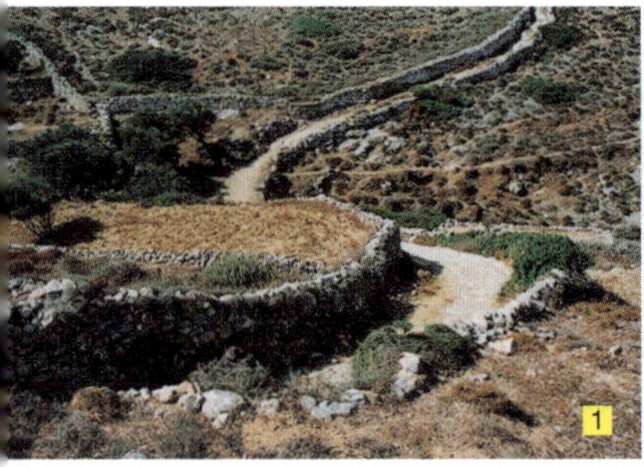

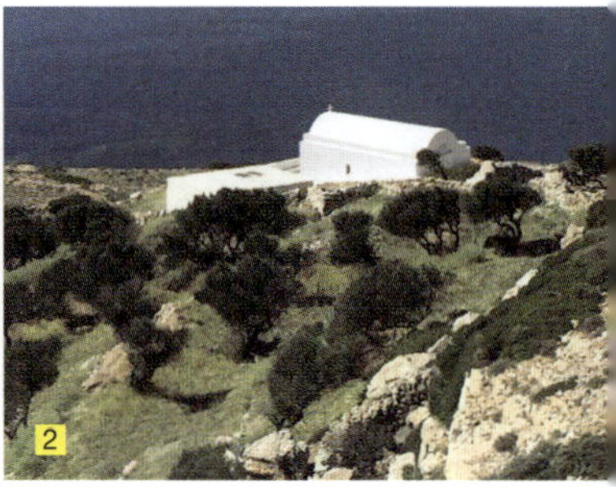

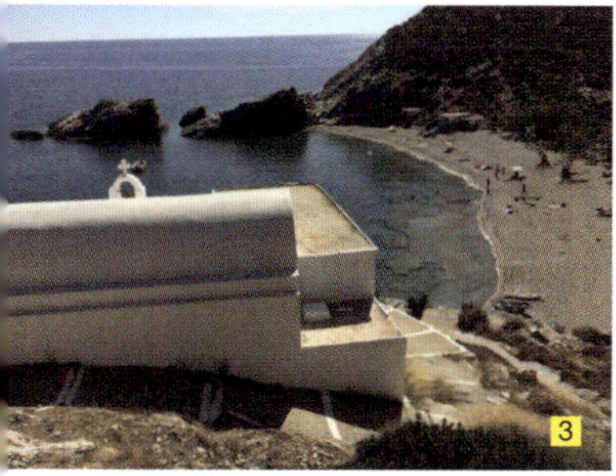

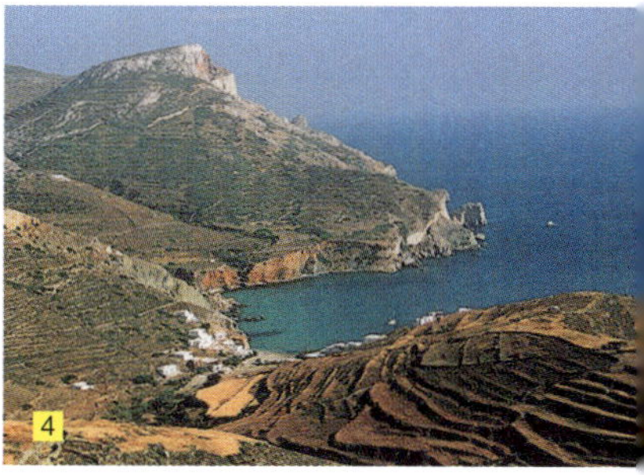

150m unterhalb der Kapelle biegt man beim Zaun rechts in einen Pfad ab, der zu dem weiter unten stehenden Schuppen führt. Unten liegt rechter Hand die steinige
0.40 **Firá-Bucht.** Von dort aus kommt man auf schmalen Pfaden durch Felsbrocken hindurch zum Sandstrand von
0.50 **Angáli.** In der Saison warten dort mehrere Tavernen.

Vom Strand aus führen eine Rampe und Stufen hinauf zu einem Küstenpfad. An zwei Altären (li.) und der Pension
1.10 in Galifos vorbei führt er zur Sandbucht von **Agios Nikoláos** [3] (**P2:** N36°37,825'/E24°53,075'). Oberhalb liegt ein schönes Panoramacafé und am Strand warten viele Tamarisken. Genußwanderer warten hier auf das Taxiboot (bis 18.00).

Die Anderen gehen *15m hinter* dem Stromgenerator des Strandlokales durch eine Mauerlücke und auf einem Trampelpfad aufwärts (blaue Punkte). In einem Geländeeinschnitt der von links kommt, verengen sich später die Mauern und leiten aufwärts. Weiter oben stößt man rechts von den Ruinen von Marmara, auf einen queren-
1.20 den **Eselsweg**, der am Hang entlang läuft (**P3:** N36°37, 583'/E24°54,172').

Man folgt ihm nach rechts und biegt nach einiger Zeit bei einer Gabelung rechts ab. *80m vor den Ruinen* des Weilers
1.30 **Georgi t'Aga** (mit Palmen) geht es bei der **Abzweigung** links und anstrengend, aber mit fantastischem Blick [4], ziemlich steil aufwärts. Oben erreicht man das Volkskundemuseum (ab 17 Uhr) (**P4:** N36°38,503'/E24°53,170').
2.00 Von dort gelangt man nach rechts zur **Bushaltestelle** an der Straße.

31 Die Terrassen von Fournídes

Die 3-stündige Wanderung am Rande der Kykladen erschließt das fruchtbare Bauernland im Norden, wo noch viele Monopatía erhalten sind und genutzt werden. Schattenspendende Bäume gibt es nur am bescheidenen Kiesstrand von Ágios Geórgios und Einkehrmöglichkeiten am Ende der schönen Tour.
■ 6,5 km, Höhenunterschied 260m, moderat

RGZ Von der *vorletzten* Busstation, in **Ágios Andréas**, dem
nördlichen Teil des Straßendorfes **Ano Meriá**, startet die
0.00 Tour links von der **Taverne** »ΣUVÁVTNON« (»Treff-
punkt«) auf dem Betonweg »3«. Diesem folgt man zu der
Ansammlung von Häusern auf einer Anhöhe. Dort wan-
dert man abwärts und hält sich bei einer Gabelung rechts.
Eine Gipfelkapelle [1] steht später rechts über dem Weg.
Links unterhalb dieser Kapelle, Ágios Sóstis, wandert man
0.10 bei einem großen **Wegedreieck** (**P1:** N36°39,277'/E24°
51,957', 215m) weiterhin geradeaus abwärts. Vom Kalde-
rími aus sieht man bald die Fischerhäuser an unserem Ziel
[2]. Links überziehen zahllose Getreideterrassen die Hügel
der Gegend, die ***Fournídes*** heißt.
0.20 Bei einer **T-Gabelung** wandert man links (**P2:** N36°39,
617'/E24°51,972') und nach zwei Minuten an einer
Rechtsabzweigung vorbei. Vor uns liegen Mílos, Poliégos
und Sífnos. Links gibt es keine Inseln; hier ist das Ende der
0.30 Kykladen. Der Pfad mündet in einen **Fahrweg** ein, auf
0.35 dem man dann die **Kiesbucht von Ágios Geórgios** er-
reicht [3]. Dort gibt es ein paar Tamarisken und eine fels-
umstandene Bucht für die meist motorisierten Badegäste.

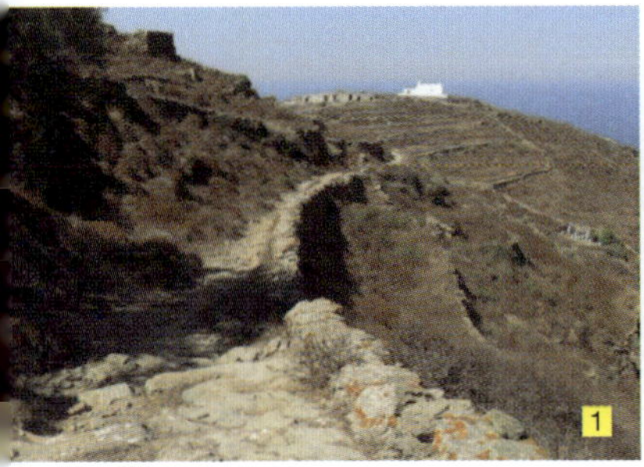

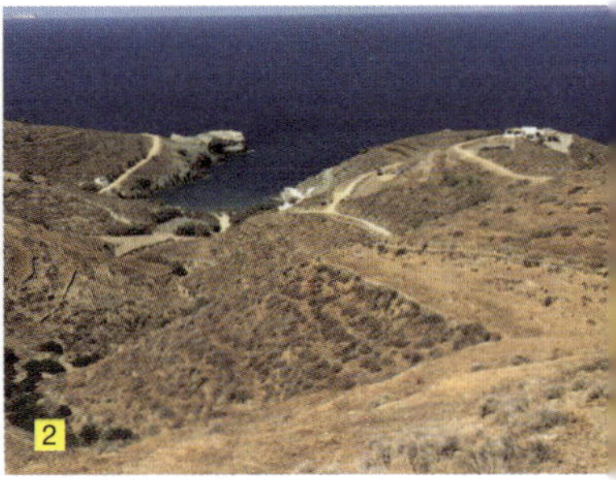

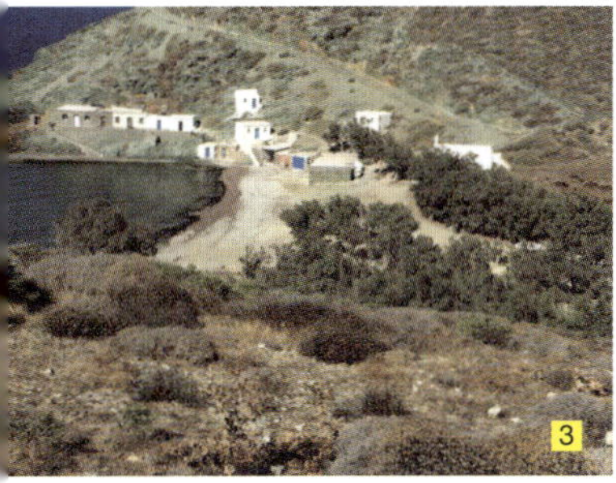

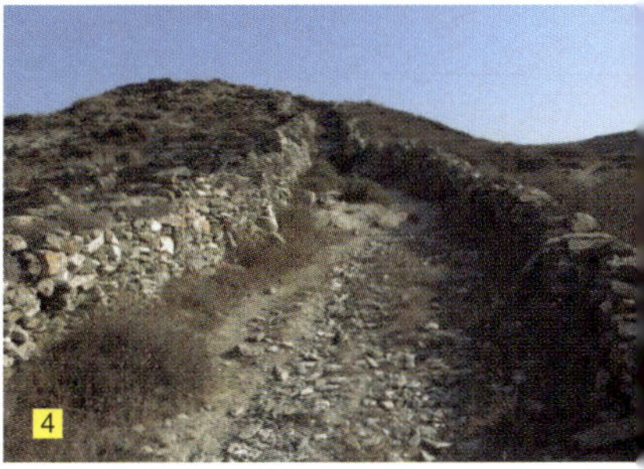

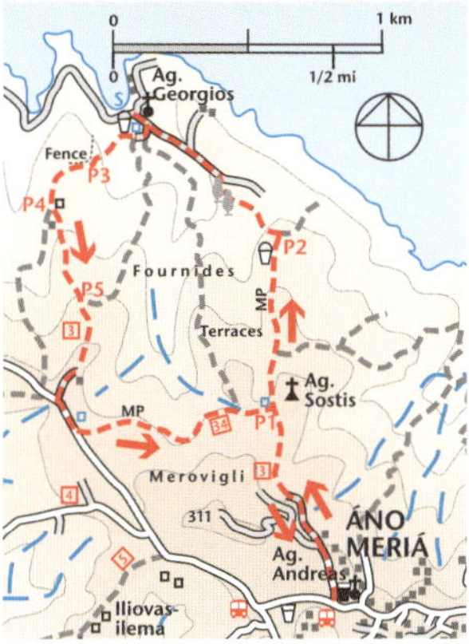

Ein paar Ferienhäuser sind auch entstanden.
Zurück geht es auf dem ebenen Fahrweg landeinwärts und nach rechts zu einem Brunnen (re.). Dort beginnen zwei Pfade – wir wählen den ansteigenden. Er führt schnurstraks steil aufwärts über eine Barriere
0.45 und knickt vor einem **Zaun** nach links (**P3:** N36°39, 760'/E24°51,504', 70m). Ein kürzeres Stück verläuft der Pfad dann flacher. Nach ei-
0.50 ner **Gabelung** bei einer Hausruine (li.) (**P4:** N36°39,666'/E24°51,413') steigt man
1.00 links, jetzt wieder steiler, an [4]. Ein weiterer **Pfad** aus der Bucht mündet von links ein (**P5:** N36°39,486'/E24°51,472', 175m). Bei einem Ferienhaus (li.) beginnt ein Fahrweg zur
1.05 **Straße,** auf der man nach links ansteigt.
Nach 100m beginnt links, rechts von einer Zisterne, der
1.20 horizontale Pfad »3A«, der wunderschön zum **Wegedreieck (P1)** unterhalb von Ágios Sóstis führt. Von dort sind es noch 20 schnelle Minuten hinauf zum »Treffpunkt« in
1.40 **Ágios Andreas.** Mit Busstopp!

▶ Nudelfreunde probieren natürlich *Matsata,* die lokale Tagliatelle-Art, die als Beilage oder als Hauptgericht gegessen wird.

32 Strände im Süden

In 3 Stunden zieht man durch karstige Landschaft auf Feldwegen und felsigen Pfaden von der Chóra zum Hafen Karavostássis. Man hat mehrere Strände zur Auswahl, Tavernen aber erst am Hafen.
■ 8 km, Höhenunterschied 340 m, leicht

RGZ Am Westrand der **Chóra** zweigt man schräg gegenüber
0.00 den Fata Morgana Studios von der Hauptstraße ab und
biegt sofort danach vor dem Mar Inn rechts ab. Rechts
vom Hotel Liakes findet man den Pfad »6« zur flachge-
0.15 deckten **Kapelle Deftéra Paroúsia** (**P1:** N36°37,171'/
E24°54,941', 310 m). Auf dem Feldweg geht es weiter und
ab der Zisterne bei den Tamarisken auf einem breiten
Trampelpfad abwärts. Man hält sich links von einer Mau-
0.25 er und später links vom Graben. Bei der **Pfadgabelung**,
etwa 500m vor einer Kapelle im Tal, geht man links. Der
Pfad läuft an den rechts in der Senke liegenden Feldern
entlang und endet an einem Feldweg bei der Pneuma-Ka-
0.40 pelle. Dort geht man 100m rechts zur **Gabelung** (**P2:** N36°
36,572'/E24°55,354') und dort links. Rechts oberhalb liegt
der Weiler Petoúsis. Nach weiteren 250m zweigt man auf
einen Fahrweg ab, den man etwa 200m vor einem Bau-
0.50 ernhof nach links in einen **Eselspfad** 1 verläßt (**P3:** N36°
36,358'/E24°55,569'). Rechts oben am nächsten Berg,
dem Profítis Elías, strahlt eine Tonnenkapelle wie ein
Leuchtturm. Der Weg wird zum steinigen, absteigenden
Pfad, der anfangs noch von Mauern gesäumt ist. Bald verlassen uns auch diese und wir orientieren uns am Kirchlein rechts oben. Der etwas mühsam zu gehende Pfad en-

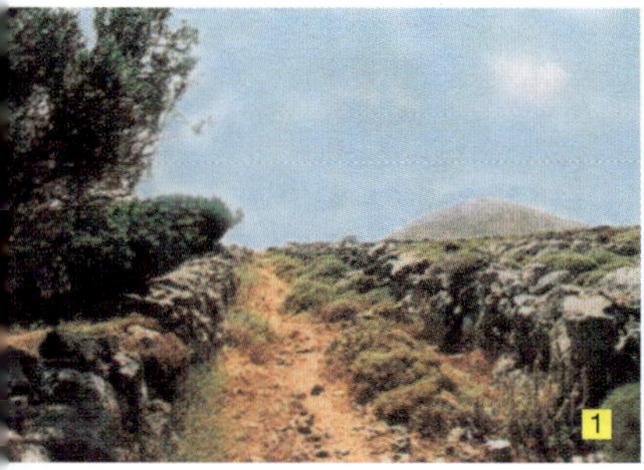

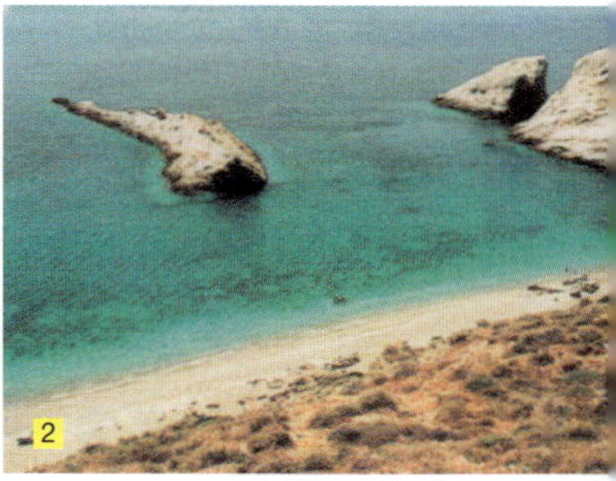

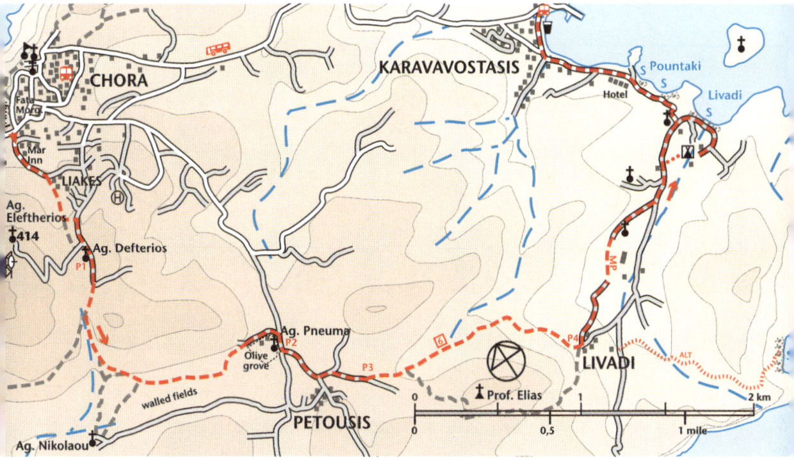

1.05 det im kargen Weiler **Livádi** (**P4:** N36°36,053'/E24° 56,320'). Dort geht es an der Abzweigung auf einem Feldweg nach links. Über ein Monopáti und einen weiteren Fahrweg erreicht man nach der Konstantin-Kapelle die Straße. Nach 300m kann man bei einem Haus (li.) pfadlos
1.25 zum Campingplatz und zum **Kiesstrand** abbiegen oder
1.40 direkt auf der Straße nach **Karavostássis** ziehen.

Zum Strand von **Katérgo:** In Livadi geht man geradeaus zur Straße, dort kurz rechts, dann links zu einem Pfad, an verfallenen Häusern vorbei auf die Anhöhe und von dort aus steil hinunter zum Strand. Man braucht für den Abstecher insgesamt 60 Minuten. Der Strand von Katérgo ist normalerweise bis auf die wenigen Badegäste, die auf dem Seeweg anreisen, leer ②.

Das Museum der Kykladenkunst in Athen

Vom Syntagma-Platz gelangt man in fünf Minuten zum *Museum of Cycladic & Ancient Greek Art* in der Neofitou Douka St. 4. Geöffnet von 10 bis 16 Uhr, samstags bis 15 Uhr, geschlossen dienstags und sonntags. Dieses Privatmuseum zeigt die umfassendste Präsentation an Kykladenidolen. Rund 350 Exponate dieser ältesten Kultur Europas sind ausgestellt, zudem Funde aus dem Neolithikum und dem Hellenismus. Der Besuch ist zur Abrundung einer Kykladenreise sehr zu empfehlen.

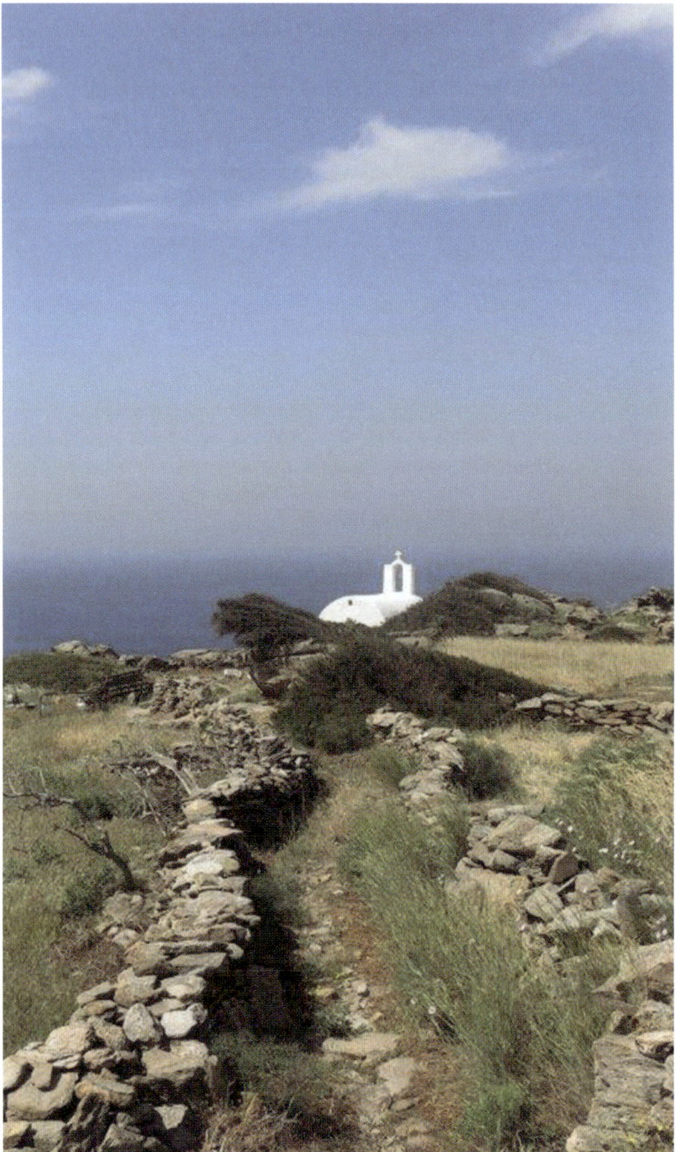

 Ios, Agios Dimitrios

Ios

Die gebirgige Insel, seit den 1970er Jahren bevorzugtes Ziel junger Rucksacktouristen, bietet mittlerweile auch luxuriöse Unterkünfte. Die malerische Chóra mit ihren engen Gassen – in denen es nachts allerdings laut werden kann – sowie weite Sandstrände machen dies verständlich. Da die Wasserknappheit eine landwirtschaftliche Nutzung nur bedingt zulässt, bietet der Tourismus eine hochwillkommene Einnahmequelle. Für Wanderer wurden Eselspfade teilweise markiert und gereinigt, sehr schöne Wanderungen sind ㉝ und ㉞.
Info: www.iosgreeceisland.com www.loveiosgreece.com
Wanderkarten: Terrain # 315
Taxis: +30- 69777 60570, - 69770 31708
Notfall: 22860-360000

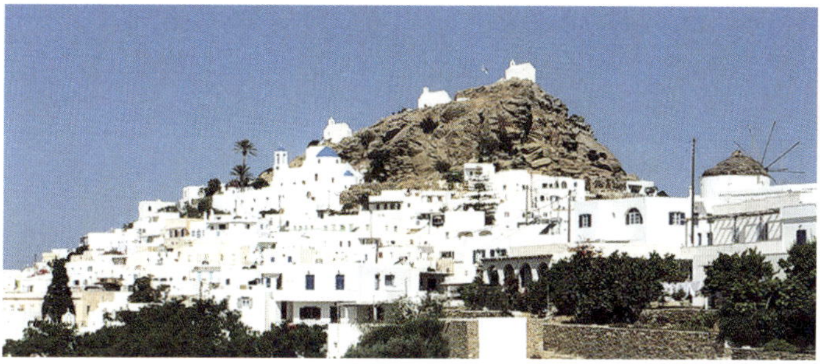

㉝ Eine alte Geschichte

Unterhalb des Elias-Berges gibt es alte Eselspfade, die man wieder zum Leben erwecken sollte. Sie sind mit »2« und »1« markiert und führen in 3½ Stunden in ein grünes Tal mit einem ehemaligen Kloster mit Quelle und zu sensationellen Funden aus der Bronzezeit.
■ 9 km, Höhenunterschied 135m, leicht bis moderat

RGZ Am **Windmühlenplatz** am oberen Ortsrand der **Chóra**
0.00 wandert man bei den Straßenschildern (u.a. »Grab Homers«) auf der Straße links abwärts und erreicht nach ei-
0.05 ner Gruppe von Ferienhäusern die **Spyridon-Kapelle** (re.).

Dort führt ein Betonweg aufwärts zu zwei Ferienvillen (re). In der Kurve davor nehmen wir den Pfad »2« nach links (**P1:** N36°43,677'/E25°17,272'). Er führt uns mehr oder weniger auf einer Höhe durch alte, schon seit Langem nicht mehr genutzte Terrassen [1]. Links im Tal ist der geschichtsträchtige Hügel von Skárkos gut zu erkennen. Rechts oben stehen Antennen und in unserer Gehrichtung zwei Windräder – Zeichen der neuen Zeit. Nach 40 Minuten geht es dann hinab in ein abgelegenes Tal mit einem privaten, kleinen Kloster [2] inmitten von terrassierten Gärten.

0.50 *Im verborgenen Kloster* **Ágios Prokópios** (**P2:** N36° 44,379'/E25°18,367') *trafen sich im Jahr 1821 heimlich wichtige Persönlichkeiten und Kapitäne, um den Aufstand gegen die Osmanen zu organisieren. Ios beteiligte sich 1830 mit 24 Schiffen am Freiheitskrieg.*

Hinter dem Kloster wandert man bei der Gabelung geradeaus die Stufen abwärts und nochmals bei der Linkskurve der Zufahrt. Der Pfad ist anfangs etwas zugewachsen und führt später hinauf zu einem schönen Fahrweg und
1.05 dann hinab zur **Straße.**

Dort zieht man rechts hinauf, an der Triáda-Kapelle und einem Baustofflager (li.) vorbei. Nach der Rechtskurve auf der Kuppe biegt man bei drei Häusern aus Bruchstein nach links in einen Fahrweg ab (**P3:** N36°44,071'/ E25°18,409'). Bei der Gabelung weiter unten führt unser Weg unterhalb des Weilers Elliniká nach rechts und 20 Minuten lang durch die Hochebene, die *Perivolia* (Obstgarten) genannt wird.

Nachdem man eine Kapelle (li.) passiert hat, macht der Feldweg einen langen Schwenk nach links.

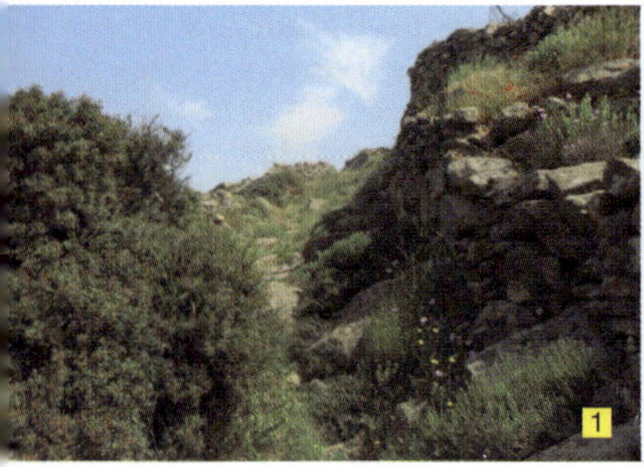
1

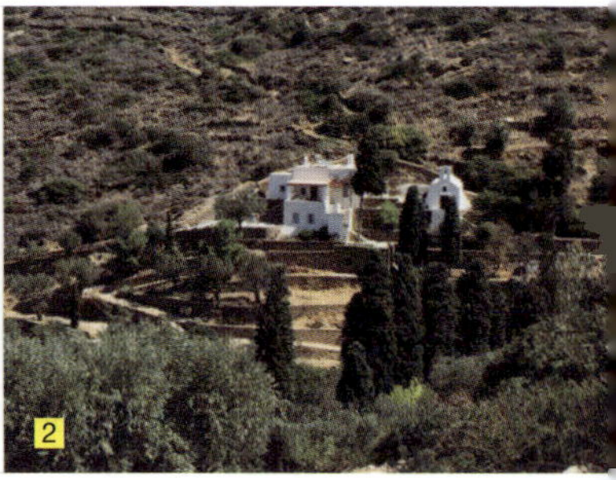
2

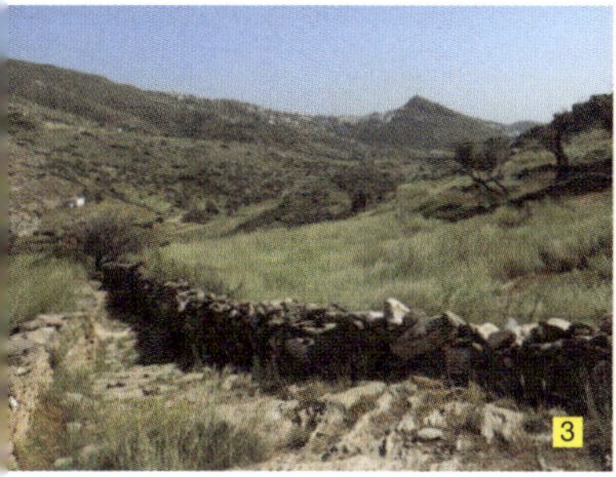

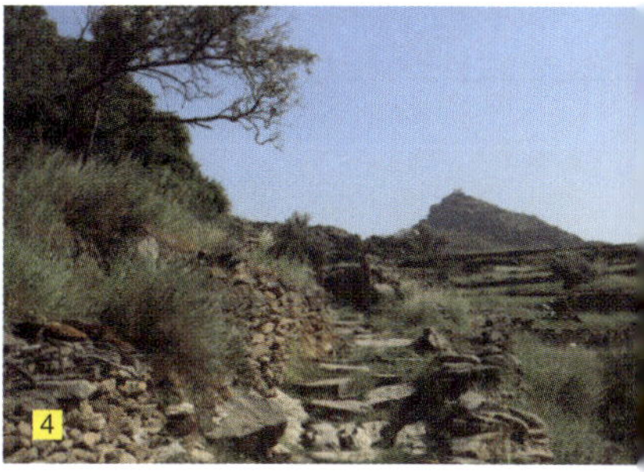

1.30 Nach der **Vasili-Kapelle** (re. unterhalb) biegt links ein ins Gelände geschnittener wunderschöner Eselspfad ab ③ (**P4:** N36°44,347′/E25°17,043′). Man sieht wieder die Chóra mit ihren 12 Windmühlen. Davor liegen das fruchtbare Tal und der terrassierte Hügel von Skárkos. Im
1.40 Tal führt der Pfad über eine **Betonbrücke** und nach einer Gabelung nach links durch Olivenhaine aufwärts ④, dann abwärts zum Kassenhaus der Ausgrabungsstätten
1.50 von **Skárkos.**

Bei Ausgrabungen wird seit 1986 die älteste Siedlung der Kykladenkultur aus der frühen Bronzezeit aufgedeckt. Die Funde datieren bis 2800 v. Chr. zurück und sind im Archäologischen Museum der Chóra ausgestellt. In diesem Ort, der 2.300 v. Chr. aufgegeben wurde, gab es zweistöckige Häuser, Plätze und Straßen, die sich um den Hügel legten.

Alternative: In Fortsetzung des bisherigen Pfades führt ein Kalderími geradeaus weiter und in 15 Min. hinauf zur **Chóra.**

1.50 Ansonsten benutzt man die seeseitige Zufahrt und gelangt zwischen drei Eukalyptusbäumen hindurch zum Sportplatz (re.). Auf der Straße geht man nach rechts, verlässt sie nach 200m nach links und erreicht auf einem
2.05 Feldweg das **Meer.** Am Anleger fahren Busse alle 20 Min. in die Chóra.

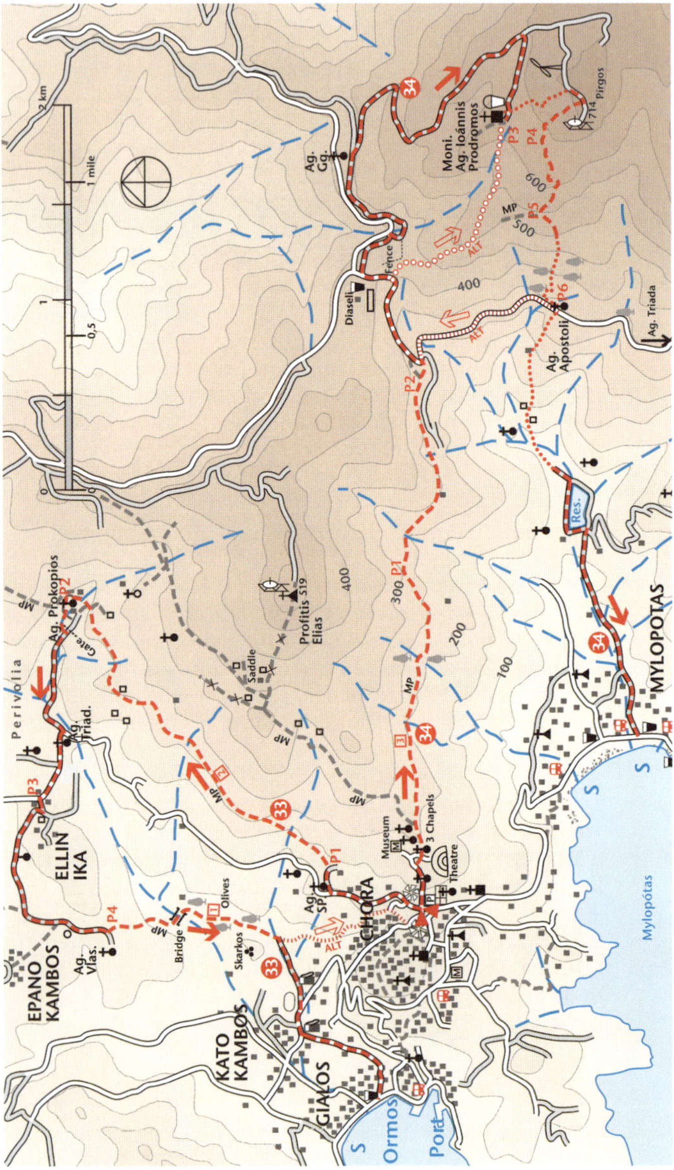
EPANO KAMBOS
KATO KAMBOS
GIALOS
CHORA
ELLIN IKA
MYLOPOTAS
Ormos
Port
Mylopótas
Profitis Elias
519
Moni. Ag. Ioánnis Prodromos
Ag. Apostoli
Ag. Triada
Ag. Prokopios
Ag. Triad.
Ag. Gg.
Ag. Vlas.
Ag. SP
Perivolia
Diaseli
Fence
Gate
Saddle
Olives
Bridge
Skarkos
Museum
Theatre
3 Chapels
Res.
Pirgos
714
ALT
2 km
1 mile

34 Auf dem Pírgos

Die Besteigung des Pírgos, der höchsten Erhebung von Ios dauert 7 bis 8 Stunden. Die Rast beim Kloster Agios Ioánnis mit prachtvollem Blick auf die Nachbarinseln bildet den Höhepunkt.
Das pfadlose letzte Wegstück oberhalb Mylopótas ist stachelig – es kann aber vermieden werden.
■ 11 km, Höhenunterschied 580m schwer
▷ *Karte siehe links*

RGZ Rechts von den oberen fünf **Windmühlen der Chóra**
0.00 (135m) folgt man den Markierungen »2« und »3« und
geht die Betonstraße aufwärts und weiß schnell, warum
die Mühlen genau hier gebaut worden sind. Man folgt zu-
0.05 erst den Schildern zum »Theatre O.E.«. **Stufen** leiten gera-
deaus von der Betonstraße weg aufwärts zu einer ersten
Kapelle (re.). Dahinter liegt das Freilicht-Theater.
Die mit »3« markierten Stufen führen an einer riesigen,
0.10 leerstehenden Pinakothek vorbei. Nach der **dritten Ka-
pelle** von 1894 [1] teilt sich der Pfad. Wir gehen geradeaus
und sind dann völlig allein auf dem wunderschönen Weg
[2]. Nur ein dicker Wasserschlauch begleitet uns für etwa
40 Minuten. Vor uns das Ziel, der Pírgos mit seiner Anten-
ne. Unten in Mylopótas beginnt langsam der Badetag.
Auf breiten Felsplatten wandert man weiter und kommt
durch einen auch im Sommer grünen Taleinschnitt mit
Oleanderbüschen. Ein paar Felsen formen einen breiten
0.40 **Durchgang** (**P1:** N36°43,420'/E25°18,407', 300m). Den
0.50 Zugang zu einem **Bauernhaus** läßt man rechts liegen.
Nachdem man später ein Gatter durchschritten hat, sieht

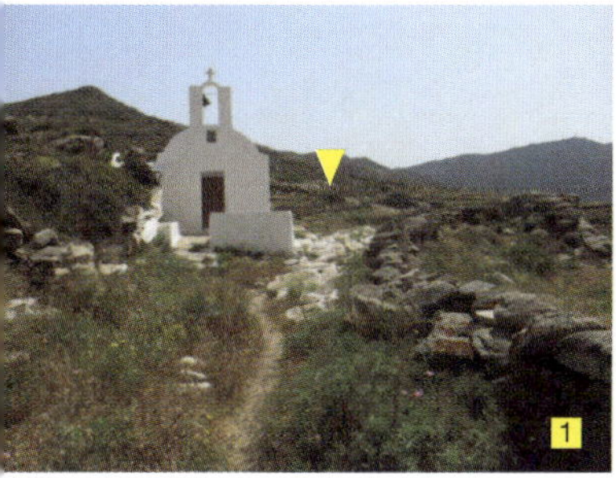

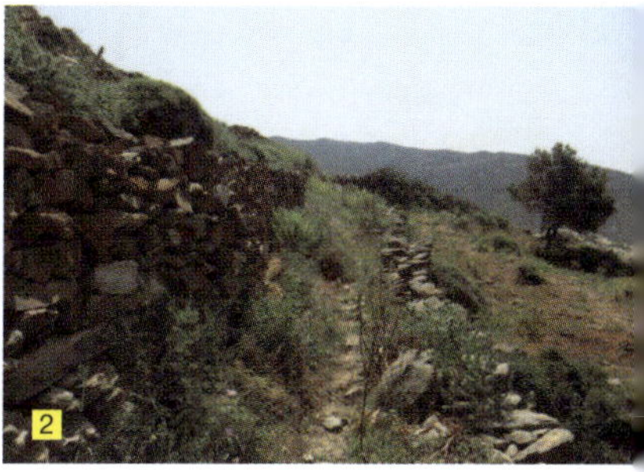

man das überbreite Asphaltband nach Manganári. Schon 100m davor (**P2:** N36°43,362'/E25°19,149', 335m) verläs-
1.05 st man das Monopáti nach rechts zur **Straße** und geht links aufwärts.

Pfadlos zum Kloster: Man verlässt nach acht Minuten die breite Straße nach rechts und geht pfadlos, anfangs links vom Geländegraben zu der Ecke eines Zaunes und auf Ziegenwegen aufwärts. Das Windrad auf dem Pírgos verschafft dabei etwas Orientierung. In einem Sattel sieht man später links unten einen Fahrweg, während links oben das Kloster auftaucht. Unterhalb davon sollte man nicht zu früh durch das Bachbett steigen, um leichter das Kloster Ágios Ioánnis zu erreichen (ca. 25 Min RGZ)

1.25 Geht man 13 Min. auf der Straße bietet im Sattel die **Käserei Diaseli** eine willkommene Einkehrmöglichkeit. Genau gegenüber beginnt der Fahrweg zum Kloster mit schönen Ausblicken auf Náxos und die Kleinen Kykladen.
1.30 Bei der Gabelung nach der **Georgskapelle** zieht man rechts bergan und in mehreren Kurven langsam hinauf
2.00 zum Kloster **Ágios Ioánnis** (**P3:** N36°43,126'/E25°20,055', 732m).

Kein schlechter Platz! Schon in der Antike soll sich hier ein Tempel befunden haben. Die herrliche Aussicht kann man von den gemauerten Sitzbänken und Tafeln aus leider nicht genießen; bei der Panigíri, der Kirchweih am 24. Juni, scheinen Essen und Tanzen die Hauptsache zu sein [3].

80m zurück, nach der Mauer zur Rechten, steigt man
2.15 pfadlos etwa 400m in Richtung Antenne zur **Spitze des Pírgos** hinauf (714 m). Man hat dort eine überwältigende Aussicht nach Santoríni, sonst aber wildes Land und sum-

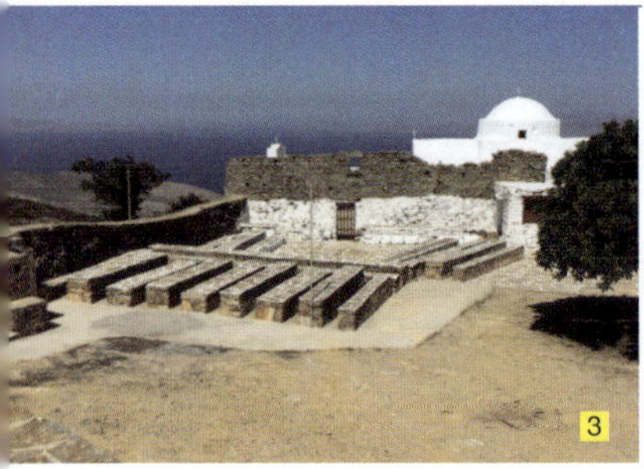

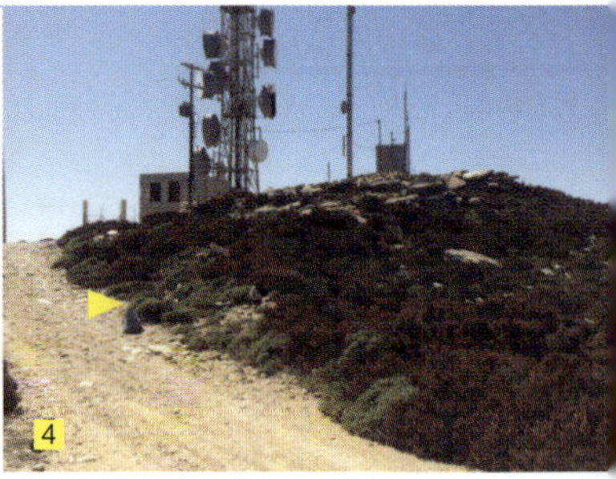

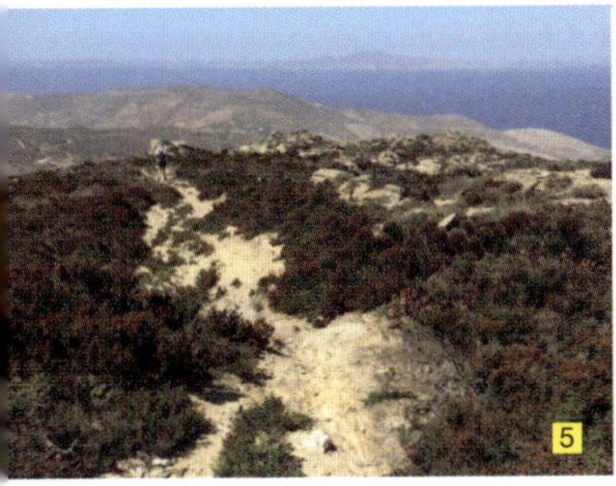

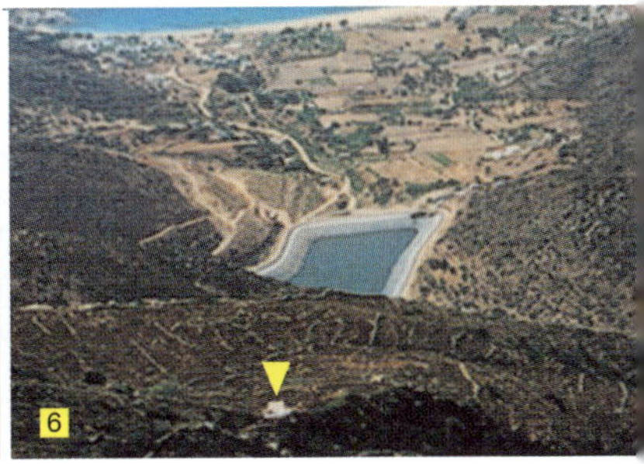

mende Technik um sich herum. 30m landeinwärts – zwischen Antenne und Windrad – zweigen wir auf den Pfad am Abhang abwärts ab 4. Er macht nach etwa 300 Me-
2.30 tern vor einem Felsen einen **Knick** nach links (**P4:** N36°42,951'/E25°20,119') und durchläuft weitere einzel-
2.40 ne Felsen 5. Bei der **T-Gabelung** (**P5:** N36°42,969'/ E25°19,752', 620m) gehen wir links und im weiten Rechtsbogen abwärts 6. Oberhalb der Straße wird der Pfad undeutlich, bietet aber verblichene Markierungspunkte. Durch eine Ruine mit Wasserschlauch erreicht
3.00 man von der Seite her die flachgedeckte **Apostel-Kapelle von Peter & Paul** (**P6:** N36°42,907'/E25°19,355').

Möchte man nicht – anfangs auf der Straße – zurück zur Chora, überquert man unterhalb der Kapelle die Straße und wendet sich *leicht abwärts* in westlicher Richtung der offenen See und ein paar Ruinen zu. Deren Inneres lässt das karge Leben noch erahnen – kein Wunder, dass die Jüngeren ausgewandert sind. Jetzt klettert man über Stock und Stein, sich rechts in Richtung Elíasberg haltend, zum Bergsporn. Alles ist zugewachsen – wir suchen unseren Weg zu den verfallenen Häusern und den Ölbäumen auf einer Anhöhe oberhalb der Stelle, an der die Täler zusammentreffen. Dort angelangt, schlängelt man sich über die verfallenden Terrassen hinunter. Durch einen Bach und
3.35 unterhalb eines Hauses geht es am **Staubecken** vorbei
3.55 zum **Meer.** Nichts wie rein ins Wasser, der Pendelbus fährt bis spät am Abend!

35 Ein einsamer Strand

Die Rundwanderung von 4½ Stunden führt zu einem abgelegenen, kleinen Sandstrand. Der Hinweg der schattenlosen Wanderung verläuft pfadlos durch zwei Senken, wo die Orientierung etwas erschwert ist und über felsige Abhänge. Auf dem Rückweg findet man Eselswege. Es gibt weder Tavernen noch Zisternen, lange Hosen sind zu empfehlen.
■ 6 km, Höhenunterschied 110m, moderat bis schwer

RGZ Am Ende der Bucht von **Mylopótas** steigt man aus dem
0.00 Bus. Links vom **Hotel** »Drakos« geht man die Stufen hinauf und verlässt sie bei Zimmer 9 nach links. Hinter den Wäscheleinen wenden wir uns rechts hinauf zu einem *schwarzen Wassertank*. 10m dahinter führt links ein Trampelpfad durch felsiges Gelände aufwärts. Nach 80m begleitet eine Mauer (re.) den Pfad, der nach einer Terrasse
0.10 durch einen **Sattel** führt (**P1:** N36°42,353'/E25°17,712', 80m). Links am Hang sieht man eine Hausruine mit Baum, von der man später zurückkommen wird.

Vom Sattel führen Wegspuren geradeaus abwärts durch eine Senke und wieder hinauf zu einem Aloni, einem
0.15 **Dreschplatz** (**P2:** N36°42,225'/E25°17,716'). Jetzt geht es pfadlos halblinks zwischen grandiosen Felsbrocken ab-
0.25 wärts in den **Graben.** Auf der gegenüberliegenden Seite, etwa 80m vom Wasser entfernt (**P3:** N36°42,055'/E25°17,905') geht es auf schmalem Pfad steil hinauf zu
0.30 **Pfadspuren.**

Diese geht man 50m nach links und dann pfadlos rechts
0.35 im Zickzack hinauf zu einem Plateau, auf dem **weißer**

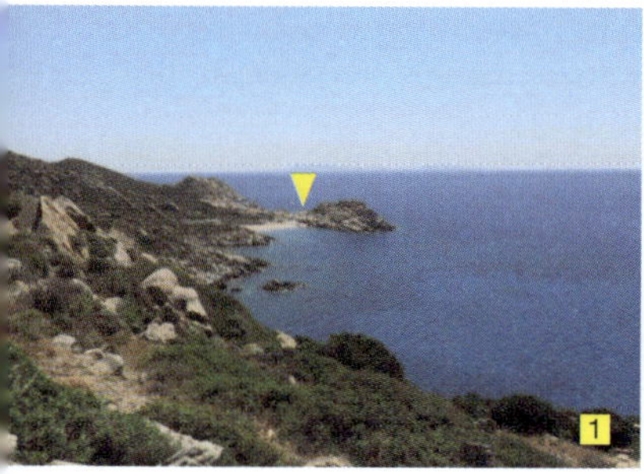

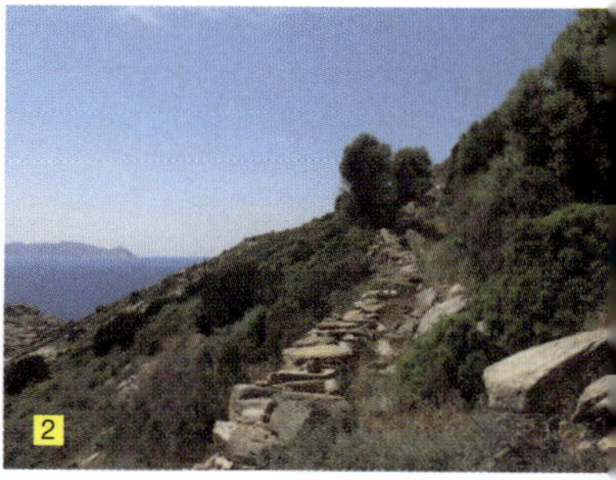

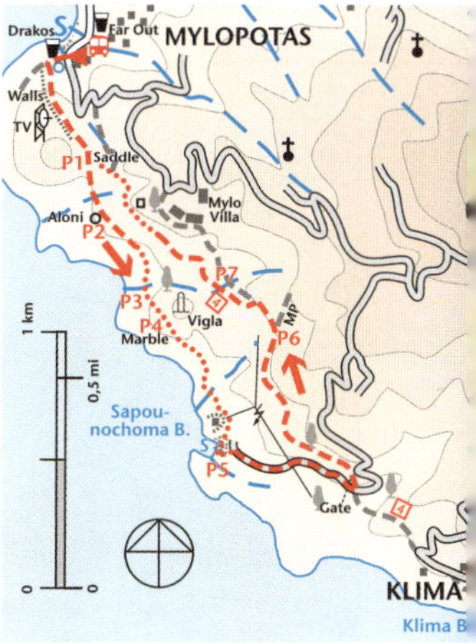

Marmor liegt (**P4:** N36°41, 998'/E25°17,910'). Es liegt unterhalb der Bergspitze. Wenn man auf Ziegenpfaden um den Bergrücken herum geht, sieht man das Ziel: Eine Sandbucht und ein Haus [1].
Man muss durch die bizarre Felsküste hinab kraxeln, dann führen im Graben Reste eines Weges weiter. Die hohe Gartenmauer des Hauses umgeht man links und erreicht die **Sand-**
1.00 **bucht Sapounochoma.** Das Fe-
★ rienhaus steht meist leer. (**P5:**
N36°41,643'/E25°18,092').
Pause!

Der Rückweg beginnt auf dem leicht ansteigenden Zu-
1.10 fahrtsweg landeinwärts. Direkt links hinter dem **Tor** findet man den aufwärts führenden alten Pfad »4«, in den wir einbiegen. (Nach rechts führt der Pfad in 10 Minuten zur Bucht von Klima mit Ferienhäusern.) Vom Pfad [2] genießen wir den Blick hinüber nach Síkinos. Senkrechte Steinplatten führen wie Leitplanken durch das Felsgewirr. Nachdem rechts oben die bunkerähnlich aussehende Mylo-Villa zu sehen ist, gibt es eine Stelle, bei der man aufpassen sollte (**P6:** N36°41,987'/E25°18,248', 120m): Nicht
!! horizontal weitergehen, sondern *nach links* abwärts und
1.30 durch einen **Hohlweg** wandern!
Danach führt der jetzt etwas undeutliche Pfad halblinks durch Felsen, durch einen Graben mit Wasserlauf (**P7:** N36°42,060'/E25°18,084') und wieder aufwärts. 150m unterhalb der Mylo-Villa folgt er fast horizontal den Höhen-
1.45 linien und führt zu einer **Hausruine** mit hohem Baum.
Direkt links daneben durchquert man ein Mäuerchen und geht horizontal unterhalb des Felsenmeeres auf flachen Felsplatten nach links durch eine Senke zum Sattel **(P1)**, den man vom Hinweg kennt. Die sonnenschirmgespickte Mylopótas-Bucht liegt unter uns.
2.10 Der bereits bekannte Trampelpfad führt hinab zum **Hotel** »**Drakos**«. Zu Ausruhen wäre der Schlüssel zu Zimmer 9 jetzt gut.

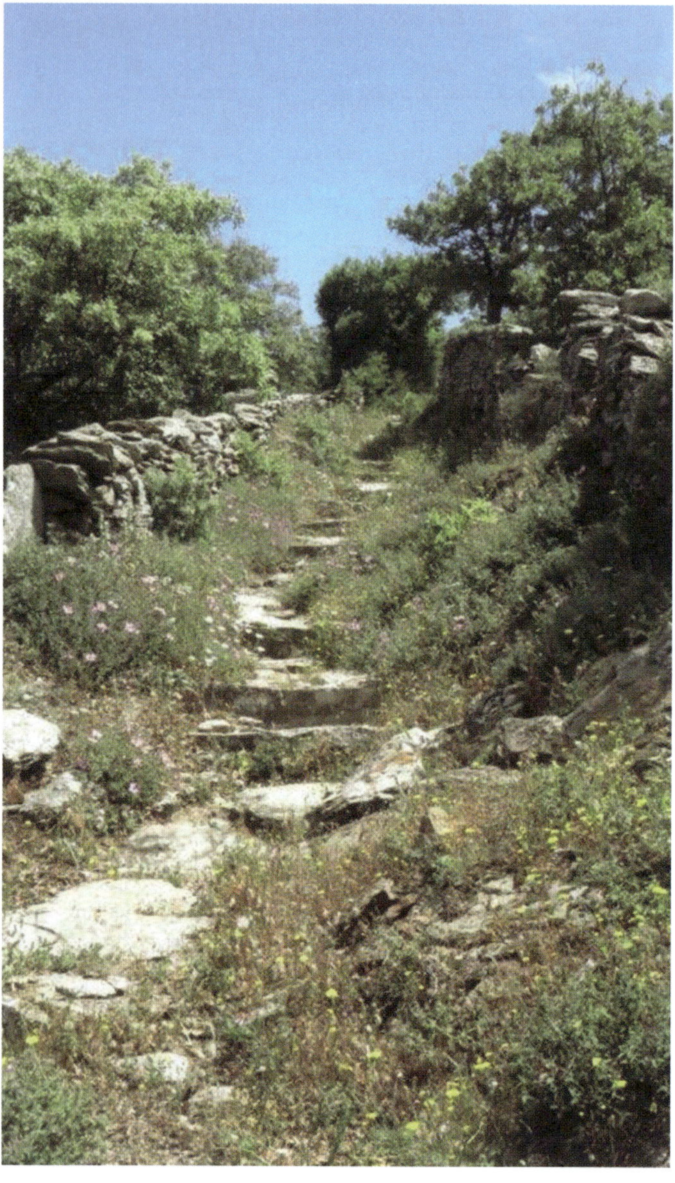

Kímolos

Die nur von 600 Menschen bewohnte Vulkaninsel bietet dem Wanderer noch immer ursprüngliches Inselleben und intakte Eselswege durch grüne Täler mit weiten Getreideterrassen. Kímolos besitzt ausreichend Wasservorräte und wird landwirtschaftlich gut genutzt. Mit touristischen Einrichtungen hält man sich dagegen etwas zurück. Gute Fährverbindungen erlauben Touren auch von Mílos aus, besonders ㊲.
Wanderkarten: Anavasi #10.45 (Milos), Terrain # 306,
Taxi: +30 6945464093
Notfall: 0030 697 7264146

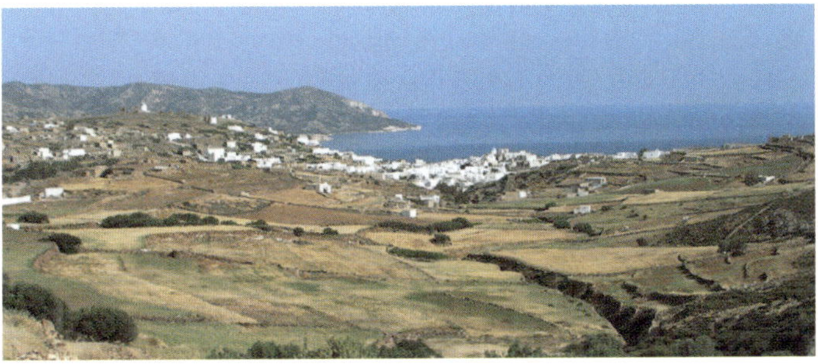

㊱ Felder und Terrassen

Mit dieser knapp 3-stündigen Rundwanderung kann man einen Eindruck von der schönen, kultivierten Landschaft bekommen. Der teilweise pfadlose Aufstieg bis zur Kiriakí-Kapelle ist etwas anstrengend, Wasservorrat und lange Hosen sind ratsam.
■ 6 km, Höhenunterschied 220m, moderat

RGZ Beim **Postamt** (mit Sendemast) am Ende der Hauptstraße
0.00 geht man abwärts und über die Brücke, auf dem folgen-
den Betonweg oben dann nach links. Nach der Pension
0.05 »**Meltemi**« (li.) führt ein Plattenweg durch Getreideterras-
sen aufwärts zu einer großen Gabelung, an der rechts eine
0.10 **Zisterne** liegt (**P1:** N36°47,579'/E24°34,028', 100m).
Von dort wandert man auf einem Eselspfad durch einen

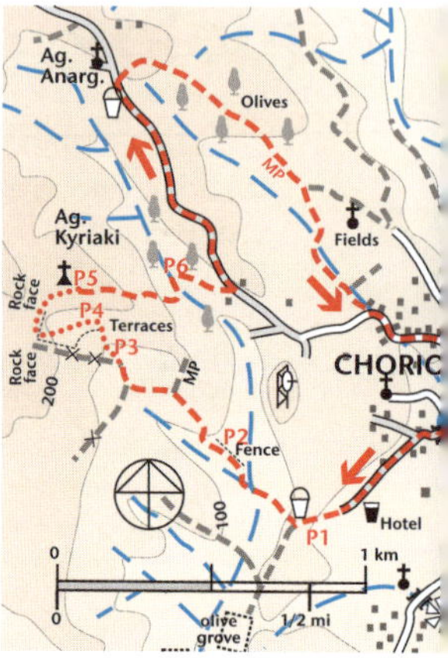

Graben und rechts in Serpentinen den Gegenhang hinauf. Dann leicht ansteigend am Hang entlang. Man gelangt so in eine
!! Rinne und geht nach 20m *rechts*
0.20 *aufwärts*. *Vor* einem **Drahttürchen** (**P2:** N36°47,700′/E24° 33,738′) wandert man links auf einem steilen Monopáti aufwärts. Bei der Rechtsabzweigung geht es weiterhin geradeaus, aber
0.25 an der folgenden **Rechtskurve** (eigentlich eine T-Gabelung) nach rechts (**P3:** N36°47,756′/ E24°33,644′, 150m). 50m danach weiten sich die Steinmauern zwischen Felsplatten auf. Die leicht geneigte und ummauerte Fläche verläßt man horizontal nach rechts und
0.35 gelangt zu Wein- und **Getreideterrassen.** Der frühere, nach links ansteigende Weg ist zugewachsen. Man muß daher über die Terrassen, sich rechts haltend, aufwärts steigen und kann den Zaun auf halber Höhe ganz rechts umgehen (**P4:** N36°47,824′/E24°33,582′). Man durchstreift die folgende Terrassen diagonal nach links und übersteigt den äußeren Zaun in der linken, oberen Ecke; beim zugewachsenen Weg. Rechts liegt die flachgedeckte Kapelle. Man hält sich unter den Felswänden rechts und erreicht zwischen Büschen hindurch pfadlos die bäuerli-
0.45 che **Kiriakí-Kapelle** mit einem originellen Dreiheiligenbild (**P5:** N36°47,890′/E24°33,620′).

Vor der Anhöhe, etwa 120m in Richtung Poliégos, führt
0.55 ein etwas zugewachsenes Monopáti nach links in den **Talboden** (**P6:** N36°47'896′/E24°33,817′, 115m) und diago-
1.00 nal gegenüber wieder hinauf zum breiten **Schotterweg.**
1.10 Diesen wandert man links bergan zum **Fels-Wasserbecken** (li.). Gegenüber zweigt das Monopáti »7« in eine Senke ab. Mit prächtigem Blick auf das Chorió (s. vorige
1.20 Seite) schlendert man abwärts, bei der **Gabelung** rechts
1.30 und im tief eingeschnittenen Pfad zum **Chorió.**

37 Der Steinpilz

Auf traumhaften Pfaden durchstreift man in 6 Stunden die Inselmitte und kommt an einem Naturdenkmal vorbei, dem »Skiádi«.Nach der Pause an einem wunderschönen Sandstrand geht es durch Felder zurück zum Chorió.

■ ***15 km, Höhenunterschied 280m, schwer***

RGZ Vom **Sendemast** beim Postamt wandert man weiterhin
0.00 auf der Hauptgasse 3 Min. dorfauswärts, bei der Gabelung
0.03 geradeaus zur **Bushaltestelle** beim Stromtransformator
und der Tafel der Wanderwege. Hier wendet man sich
0.05 links ins **Trockenbett** hinab und geht dort rechts. Nach
einem Eukalyptusbaum und einer Brücke (re.) verläßt
man den Betonweg nach rechts in den ebenen Weg »2«
im Trockenbett, begleitet von den hohen Trockenmauern
der Weingärten. Eine Abzweigung nach rechts wird über-
0.15 gangen [1]. Später führt der Weg **aus dem Trockenbett.**
Nachdem man bei einer Gabelung in den Olivenhainen
links gegangen ist, erreicht man den Hauptweg bei der
0.25 aus dem Felsen geschlagenen **Wasserstelle** unterhalb der
Anargíri-Kapelle. Die spätere Rechtsabzweigung hinab zur
0.35 Vasili-kapelle und die **Linksabzweigung** hinauf zur Exo-
Kirche übergeht man. Man durchläuft eine Rechtskurve
und steht über einem breiten Tal, an dessen Ende der Verladehafen für Bentonit liegt. Dieses tonhaltige Vulkangestein wird hier wesentlich weniger störend als auf Mílos abgebaut.

Am Beginn eines Sattels zweigt links der Weg »1« ab,
0.45 rechts steht eine Hausruine. Bei der folgenden **Gabelung,**

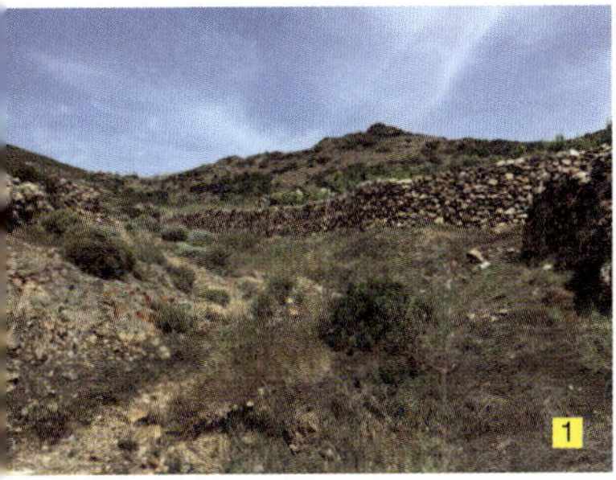

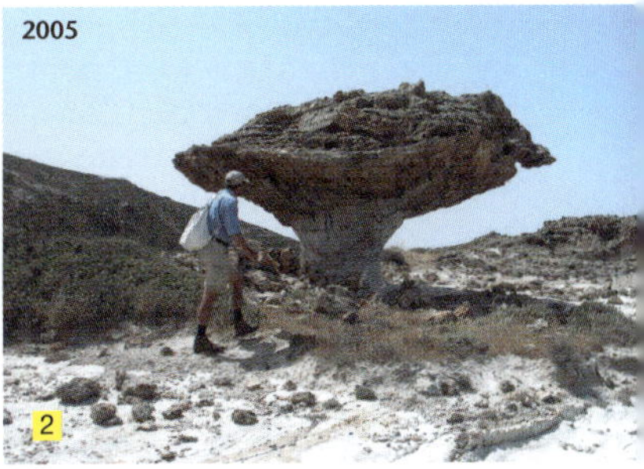

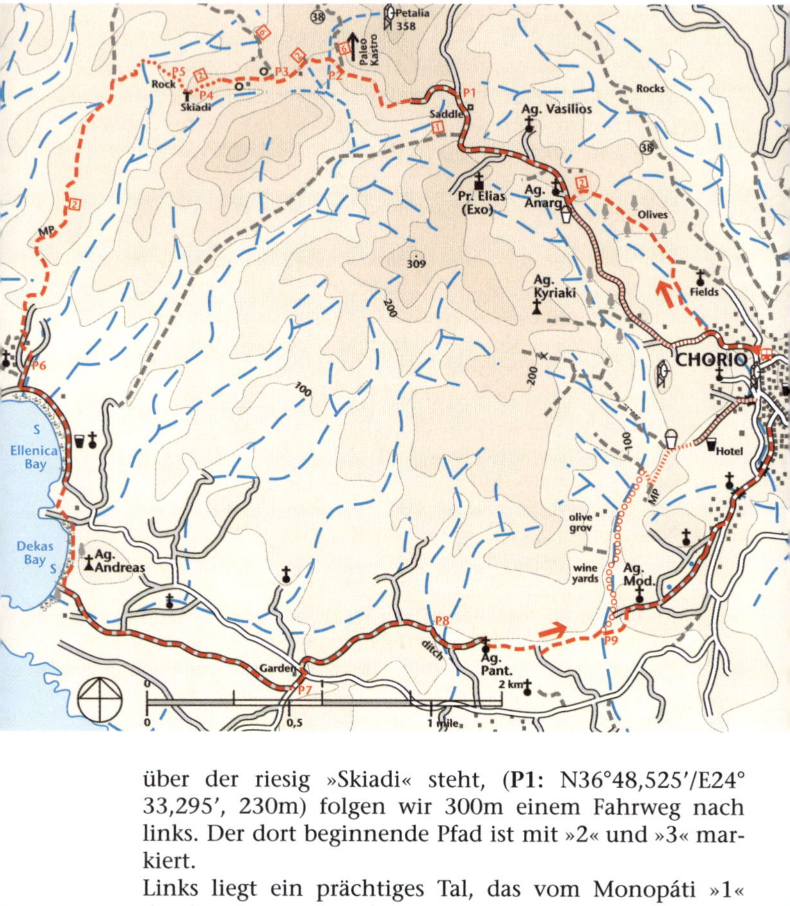

über der riesig »Skiadi« steht, (**P1:** N36°48,525'/E24° 33,295', 230m) folgen wir 300m einem Fahrweg nach links. Der dort beginnende Pfad ist mit »2« und »3« markiert.

★ Links liegt ein prächtiges Tal, das vom Monopáti »1« durchzogen wird. Mílos mit seiner weißen Sarakínikoküste ist zu sehen. Bei diesem umwerfenden Ausblick stört auch der Radarreflektor rechts oben nicht. Später führt
0.55 die **Rechtsabzweigung** (**P2:** N36°48,593'/E24°32,905', 230 m) aufwärts zur byzantinischen Inselhauptstadt Palío Kástro ㊳.

Vor einer Hausruine mit Dreschplatz geht es rechts und beim nächsten Haus, ebenfalls mit Dreschplatz, nach links abwärts (**P3:** N36°48,565'/E24°32,662'). Jetzt peilt man diesen eigenartigen pilzförmigen Stein an, den man

seit einiger Zeit schon sieht. Bei einem weiteren Haus endet der mauergesäumte Weg. Pfadlos kommt man auf ei-
1.10 nem flachen Felsen zum **Skiádi**, dem Steinpilz (**P4:** N36° 48,534'/E24°32,372'). Ein flacher Felsbrocken liegt auf weichem Sandgestein, das vom Wind im Lauf der Zeit im unteren Bereich abgeschmirgelt wurde. In den letzten Jahren hat er daher eine üppige Korsage verpaßt bekommen, wenn man ihn mit dem alten Foto 2 vergleicht. Uns spendet dieses vergängliche Naturdenkmal immer noch ausreichend Schatten für eine Verschnaufpause.

Im *90°-Winkel* zum bisherigen Weg geht man nach rechts auf dem ausgewaschenen weißen Sandsteinstreifen abwärts, an einigen Steinpyramiden vorbei in Richtung eines breiten Felsens 3. Rechts davon (**P5:** N36°48,573'/ E24°32,324') führen Wegspuren in die Senke.

Der Pfad wird wieder erkennbar und schwenkt nach links
1.20 durch den **Graben** und aufwärts zu einem breiten Pfad. Er führt in Richtung Meer, gerne schließen wir uns an. Jetzt hat man leichtes Spiel, ein paar stachelige Weggefährten werden niedergetrampelt. Der wunderbare Panoramaweg durch brachliegendes Land 4 verläuft später entlang eines Fahrweges. 40m vor einer Kapelle steigt man links hinab in ein Trockenbett (**P6:** N36°47,851'/E24°31,824')
2.00 und erreicht die **Bucht von Ellinikå.** Kiesel – wer es weicher will, trödelt nach links am Meer entlang, in dem manche Felsen wie Elfen zu tanzen scheinen.

Das Felskap und die gegenüberliegende Insel waren früher verbunden. Hier lag in der Antike die Stadt Límni, die in byzantinischer Zeit aufgegeben wurde.

Hinter dem phantastisch geformtem Kap gibt es an der
2.15 **Dékas-Bay** feinsten Sand und Tamarisken. In der seichten

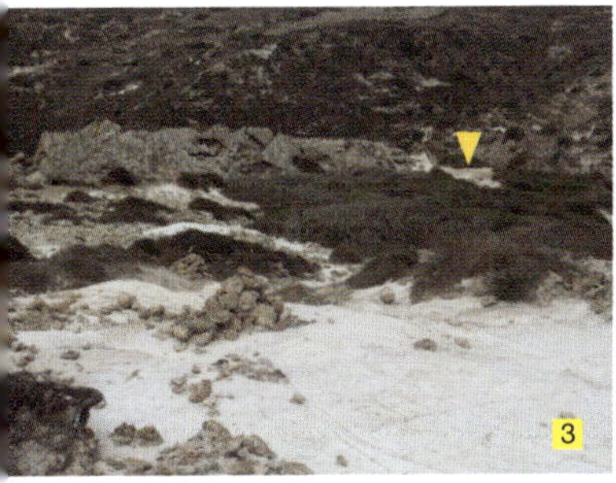
3

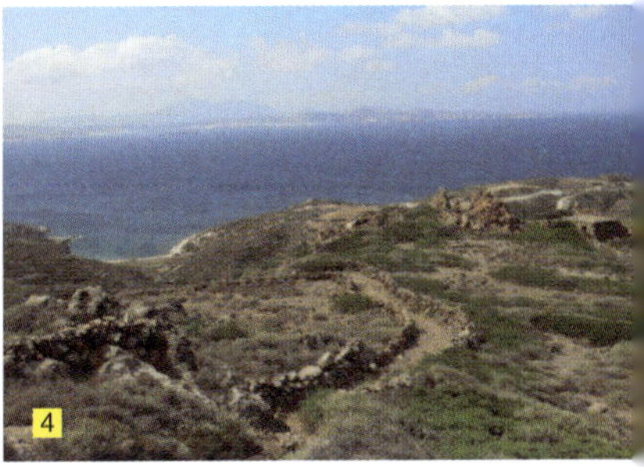
4

Bucht hat das Wasser bereits im Frühjahr angenehme Badetemperaturen, das hat man sich ja auch redlich verdient. Wer sich ein Taxi bestellt hat, kann es länger genießen.

Die Sportlichen müssen sich irgendwann auf die Socken machen und anfangs auf einem Feldweg durch die Kü-
2.25 stenebene landeinwärts wandern. Bei der **Gabelung** geht man nach rechts durch Gärten und Felder und erreicht
2.35 ebenen Weges die **Straße** (**P7:** N36°46,848'/E24°32,727'). Diese geht man nur 80m nach links – übersieht dabei aber nicht den Felsengarten mit Feigenkakteen und Wein! Bei der Straßengabelung wendet man sich 20m schräg nach
2.40 links und findet rechts einen **Feldweg**, der von Mauern gesäumt über der Küstenebene entlang zieht. Auf der kleinen Insel zur Rechten residiert zeitweise die Reederfamilie
2.45 Ventouris. Der Feldweg **gabelt** sich später – wir gehen rechts in einem Graben (**P8:** N36°47,013'/E24°33,796') entlang und wieder aufwärts. Die folgende Rechtsabzwei-
2.50 gung wird nicht beachtet, bei der **Panteleimon-Kapelle** (re.) beginnt wieder ein ebener Pfad.

Nach einem Kilometer erreicht man den Boden einer Schlucht (**P9:** N36°47,148'/E24°33,846'). (Hier könnte man links abbiegen und im Bachbett pfadlos gehend den (P1) von Wanderung 36 erreichen.)

3.10 Ein Stufenweg führt vom Talboden hinauf zur **Modestos-Kapelle** (li.) neben einem Wasserbecken. Von dort aus geht es weiterhin geradeaus und an einem weiteren Wasserbecken (li.) vorbei.

Langsam wachsen die Häuser aus der Senke heraus. Nachdem man einen »Vorort« durchschritten hat, passiert man
3.25 eine Brücke und kommt wieder im **Chórió** an.

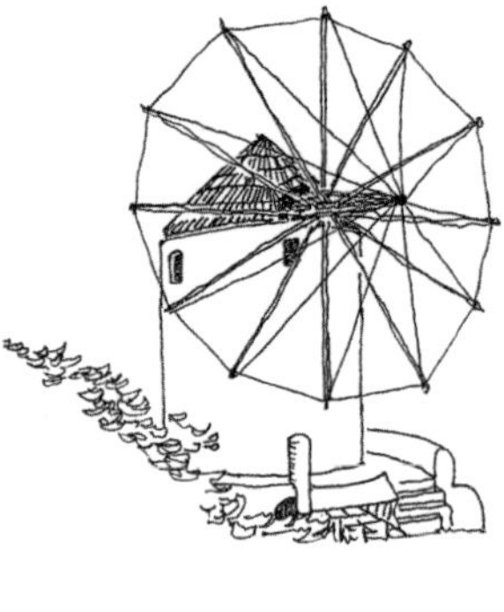

▶ Übernachten im Chorió:

Villa María	22870 513 92
Meltémi	22870 513 60
Prezianis	22870 512 85
Paradise	22870 51048

㊳ Das verlassene Paliókastro

Diese Wanderung in den menschenleeren Norden verläuft meist auf Pfaden und dauert bei »vollem Programm« über 8 Stunden. Die Bucht von Agióklima könnte man jedoch aussparen. Am baumlosen Weg gibt es ein paar Wasserlöcher, die aber keine Trinkwasserqualität haben. Das Naturerlebnis steht im Vordergrund, von der früheren Inselhauptstadt Paliókastro ist nämlich nichts übrig geblieben.
■ 20 km, Höhenunterschied 320m, schwer

RGZ Bis RGZ 0.55 folgt man der Beschreibung von ㊲. Bei der
0.50 **Abzweigung** nach rechts (**P2:** N36°48,593′/E24°32,905′,
280m) findet man einige gepflasterte Wegstücke, die zu
1.00 einem kleinen Haus hinaufführen [1]. Oben im **Sattel**
blickt man über das weite, insellose Meer. Der Pfad wird
schmaler und läuft auf den Kastroberg zu, auf dessen lin-
ker Seite die alte Stadt lag [2]. Später läuft der Pfad im Zick-
1.15 zack abwärts durch eine glatte **Felsenfläche** (**P3:** N36°
49,083′/E24°32,827′, 305 m) und erreicht einen weiteren
Sattel mit Hausruinen. Von dort steigt er wieder an und
durchläuft eine Felsscharte, bevor er ein Wasserbecken im
Felsen (re.) erreicht (**P4:** N36°49,246′/E24°32,779′). Beim
nächsten kleinen Abstieg versucht man rechts oben vergeblich Reste der alten Stadt auszumachen.

*Das **Paliókastro** lag rechts auf dem Hügel und war zur bis Ankunft der Venezianer im 16. Jahrhundert Inselhauptstadt. Siedlungsspuren sind für Laien aber nicht zu erkennen.*

1.25 Links vom Pfad liegt ein großer **Dreschplatz** (**P5:** N36°

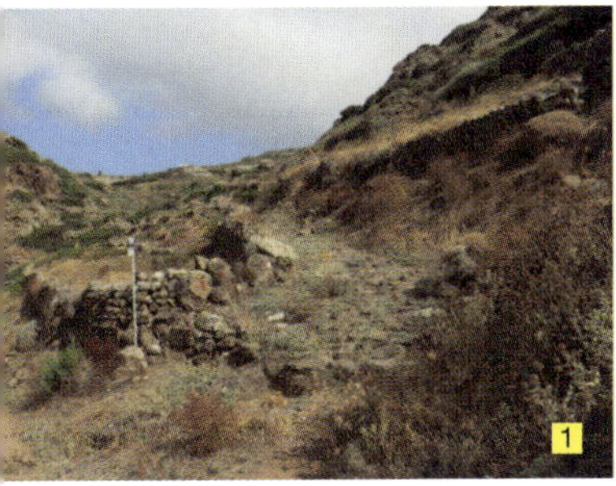

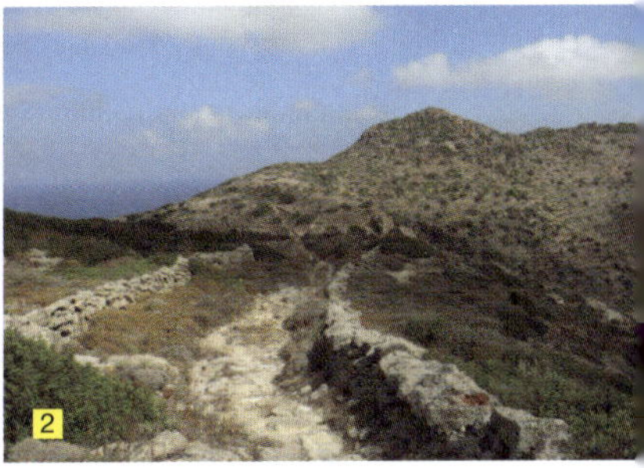

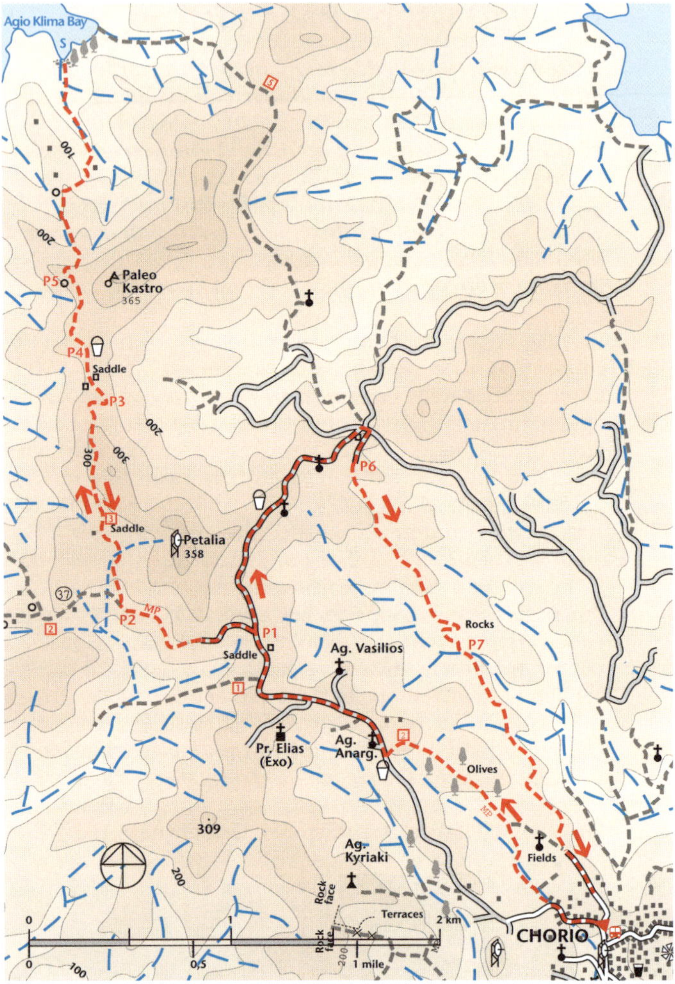

49,386'/E24°32,767'). Hier beginnt der anstrengende Abstieg ans Meer, allerdings mit grandiosem Ausblick ③. Anfangs finden sich deutliche Pfadspuren, die erst auf eine bizarr geformte Felswand zulaufen und dann, schon weit unten, rechts von zwei Schuppen weiter abwärts führen. Wenn sie dann enden, quält man sich etwas mühsam

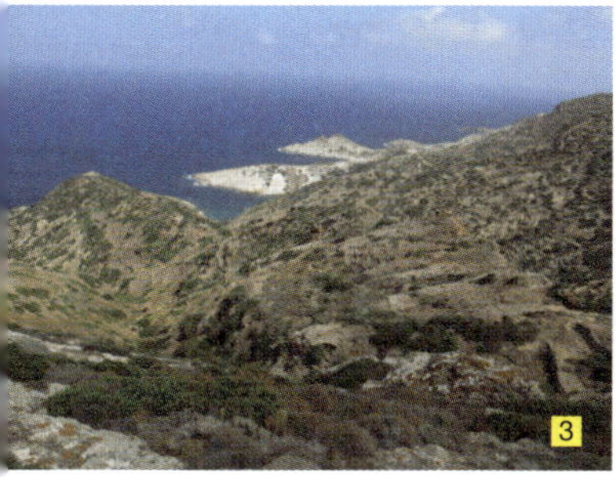

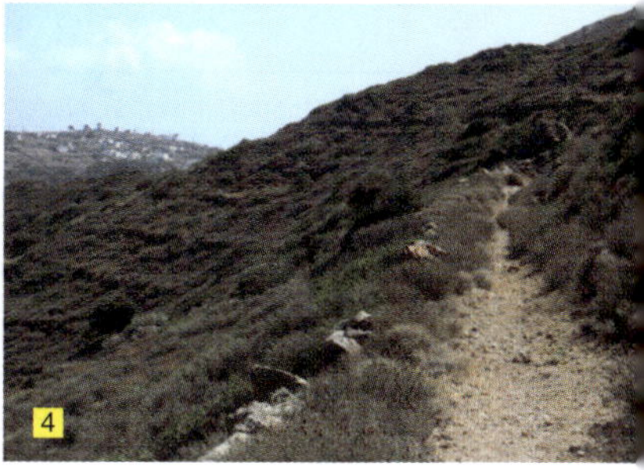

2.00 durch Büsche hindurch zum Sandstrand von **Agióklima**
hinab.
2.40 Der Anstieg zurück bis in den Sattel mit dem **Dreschplatz**
(P5) erfordert Kräfte. Ab dort geht es aber flacher und flinker voran. Man zieht am Wasserloch (li.) vorbei in den
2.50 **Sattel** mit den Ruinen, erreicht die Abzweigung vom
3.25 Hauptpfad (P2) und wandert links bis zur **Gabelung** vom
Fahrweg (P1). Wer es kurz machen möchte, wandert dort nach rechts den bereits bekannten Weg hinab zum **Chórió** (RGZ: 4.00).
3.25 Wer noch bei Kräften ist, geht bei dieser **Gabelung** den
3.35 Fahrweg links aufwärts, an einem weiteren **Wasserloch**
(li.) und zwei Kapellen (re.) vorbei und abwärts zu einer
3.45 großen **Wegekreuzung.** Hier biegt man rechtwinkelig
rechts ab, geht an einer Hausruine (re.) vorbei und durch eine künstliche Scharte. Dahinter fällt der Fahrweg nach links ab und geht in ein Monopáti über (**P6:** N36°48,885'/ E 24°33,616', 195m). Dieses kann im Frühjahr etwas zuge-
4.00 wachsen sein. Es führt später durch **Felsen** und schlängelt
4.05 sich hinab in ein **Trockenbett** (**P7:** N36°48,459'/E24°
33,945', 110m). Nach einem Anstieg läuft es ohne Gabelungen schnurstracks und eben auf das Dorf zu [4]. Das
4.30 **Chórió** erreicht man ungefähr am Ausgangspunkt vom
Morgen.

Schüler und Lehrer der örtlichen Schule veröffentlichten 2004 die Broschüre »Walking on Kimolos and Polyaigos«, die man vielleicht noch finden kann. Sieben Wanderungen sind beschrieben.

39 Eine versteckte Badebucht

An der Südküste gibt es eine winzige, felsumrandete Sandbucht, die man auf Saumpfaden in 1½ Stunden erwandern kann. Nur wenige kennen sie.
■ 4 km, Höhenunterschied 40m, leicht

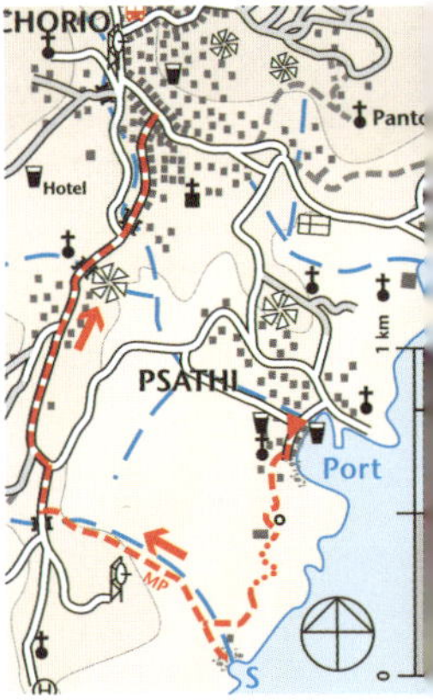

RGZ Vom Ende des Sandstrandes von
0.00 **Psáthi** [1] geht man die betonierte
Gasse hinauf und an der Kirche vorbei bis zum Ende. Sehr vorsichtig überwindet man das einen Meter lang abgerutschte Wegstück und folgt dem Eselspfad aufwärts. Vor einer Hausruine biegt man rechts, 30m später an der Mauerecke links ab und
0.10 erreicht ein einzeln stehendes, **längliches Haus.** Direkt links davon geht es geradeaus durch den »Hof« und durch eine Mauerbresche. Ab hier führt ein gut sichtbarer Saumweg
0.25 hinunter zu einem **Strandhaus.** Man bleibt rechts davon und durchquert einen Graben. Oberhalb gabelt sich der Weg – links führt er zu einem wunderbaren Sandstrand, der von Felsen umrahmt ist [2]. Draußen liegt in zwei Kilometern Entfernung die von zwei Hirten bewohnte Insel Poliégos. Sonst leben dort nur Wildziegen – der Name setzt sich zusammen aus Poly und Aigi (= Ziegen). Die Insel gehört zum Projekt Natura 2000 der EU.
0.45 Vom Strand führt ein Monopáti hinauf zur **Straße** und
0.55 diese ins **Chorió.**

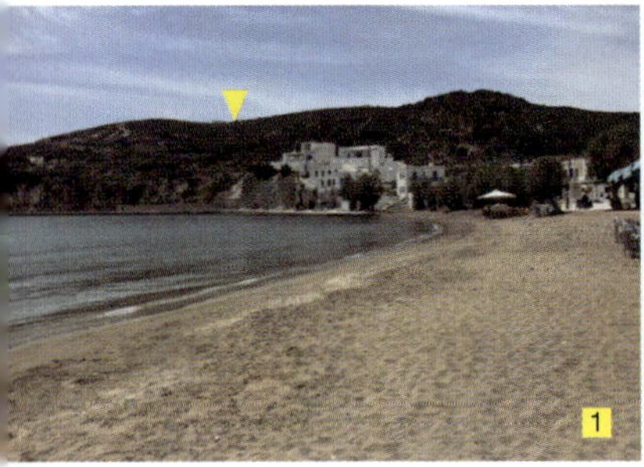

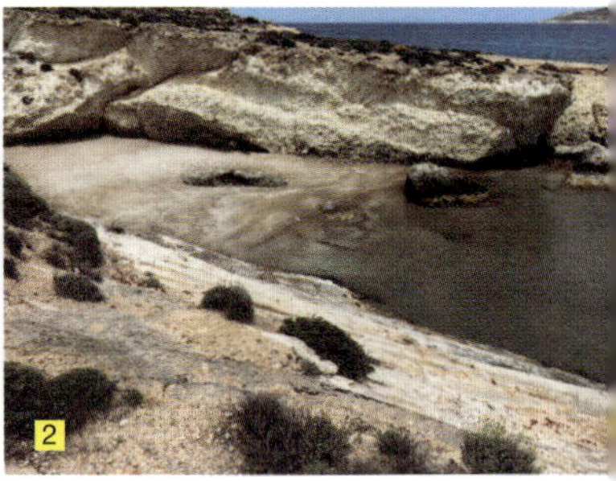

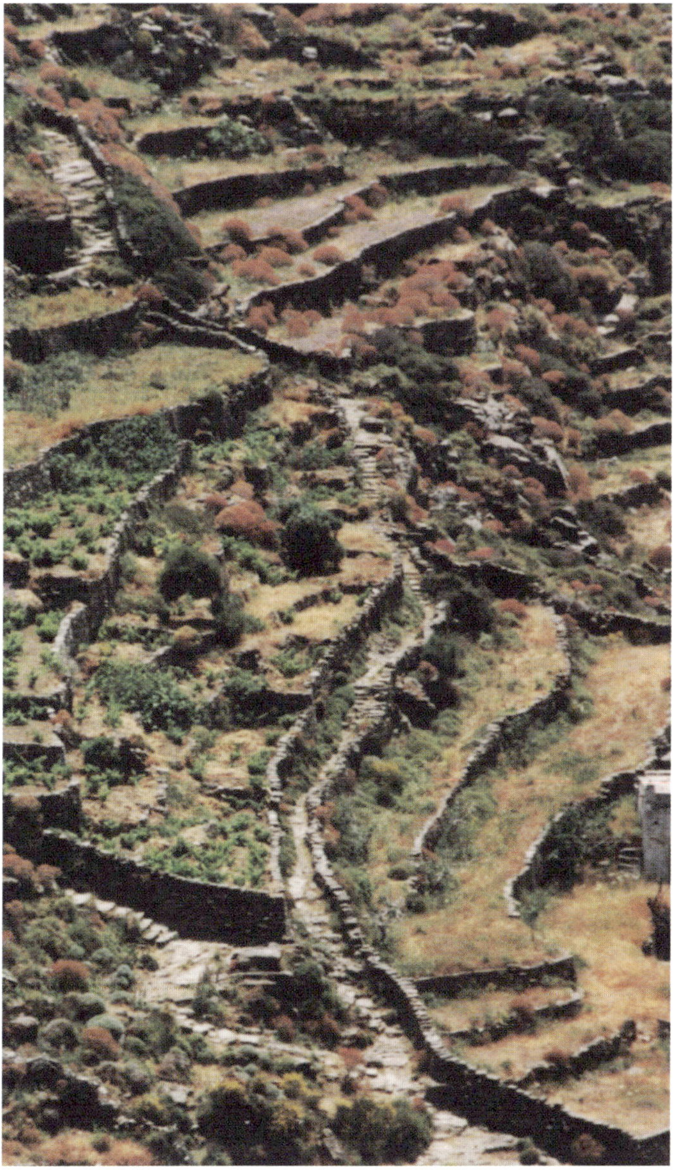

Kíthnos

Die relativ flache, etwas kahle Insel wird wegen ihrer heißen Quellen gerne von griechischen Kurgästen besucht. Die täglichen Fährverbindungen mit Lávrion können deshalb an Wochenenden zu Problemen bei der Zimmersuche führen. Der internationale Tourismus läuft aber, außer bei Seglern, an Kíthnos vorbei.
Es gibt noch schöne alte Fußpfade, besonders ㊷ und ㊸. Schattenspendende Bäume findet man allerdings wenige. Linienbusse verkehren von Mitte Juni bis Mitte September.
Wanderkarten: Anavasi # 10.44, Terrain # 302
Taxi: +30 – 6944-271609/6944-276656/6944-743791
Mietwagen: 22810 32291
Notfall: 22810 31202

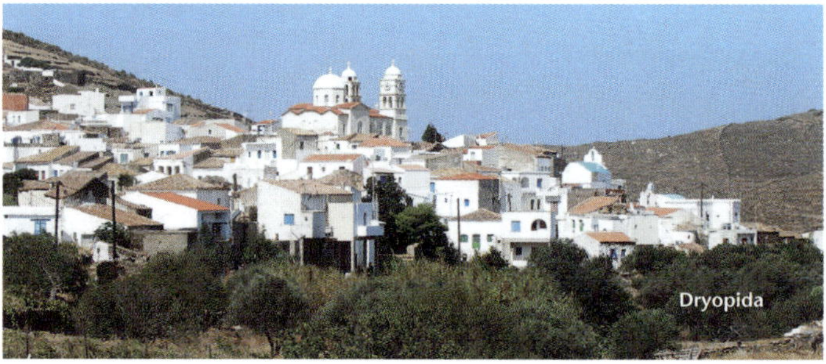
Dryopida

㊵ 1537

Im Schicksalsjahr 1537 wurden fast alle Inseln der Kykladen von den Osmanen besetzt. Die 4-stündige Wanderung auf alten Wegen beginnt im Badeort Loutrá und folgt den Spuren der türkischen Eroberer hinauf zur venezianischen Festungsruine Kastro Oriás (auch Paléo Kástro). Anders als die Krieger von damals müssen wir kein schweres Gerät hinaufschleppen, sondern lediglich Proviant und Wasser.
Auf dem Rückweg gönnen wir uns noch eine kleine Badebucht.
■ *10 km, Höhenunterschied 260m, moderat*

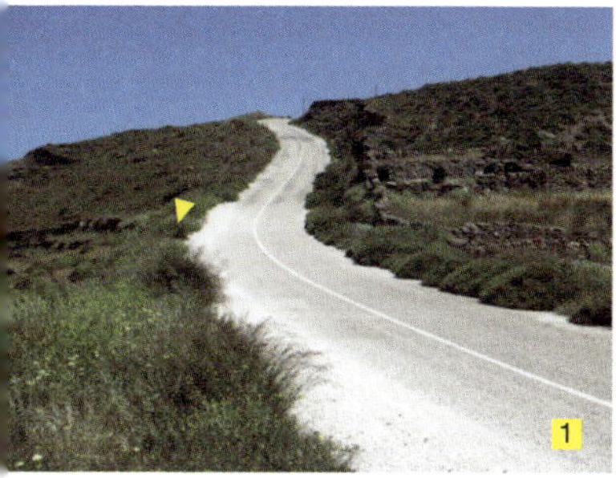

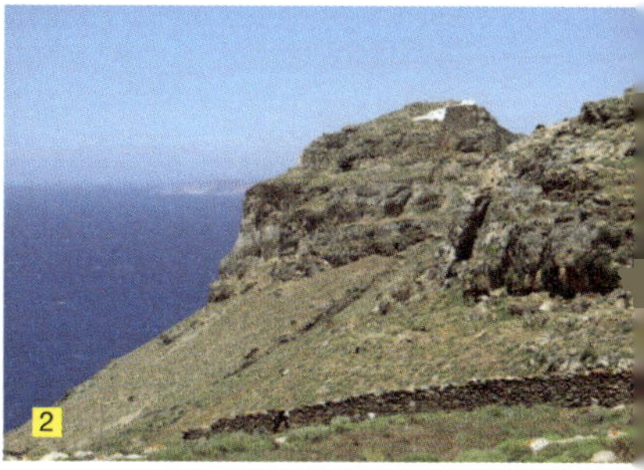

*Das **Thermalbad Loutrá** besitzt bis zu 52° heiße schwefel- und eisenhaltige Quellen, die seit der Antike genutzt werden. Auch der erste Griechenkönig, der Wittelsbacher Otto I und seine Gemahlin Amalie, versprachen sich hier Linderung, beziehungsweise Nachwuchs. Heute ist der Hafen das Ziel vieler Segler.*

RGZ Von der Gasse auf der rechten Seite des alten **Badehauses**
0.00 aus grauem Marmor (Healing Water Source) steigt man
auf den breiten Treppen bergan. Nach einem kurzen ebe-
nen Stück folgen weitere Stufen hinauf zu einem kurzen
Trampelpfad. Er geht nach zwei Minuten in einen Fahr-
0.10 weg über. Hat man oben am Talende ein **Sträßchen** er-
reicht, geht man 50m links zur Hauptstraße und dort
rechts.

Nach etwa 150m ⊡1 findet das geübte Auge bei einem
0.15 Steinhaufen gegenüber einer Ruine den alten **Fußweg**
nach links hinab (**P1:** N37°24,690'/E24°26,547'). Das mit
»1« markierte Monopáti zieht sanft ins Tal, wo bald Schilf
0.20 und ein **Brunnen** am Weg stehen. Nach 100m geht man
an der Gabelung vor einem Olivenhain links und später
nach dem Feigenbaum über dem tief eingeschnittenen
0.30 Weg auf dem **quer verlaufenden Monopáti** (**P2:**
N37°27,214'/E24°25,208', 110m) nach links hinauf. An
dieser Stelle liegt rechts ein tiefer Brunnen.
0.40 Bei der **Einmündung** in einen Fahrweg (**P3:** N37°27,416'/
E24°25,066') gehen wir links. Der Weg führt oben zu einer
0.45 weiten Gabelung bei der **Kapelle Ágios Fílippos** (re.) (**P4:**
N37°27,598'/E24°24,956', 220m). Wir gehen hier nach
links zu den Ziegenställen und sehen danach unser Ziel
⊡2. Nach einem breiten Gatter wandert man halblinks den
weißen Markierungen nach, passiert eine Gittertür und

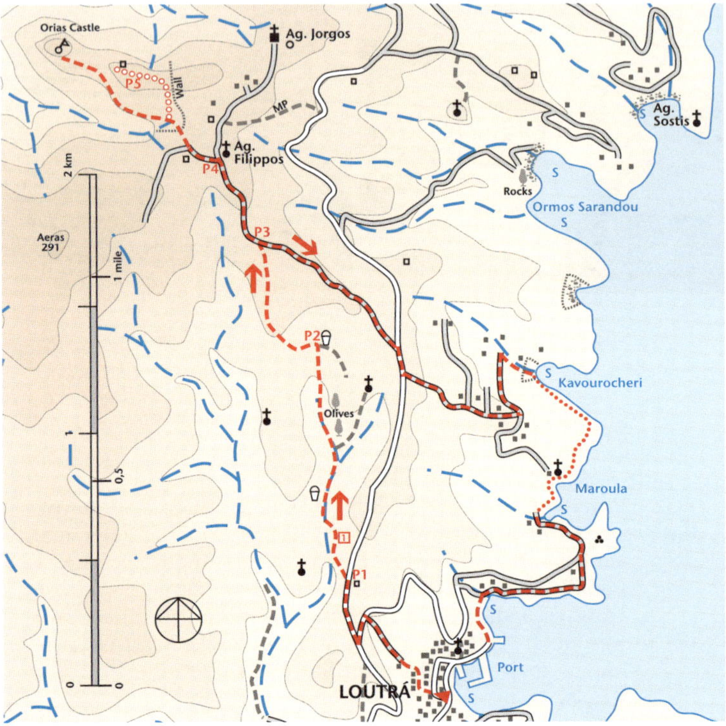

findet den Pfad an der linken Flanke des vorgelagerten
1.00 Berges. Er führt zum Eingang der **Festung.**

Wer es dramatischer mag, wandert pfadlos links von einer Mauer aufwärts, durch ein Gatter, auf die Felsenanhöhe (**P5:** N37°27,748'/E24°24,763'). Hier hat man einen prachtvollen Blick auf den gewaltigen Felsblock, auf dem die venezianische Festung **Kástro Oriás** stand. Im Hintergrund liegt die Insel Kéa.

Hier, wo man jetzt vielleicht genussvoll das Picknick auspackt, hielten sich in jener Nacht des Jahres 1537 die osmanischen Krieger versteckt. Die Venezianer hatten vor der befestigten Stadt eine Senke gegraben. Es half nichts gegen die Kriegslist des türkischen Admirals Chaireddin Barbarossa: Eine Schwangere klopfte und begehrte Einlass. Als das Tor geöffnet wurde, stürmten die Krieger des Sultans

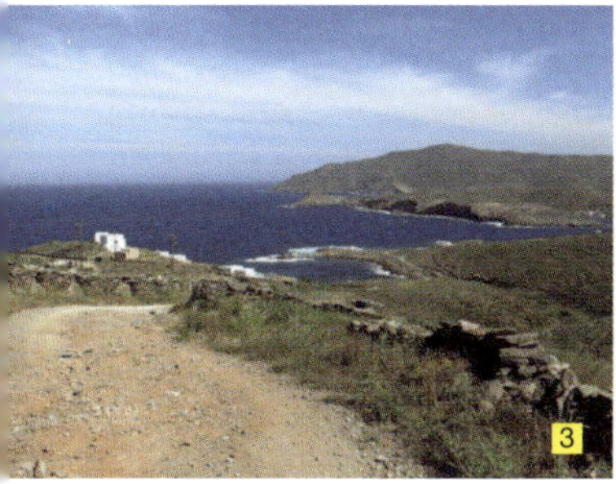

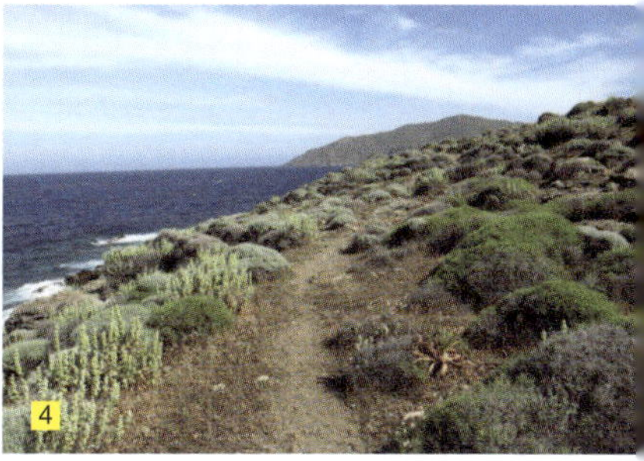

die Festung. Von den vier- bis fünfhundert dorthin geflüchteten Bewohnern entkamen nur drei dem Gemetzel. Der Platz wurde nie wieder besiedelt.

Am Eingang der Festung geht man durch das mit Kreuzen
1.05 geschmückte Tor und findet den Weg hinauf zur **Kirche der Mutter Gottes** (Kíra Eleoúsa), die später in die Ruinen eingebaut wurde. Weiter unten steht zwischen den zerstörten Häusern die eingewölbte Dreifaltigkeitskirche, in deren Kuppel Fresken der Zeit widerstanden haben.

Der Rückweg führt an der Flanke des Vorberges entlang
1.25 wieder zur **Fílippos-Kapelle.** Auf dem bereits bekannten Feldweg geht es rechts hinab und an der Rechtsabzwei-
1.35 gung des Monopáti vorbei, zur **Straße.** Hier geht man 70m rechts und dann links auf dem Fahrweg Richtung Meer ③. Bei einer T-Gabelung bei Ferienhäusern wendet man sich links und kommt weiter unten bei einem um-
1.50 mauerten Grundstück zum Strand von **Kavourochéri.**

Unterhalb einer Mauer führen Ziegenpfade ④ am Meer
2.00 entlang weiter. Ein Ferienhaus mit **Kapelle** liegt später rechts am Wege, bevor man an der nächsten Bucht einen Fahrweg findet Man überquert eine Halbinsel, auf der die ältesten Siedlungsreste der Ägäis aus dem 7. Jt. v. Chr. gefunden wurden. Nach einer Badebucht unterquert man die alte Erzverladeanlage, die seit 60 Jahren unbenutzt vor sich hinrostet.

Wir haben heute keinen Rost angesetzt, setzen uns in
2.15 **Loutrá** stolz an einen Tisch unter einer Tamariske und lassen zur Abwechslung jetzt mal den Kellner laufen.

41 Alte Rivalen

Die zwei einzigen Dörfer im Inselinneren sind Kíthnos und Driópis, auch Chóra und Chórico (Dorf) genannt. Schon seit jeher beanspruchen beide für sich, der schönere Ort zu sein. Wir wollen es heute für uns entscheiden.
Früher verband beide Dörfer ein breiter Plattenweg, der mittlerweile zur Straße wurde. Dies ist jedoch nicht die einzige Verbindung. Der hier beschriebene 2½-stündige Fußweg führt ebenso zur Chóra, Allerdings ist er an drei Stellen kniehoch zugewachsen – ein Fall für lange Hosen.
■ 8 km, Höhenunterschied 70m, leicht bis moderat

RGZ **Driópis**, auch **Dryopída** ist in der Nebensaison nur mit dem Taxi zu erreichen. Das fast spanisch anmutende Dorf mit Ziegeldächern (S. 136) ist wenig auf Tourismus eingestellt. Die Schönheit von Ortsbild und Topographie ist der Chóra jedoch zumindest ebenbürtig. Einen Besuch wert ist auch die riesige Katafiki-Höhle am Ortsrand. Bei Piratengefahr war sie Zufluchtsort der Dorfbewohner.

0.00 Vom **Vorplatz der zweitürmigen Kirche** geht man etwa 30m abwärts und nimmt neben der Bar (li.) die Stufen geradeaus abwärts. Nach 37 davon, noch oberhalb des Tales, geht man weitere Stufen nach links auf einen Betonweg. Auf ihm wandert man langsam in den grünen und schattigen Talboden.

0.05 Nach zwei Minuten führen vor einem Stall **Felsstufen** (**P1:** N37°23,097'/E24°25,715') [1] rechts hinauf und nach zehn Metern an der Gabelung nach links. Rechts oberhalb

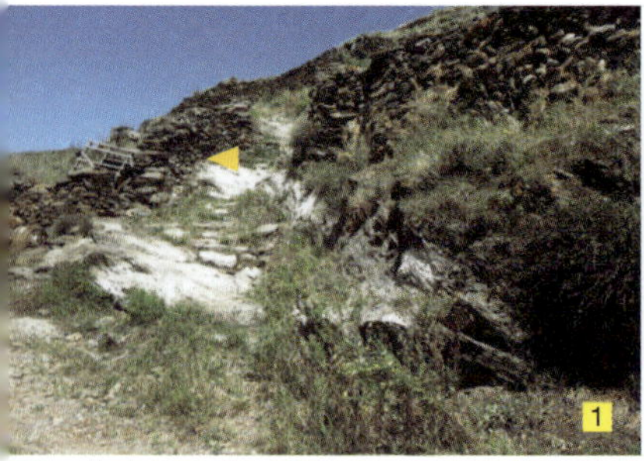

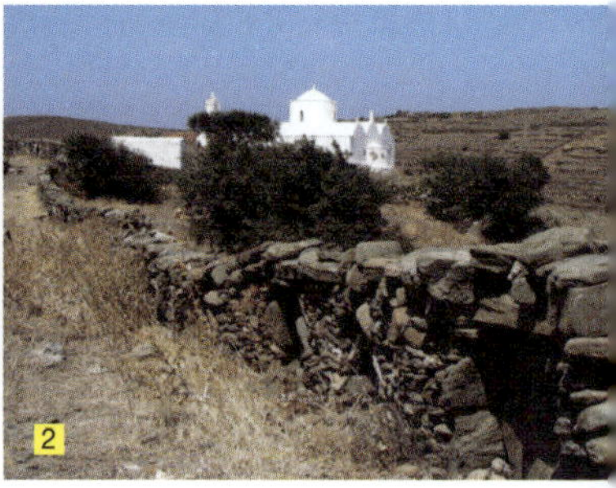

des Tales steigt man weiter und sieht nach der Biegung im Seitental eine Kapelle mit Mini-Tambour. Nachdem man den Boden des Seitentales durchschritten hat – er kann im Frühjahr zugewachsen sein – wandert man an Gärten und einer Zisterne (re.)
0.15 entlang zur **Abzweigung** unterhalb der Konstantin & Eleni-Kapelle (**P2:** N37°23,361'/ E24°25,619').

Hier geht es geradeaus im sich aufwärts schlängelnden, etwas überwachsenen Monopáti in den Sattel (200m) mit einer Wegekreuzung, die man überquert. Nach 50m gelangt man weiter unten
0.25 zu einer zweiten **Gabelung** (**P3:** N37°3,562'/ E24°25,721') oberhalb einer Hausruine. Von hier sieht man hinter einem flachen Bergrücken das Ziel, die lang gestreckte Chóra, von Windrotoren flankiert.

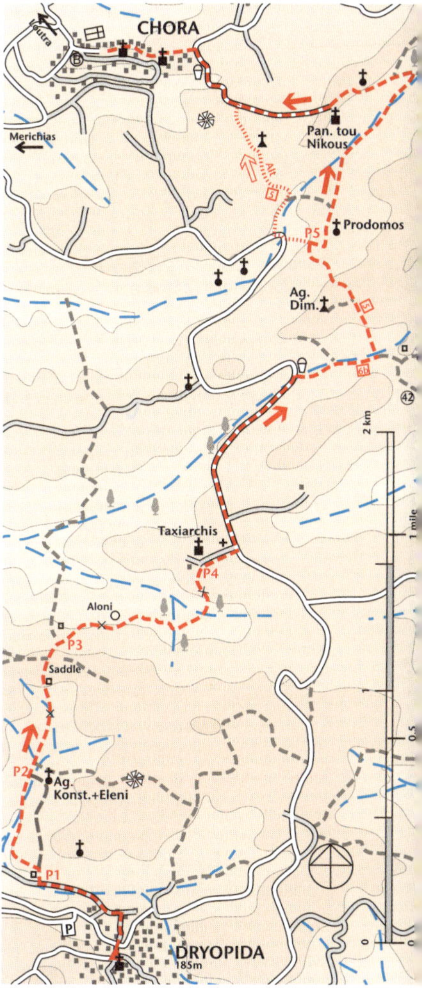

An dieser Gabelung wandert man auf dem Eselsweg nach rechts und folgt so den Höhenlinien. Am linken Gegenhang zeigen sich zwei Zwischenziele: eine Kuppelkirche und links darüber, am nächsten Hang, eine weitere Kapelle. Der Pfad fällt dann ins Tal ab und ist auch in diesem Bereich auf etwa 50m knietief mit kugelförmi-
0.40 gem Wolfsmilch bewachsen. Noch vor dem **Talboden**

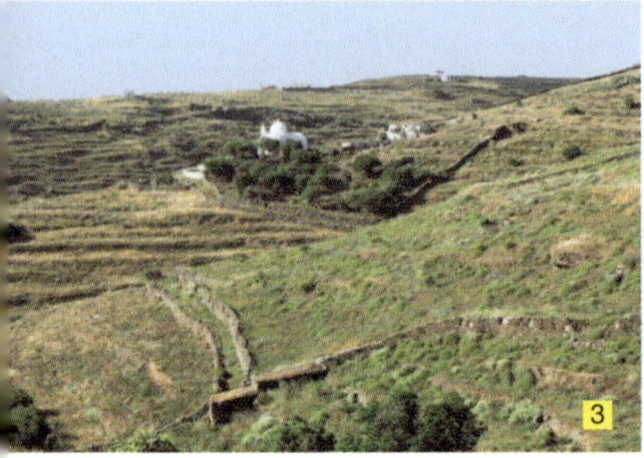

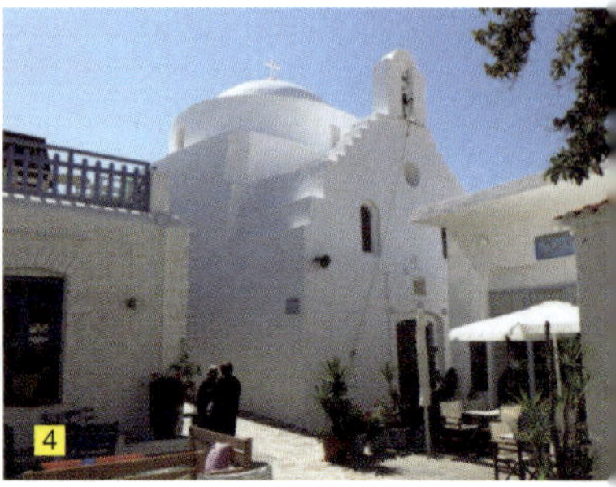

macht sich dichter Oleander breit. Von dort geht man
durch dichteren Bewuchs bergan (evtl. links vom Pfad)
und findet nach einem Bauernhof (li.) die sehr alte, drei-
0.50 schiffige **Taxiarchis-/Erzengelkirche** [2] (**P4:** N37°23,780'/
E24°25, 657'). Sie wurde unter Verwendung von antiken
Säulen und Kapitellen gebaut und war mit Fresken ge-
schmückt.

Auf der Hofzufahrt erreicht man die Straße – bis vor 15
Jahren noch ein Kalderími. Die zehn Minuten auf Asphalt
nach links sind schnell geschafft. Vor dem Bachbett
zweigt rechts der Pfad »6b« ab, der an der *zweiten Linksab-
zeigung* zum Weg der Tour 42 führt. Hier wandert man
links über den Hügel, auf dem links die Dimitros-Kapelle
steht. Unten, oberhalb der Senke, könnte man bei der
1.10 **T-Gabelung** (**P5:** N37°24,387'/E24°26,308', 170m) links
gehen und (㊷ ab P9) folgen.

Will man aber noch etwas durch die Landschaft [3] bum-
meln, wendet man sich hier rechts und wandert an der
Prodomos-Kapelle (re.) vorbei die Senke entlang bis rechts
oberhalb die Nikolaus-Kapelle ([1] s. rechts) zu sehen ist
1.35 und ein **Pfad kreuzt.** Hier biegt man links aufwärts ab
und schlendert, am großen Kloster Panagia tou Nikous
1.55 (li.) vorbei auf einem Betonweg in die **Chóra** hinab.

Hier ist man weit mehr auf Tourismus eingestellt [4]. Die
tuchbespannten Stühle der zahlreichen Cafés erzeugen si-
cherlich mehr internationales Flair; die geflochtenen,
wackligen Wirtshausstühle in Driópis sind aber auch
nicht schlecht.

42 Zwei Strände ...

... könnte man auf dieser Tour erleben. Die Rundtour zur Stephansbucht dauert 5½ Stunden. Möchte man beide Strände testen, braucht man 7 Stunden.
Am Strand von Ágios Stephanos gibt es zwei saisonale Lokale, dort könnte man sich vom Taxi abholen lassen.
Die Tour verläuft fast gänzlich auf markierten Pfaden, Bäume stehen aber nur an den Stränden.
■ 12 km, Höhenunterschied 275m, schwer

RGZ In der **Chóra** startet man beim ΔΗΜΑΡΧΕΙΟ, dem **Rat-**
0.00 **haus.** Auf dem Weg durch den Ort findet man zuerst rechts einen baumbestandenen Platz, später die Kirche Ágios Theológos. Nach einer überbauten Gasse, nimmt man die zweite, leicht abfallende Gasse nach links und kommt an der ziegelgedeckten Chrisostomos-Kirche (re.)
0.05 vorbei. Am »toten« **Brunnen** (li.) am Ende der längeren, ebenen Gasse geht es rechts durch die Senke aus der Ortschaft hinaus. Bei der kleinen Katherinen-Kapelle (li.) in der Senke geht es auf dem Betonweg nach links und nach
0.15 50m links hinauf zum leerstehenden **Kloster Panagía tous Nikous**, das auf antikem Baugrund steht.
Der Pfad läuft geradeaus abwärts weiter, an einer Linksabzweigung vorbei, durch eine Senke und oberhalb davon
0.25 an der **Nikolauskapelle** 1 (**P1:** N37°24,692'/E24°26,624', 280m) vorbei. Weiter oben treffen wir dann auf eine
0.30 große dreieckige **Gabelung** (**P2:** N37°24,639'/E24°26,935') bei einem Dreschplatz.
0.35 Links wandert man auf einem Fahrweg weiter. Ein **Feldweg** wird überquert und auf einem Eselsweg weiter ange-

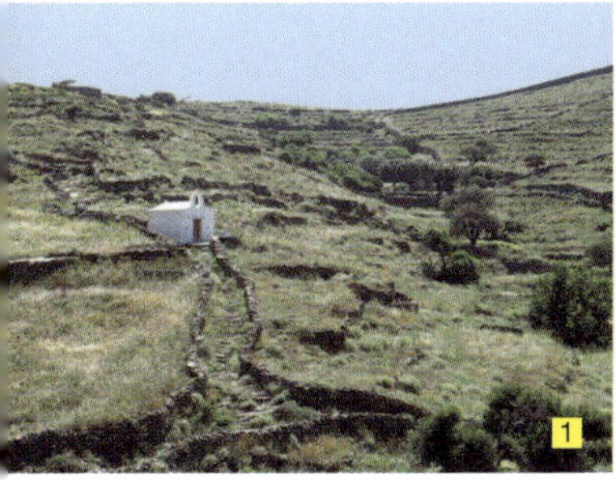

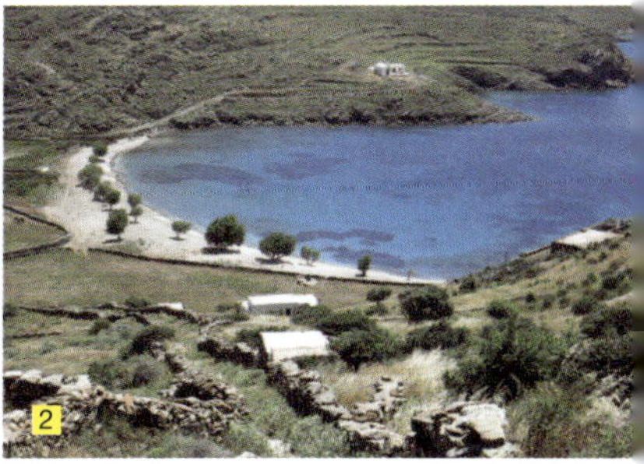

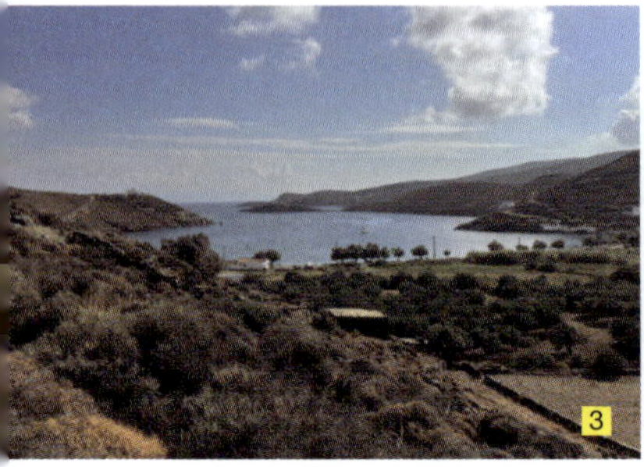

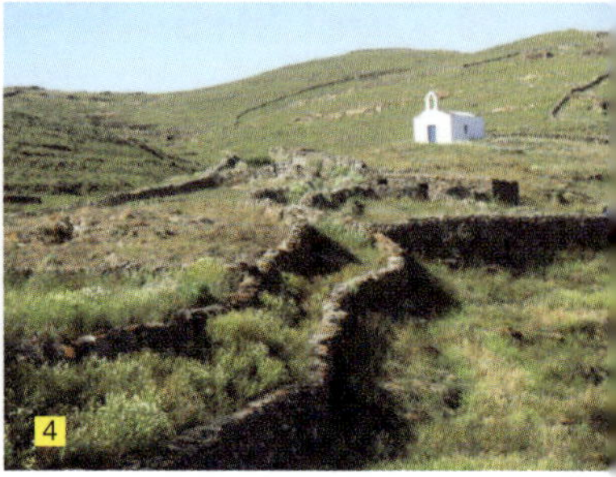

0.40 stiegen. Im Sattel weiter oben **zweigen** wir **nach rechts** ab
(**P3:** N37°24,767'/E24°27,241', 275m).
Unterhalb einer Marienkapelle führt der Pfad ins grüne
0.45 **Tal**. Dort steigt das Monopáti wieder sieben Minuten lang
0.55 durch die menschenleere Gegend an zu einem **ebenen**
Wegstück, von dem aus es auf breiten Felsplatten wieder
abwärts verläuft. Nach einem Tal mit Oleander und Fels-
1.15 wannen leiten Stufen hinauf zur **Georgskapelle.**

Alternative (+ 0.50 RGZ, + 2 Km): Links geht es hinauf zu einem »Verkehrsdreieck« (**P4:** N37°24,187'/E24° 27,292',135m). und dort links über einen Bergkamm zur **Johannesbucht** ②. Zurück steigt man wieder zu Punkt P4 und geht links. Der Pfad ist an einem Mauerdurchgang blockiert. Dahinter führen aber Trampelspuren halblinks zu einem weiteren Durchgang hinab. Von dort geht es nach rechts, bis man auf einen Fahrweg zur **Stephansbucht** trifft.

1.15 30m nach der **Georgskapelle** zweigt
rechts, hinter einer kleiner Mauer, ein
horizontaler Trampelpfad ab. Nach der
Biegung nach 700m trifft man auf Rui-
1.30 nen einer **Erzmine**. Mit prächtiger
Aussicht ③ steigt man in der Direttis-
sima auf der früheren Rampe einer Ma-
terialseilbahn hinunter und findet
links einen kurzen Fahrweg. Pfadlos
schlängelt man sich zu einer Kapelle
1.45 und zum Strand von **Àgios Stephanos.**

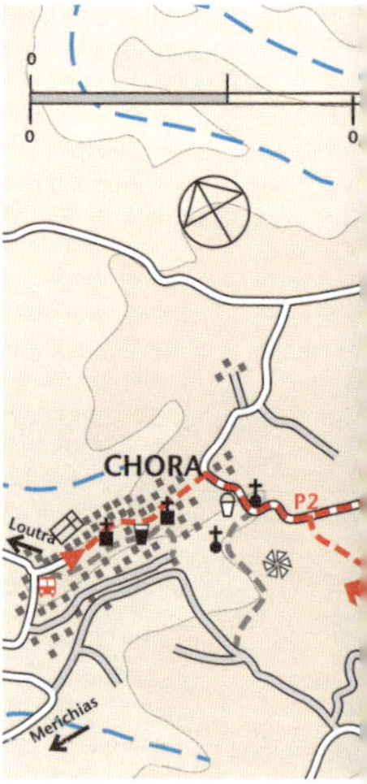

1.55 Auf der Straße zieht man landeinwärts bis zu der **Rechts-
abzweigung** »5« ins Tal (**P5:** N37°23,972'/E24°27,286').
!! Man geht dort auf dem Fahrweg nach links und *beim er-
sten Strommasten* rechts. Zehn Meter danach zweigt ein
undeutlicher, kurzer Fahrweg nach rechts ab (**P6:** N37°
23,996'/E24°27,189').

Vor einem Metallstabtor beginnt rechts ein Eselsweg, der
das weiter oben stehende Bauernhaus umläuft und dann
2.00 nach links ansteigt. Bald erreicht er die **Nikolaus-Kapelle**
und läuft, wieder abfallend, oberhalb des Tals entlang. Bei
2.10 einer **Gabelung** wandert man links hinab an das Bachbett
eines Seitentals mit Oleanderbüschen (**P7:** N37°24,087'/
E24°26,824').

Die ersten ansteigenden Meter danach sind stachelig. Ei-
ne Pfadblockade wird rechts überstiegen, danach steigt
man steil nach rechts an. Im folgenden horizontalen
2.30 Wegstück **zweigt** rechts ein Pfad zur Saránda-Kapelle ab [4]
(**P8:** N37°24,145'/E24°26,541', 220m). Wir gehen aber ge-
radeaus.

Der Pfad schlendert in eine Senke, wo uns nach 40m ein
!! *Pfad nach rechts* hinaufführt. In der nächsten Senke wan-
dert man bei einer T-Gabelung (**P9:** N37°24,387'/E24°
2.45 26,308', 170m) nach links zur **Straße.** Dort 50m rechts
3.00 zum Monopáti »5« und rechts aufwärts zur **Chóra.**

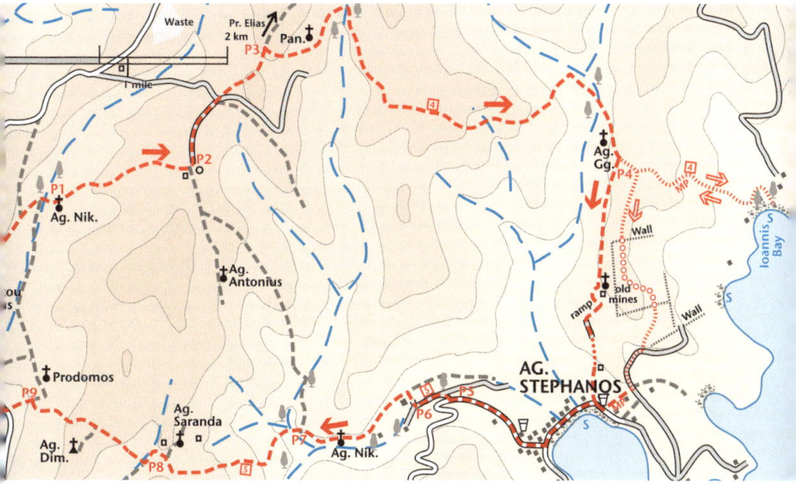

43 Hinunter zum Sonnenuntergang

Vom beschaulichen Driópis führt ein alter Pfad in 2 Stunden zum schönsten Strand der Insel, mit Tamarisken und einem Lokal.
■ 8 km, Höhenunterschied 215m, leicht – moderat

RGZ **Driópis/Dryopída**, auch **Chórico** (Dorf) genannt, ist in
0.00 der Nebensaison nur mit dem Taxi zu erreichen. Vom **Vorplatz der zweitürmigen Kirche** geht man etwa 30m abwärts – nach der Bar (li.) auf Stufen. Noch oberhalb des Tales, geht man weitere Stufen nach links zu einem Betonweg im grünen und schattigen Talboden. Nach zwei
0.05 Minuten führen **Felsstufen** nach rechts hinauf – dies ist die Wanderung 41.

Wir bleiben in der Senke und erreichen den umzäunten
0.10 **LKW-Abstellplatz** der Gemeinde. Vor der Umfassungsmauer steigt rechts ein ziemlich steiler Pfad an (**P1:** N37°23,142'/E24°25,497'). Er ist gut auszumachen, in manchen Karten mit »7« bezeichnet, aber vor Ort nicht markiert.

0.20 Nach einer Hausruine (re.) durchläuft er eine **Geländerinne** und steigt nochmals an. Nach einer Rechtskurve sieht man oben die Kapelle Panagía sto Petrovouní stehen. Nach einer weiteren Senke erreicht man einen Sattel (215m) mit Prachtblick auf unser Ziel [1].

Für etwa 30m benutzt man später Fahrspuren (**P2:** N37°23,469'/E24°24,967'), dann folgt ein Zick-Zack-Monopáti abwärts. Nach einem Linksschwenk endet es auf
0.45 einem **Feldweg.** Oberhalb von grünen Oasen im Tal wandert man abwärts Richtung Bucht.

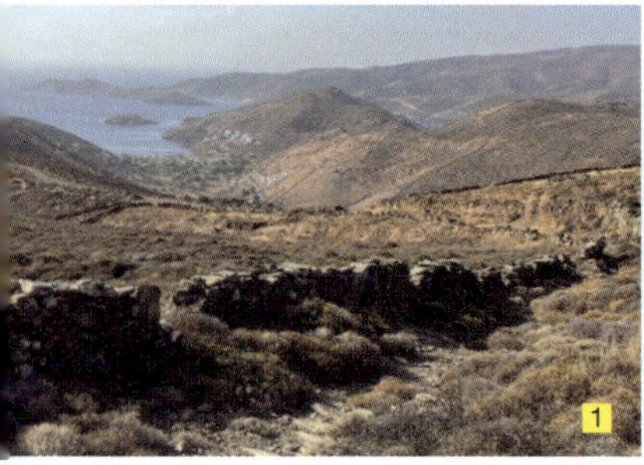
1

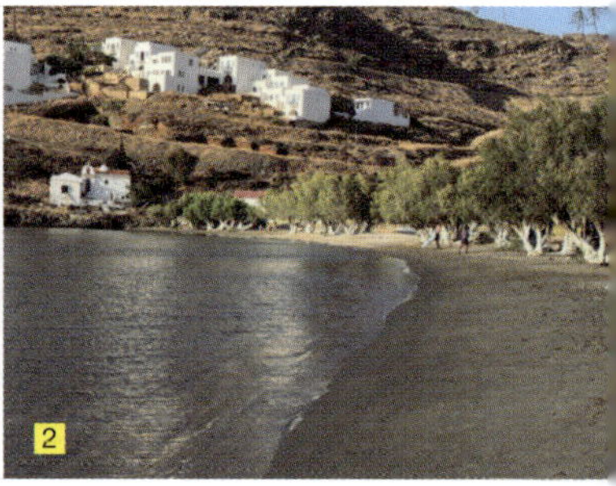
2

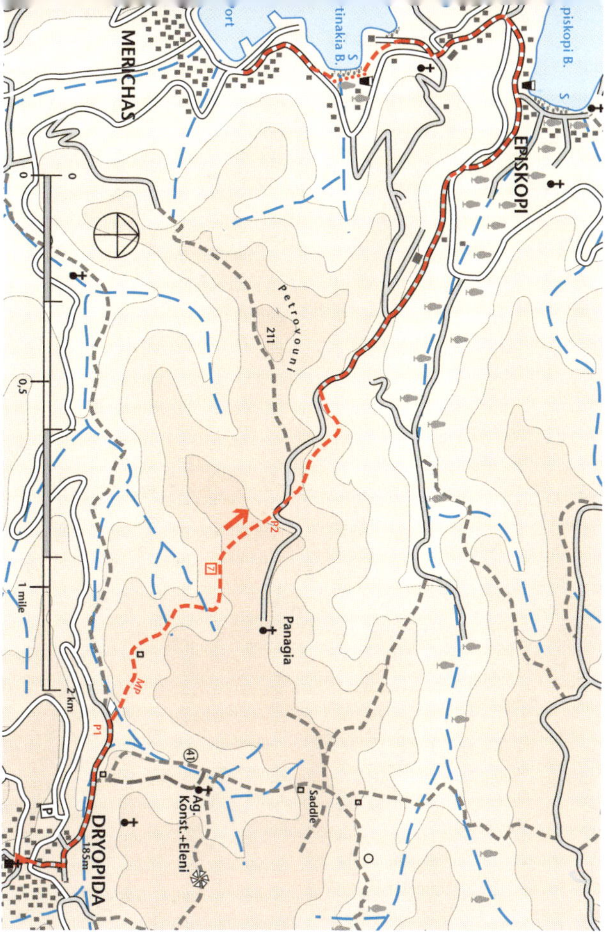

1.00 Die **Straße** überquert man schräg nach links und eilt auf der abschüssigen Betonstraße zum feinen Sandstand von
1.10 **Episkopí** ②. Der Sonnenuntergang ist unvergesslich.

Allerdings ist es noch eine halbe Stunde Fußmarsch nach Mérchias. Beim Strandlokal geht man die kleine Straße zur Hauptstraße hinauf und biegt später von ihr unterhalb eines Getränkemarktes (li.) in die zweite Betonstraße ab. Weiter unten hilft ein Pfad zum Sandstrand von **Martinákia** mit einem weiteren Lokal. Auf der anderen Seite des Strandes beginnt **Mérichias.**

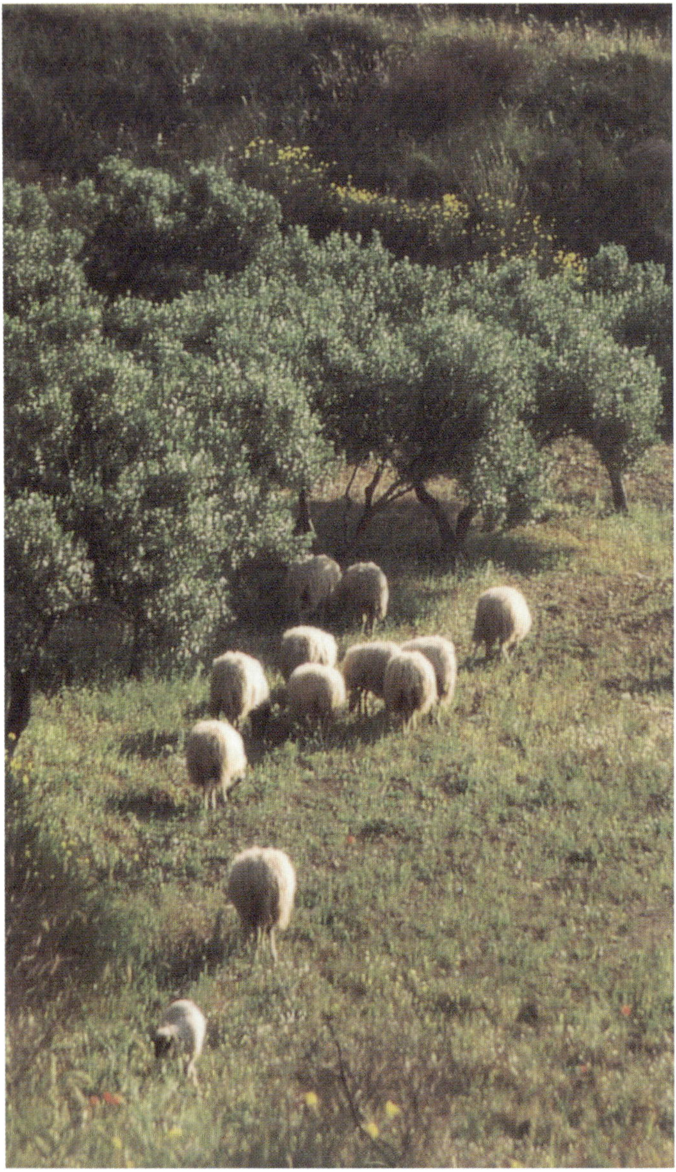

Mílos

Die flache Bergbauinsel liegt auf dem seismischen Bogen der Südägäis (s.S.10). Sie entstand nach und nach aus von Vulkanen gebildeten Schichten. Einer davon ist heute noch in geringem Umfang tätig. Die Bucht von Mílos ist jedoch keine Caldera, sondern durch Verschiebungen entstanden.
Die Schönheiten der etwas kargen Insel sind eher dem Meer zugewandt. Die Bergbauindustrie besitzt große Bedeutung, deshalb findet man im östlichen Teil der Insel fast nur Fahrwege. Auf den sehr schönen Touren ㊹ und ㊻ wird man aber auch ohne feste Pfade zurechtkommen müssen.
Mílos eignet sich auch als Ausgangspunkt für Wanderungen auf Kímolos.
Wanderkarten: Anavasi # 10.45, Terrain # 306
Taxis: +30 22870 22119
Notfall: +30 22870 22700

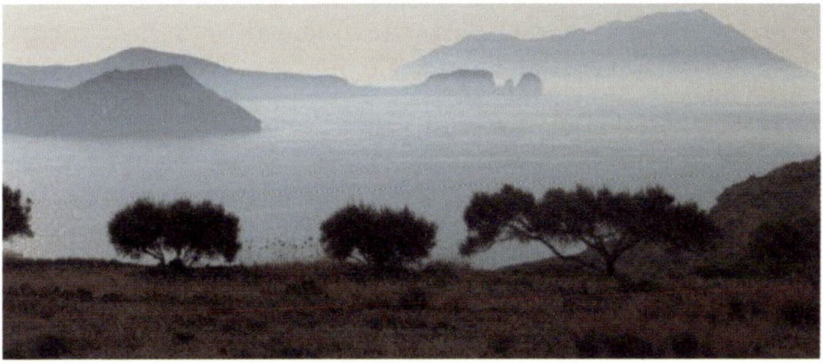

44 Die Traumküste

Diese 3-stündige Wanderung im Norden von Mílos führt pfadlos an der phantastischen Sarakínikoküste entlang, deren Felsformationen unvergeßlich bleiben werden. Die Strände bieten nur saisonal Tavernen und sind teilweise menschenleer.
■ 8 km, Höhenunterschied 70 m, leicht

Mit dem Pollónia-Bus fährt man zu den ***Ausgrabungen*** von **Fylakopí**, noch vor dem Ort.

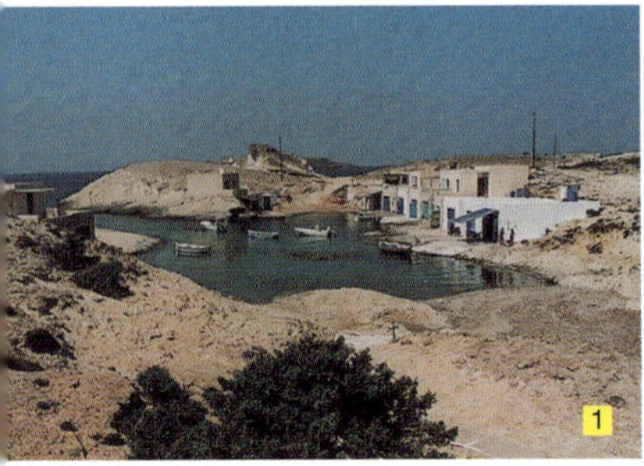
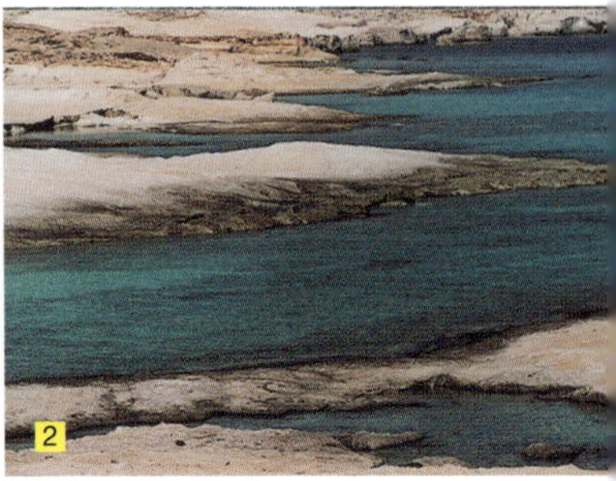

__Fylakopí__ war Zentrum des Obsidianhandels mit dem gesamten Mittelmeerraum. Bei Ausgrabungen wurden vier übereinandergebaute Städte aus der Zeit zwischen 2300 und 1100 v. Chr. entdeckt. Die hier abgenommenen Fresken sind im Nationalmuseum in Athen zu sehen, »in situ« sind die gewaltige Wehrmauer aus Zyklopensteinen und Grundrisse verschachtelter Wohnhäuser erkennbar.

RGZ Die Wanderung beginnt beim **Parkplatz** links vom Zaun
0.00 der Ausgrabungen. Von dort führt ein Geröllpfad in fünf Minuten zu einer Sandbucht zwischen den Felsen. Auf ei-
0.05 ner **Felsenbrücke,** später oberhalb des Wassers gehend,
0.10 kommt man in die Feriensiedlung **Papáfraga/Páchena.** Hier nimmt man den Asphaltweg in Meernähe und er-
0.15 reicht bei einer Pension (li.) eine weite **Sandbucht.** Geschickte schaffen es, ohne nass zu werden, das andere En-
0.20 de zu erreichen. Dort führt ein **Fahrweg (P1:** N36°45,148/E24° 29,660′) in eine Art Heidelandschaft und dann wieder zur Felsenküste hinunter. Möwen von der gegenüberliegenden Glaronisiá-Insel machen hier im Frühjahr Tiefflugübungen. Am Ende der herben Geröllandschaft steht das

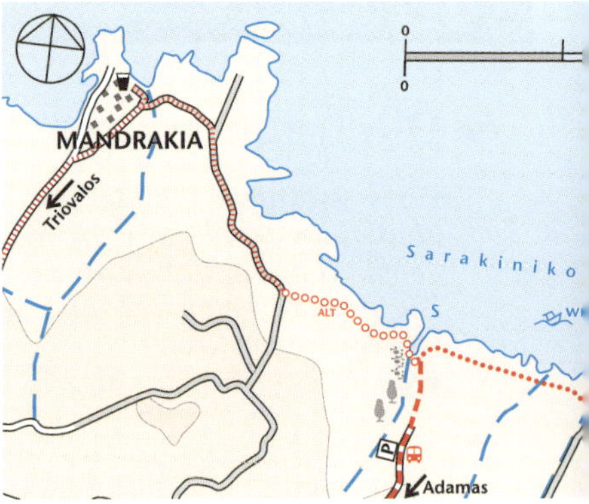

0.30 Tonnenkirchlein **Agios Konstantínos** und eine zweite Kapelle. Erst beim Näherkommen sieht man die versteckten Fischerhäuschen und den Hafen [1]. Vorn am Meer bildet der Fels eine zweijochige Brücke. Bei der Kirchenecke beginnt ein weißer Pfad auf erstarrter Lava über eine riesige Grotte, die man erst später erkennt.

0.35 Nach der großen **Sandbucht** folgt noch eine kleinere Bucht. Man kann jetzt weit auf die Landzunge hinauswandern und dort direkt am Wasser auf flachen Felsen weitergehen. Eine große Felsplatte hat sich durch einen fünf Meter breiten Wassergraben vom Land gelöst. Sie ist im Frühjahr von lauten Möwen besetzt. Man springt über lange, schmale Felsspalten, in denen das Wasser blubbert. Diese unwirkliche Urlandschaft [2] ist durch Gesteinsverpressungen und Erdbeben entstanden. Vegetationsreste sind vom Wind an den Boden gedrückt worden. Kleine Meerbadewannen stehen zum Erfrischen bereit. An dem Knick, den die Küstenlinie bildet, liegt der Naturhafen
1.00 **Mytakas** mit Strand und Häuschen (**P2:** N36°44,603'/E24°28,688').

Nachdem man den Hafen umrundet hat, erreicht man ei-
★ ne weite Sandbucht mit Tamarisken und eingehauenen Grotten. Darüber beginnt die Wunderwelt der ***Sarakíniko-Küste*** [3]. Erst wird ein Graben in Meeresnähe durchquert. Die folgende Bucht umläuft man und geht ab deren gegenüberliegender Seite (**P3:** N36°44,502'/E24°28,328') ein längeres Stück direkt am Wasser.

Die Küste besteht aus Sandstein und Kreide, durch Wind-

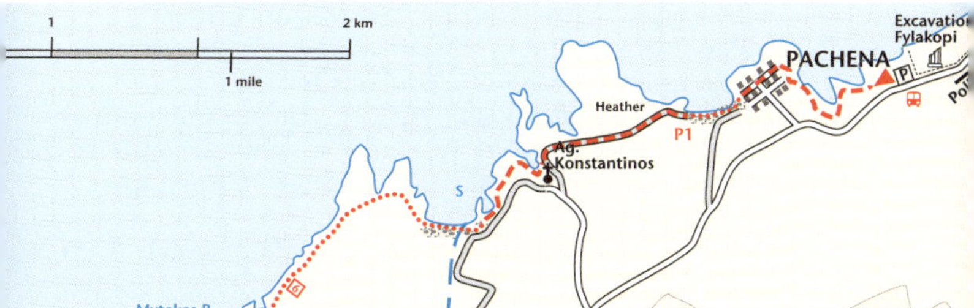

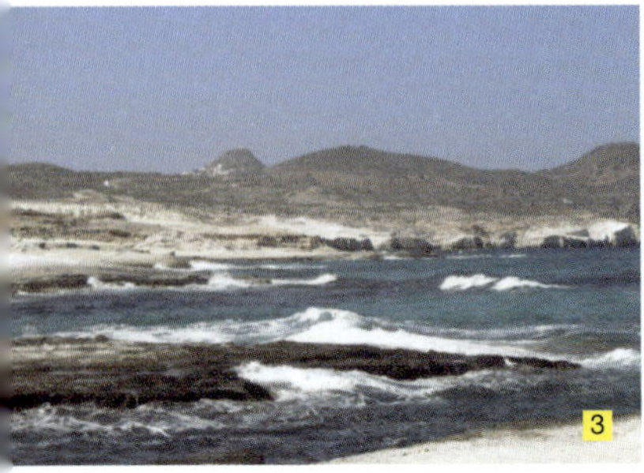

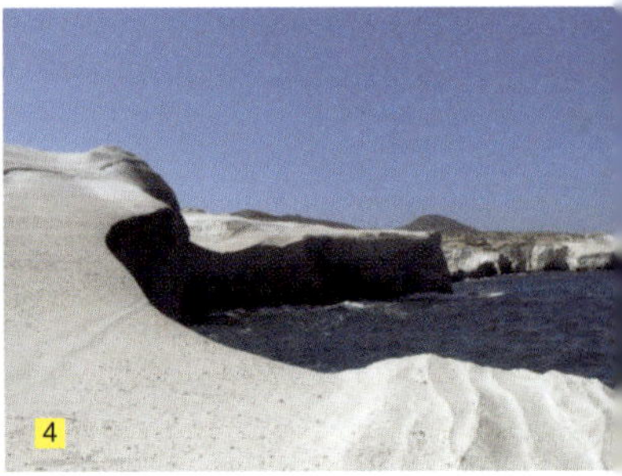

und Wassererosion ausgerundet und bizarr geschliffen. Sie ist sicherlich eine der schönsten Küsten Europas [4]. Flache Felsen liegen im Wasser; die steilen Felsen über dem Meer erinnern teilweise an eine Elefantenherde an der Tränke. Später weiter oben auf den Felsen wandernd, fühlt man sich wie in Wüstendünen und kommt dann an
1.30 einer **Bootsgarage** und einem Schiffswrack vorbei.

Plötzlich ist man von vielen Leuten umgeben, die kreuz und quer sich und andere fotografieren. Andere springen tollkühn von den Klippen ins Meer. Fünf Minuten weiter oben liegen nämlich ein Parkplatz und ein (saisonaler)
1.40 Busstopp und unten eine beliebte **Badebucht.**

> ***Alternative:*** Die Sportlichen umrunden die schmale Bucht und übersteigen dahinter die Kreidefelsen. In der schotterigen, kahlen Gegend halten sie sich halblinks aufwärts bis zu einem Fahrweg, der sie nach 25 Minuten zum malerischen Fischerort **Mantrákia** mit der empfehlenswerten Taverne Medusa bringt.
>
> Von dort aus sind es allerdings noch einmal 25 Minuten zur Busstation von Péra Triovássalos.

Genießer bleiben noch eine Weile an der Sarakíniko-Küste und erfreuen sich an den Rundungen. Wenn das Auge ge-
1.45 sättigt ist, zieht man sich an und stiefelt zum **Busstopp** am Parkplatz hinauf.

Oder aber zehn Minuten weiter zur Hauptstraße. Dort dann 100m nach rechts und bei der Stromleitung pfadlos nach links über den Bergrücken. Man sieht die riesige Bucht von Mílos, *Ormos Miloy,* unter sich liegen und findet Pfade und Wege durch wenig aufregendes Land nach
2.15 **Adámas.**

㊺ Der letzte Vulkan

Im Südosten der Insel gibt es den riesigen erloschenen Vulkan Tsigrádo. Er bildet ein weites, mit Feldern bestelltes Kraterrund.
Auf der 5-stündigen Tour auf Feldwegen kann man einen Nebenkrater besuchen und den schlechten Atem des Erdinneren riechen. Davor durchstreift man eine für die Inseln ganz untypische Landschaft. Beim Abstieg ans Meer sollte man etwas trittsicher sein. In der Saison gibt's dort eine Taverne.
■ ***12 km, Höhenunterschied 120m, moderat***
Zefiría

RGZ Vorbei an einer riesigen Salzgewinnungsanlage (bis 1981)
0.00 erreicht man die **Bushaltestelle des Flughafens.** Eine Gedenktafel erinnert dort an eine Geiselerschießung im Krieg. Nach der erhöht stehenden Kapelle führt uns ein
0.05 Betonweg hinauf zu Gemüsegärten und zum **Zaun** des Flughafens. Der Sandweg (»2« der »Geowalks«) führt geradeaus auf die Hügel zu. Bei der Gabelung (**P1:** N36° 41,369'/E24°28,024') wendet man sich links und nach 100m, am Rand einer Hochebene, rechts. Der Eliasberg ist in der Ferne zu sehen [1].
0.30 Nachdem man die **Athanasios-Kapelle** (li.) passiert hat, geht man bei der folgenden T-Gabelung nach rechts, an Ziegenställen (li.) vorbei und biegt nach zwei Minuten nochmals rechts ab. Die folgende Abbiegung nach links (**P2:** N36°40,603'/E24°28,310') führt uns über einen Hügel an *Nino's Countryhouse* (li.) vorbei. Nach einer kleinen
0.50 Senke hat der Weg eine **versperrte Abzweigung nach rechts** (**P3:** N36°40,810'/E24°28,682', 115m).
Nachdem man die Sperre auf der linken Seite geöffnet hat, führt die Sandstraße langsam in den riesigen Krater
1.05 hinunter [2] zu einem **Fahrweg.**
Dort geht es rechts aufwärts in den ***Fyriplaka-Krater.*** Er hat einen Durchmesser von 1.700 Metern und entstand vor etwa 400.000 Jahren. Heute ist er mit Getreide bestanden, mit dem dunkelgrüne Zedern bizarr kontrastieren.
1.10 An einer **Rechtsabzweigung** (**P4:** N36°40,555'/E24° 29,152, 75m) marschiert man forsch geradeaus weiter aufwärts bis zum rotgeflammten Felsenrand vor dem Meer. Diese Gegend wird ***Kálamos*** genannt.

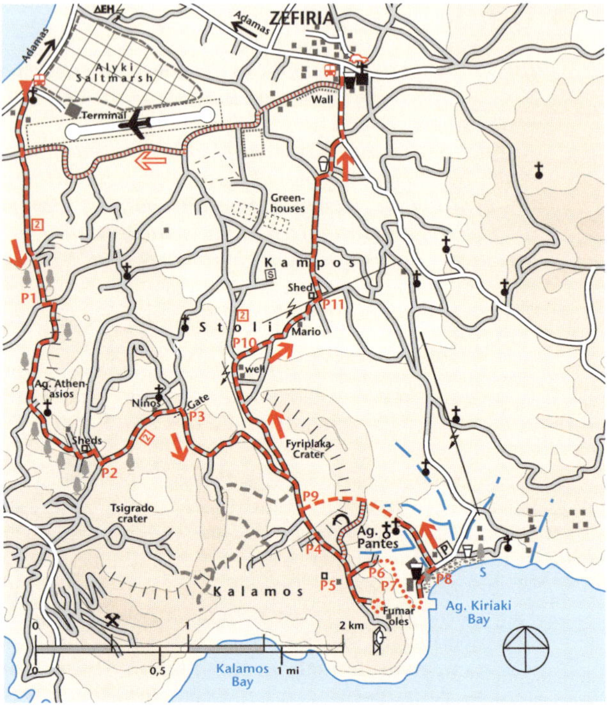

Linker Hand erblickt man die Küstenebene von Agios
Kiriakí ③, mit Folégandros im Hintergrund; rechts oben
1.20 stehen zwei Antennen. Bei einem größeren **Gebäude** mit
zwei Türen gabelt sich der Feldweg (**P5:** N36°40,109'/
E24°25,462'). Die roten Felsen locken uns weiter nach
oben. Zuerst geht man nach links, wendet sich aber 80m
vor einem Stall nach rechts in eine felsumstandene
Fläche. Überall treten zischend Schwefeldämpfe aus der
Erdkruste. Man durchstreift im Uhrzeigersinn die schau-
1.35 rig-schöne Gegend und kehrt zum großen **Gebäude**
zurück.

Abkürzung: Falls man am Baden nicht sehr interessiert ist, könnte man wieder auf dem breiten Fahrweg 400m abwärts gehen und den rechts ansteigenden Fahrweg nehmen. Er führt am Kraterrand entlang.

Beim großen Gebäude zweigen zugewachsene Fahrspuren

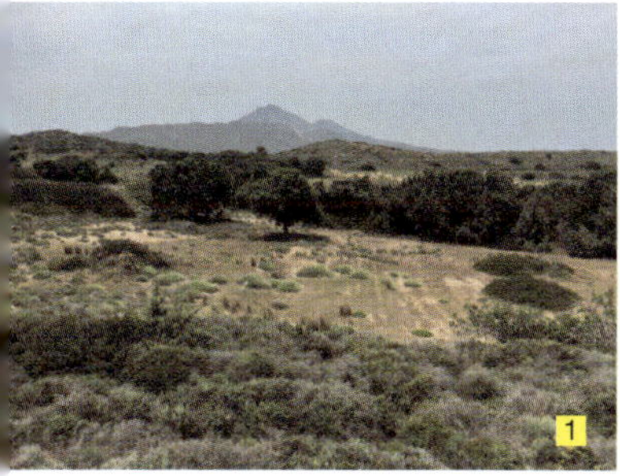

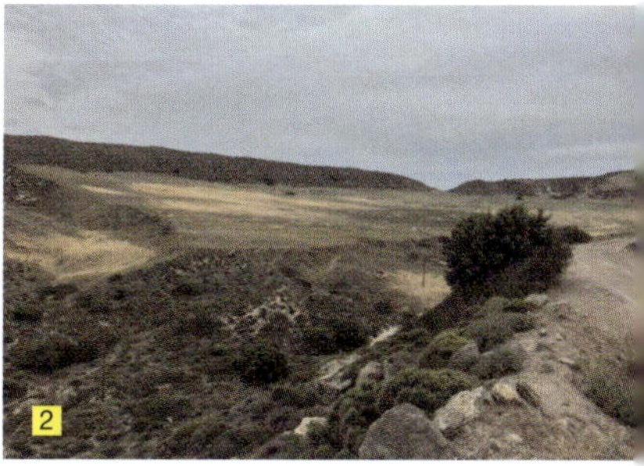

nach rechts abwärts ab, denen man folgt. Nach ca. drei Minuten geht man in der *zweiten Linkskurve* (**P6:** N36°
!! 40,209'/E24°29,458'), *geradeaus* und verlässt den Fahrweg. Ein Trampelpfad führt zwischen zwei markanten Büschen hindurch nach links in Richtung Küstenebene. Danach wandert man an der Grenze zwischen Fels und Gestrüpp weiter abwärts. Nach einem Zaun (**P7:** N36°40,262'/E24° 29,548') geht es durch Felsen – dann hält man sich rechts. Markierungen helfen beim nicht sehr steilen Abstieg. Auf der Getreideterrasse hält man sich danach rechts in Richtung Bootsanleger.

1.50 Am **Kyriakí-Strand** gibt's feinen Sand mit Tamarisken und die Thalassopetra Taverne. 50m rechts davon führt ein steiler Fahrweg aufwärts (**P8:** N36°40,241'/E24° 29,842'). Aber später – erstmal wird gebadet!

Rechts von diesem Fahrweg liegen enge Erosionsschluchten mit fast senkrechten Bimssteinwänden. Stapft man dann etwas missmutig durch die graue Gegend aufwärts,
2.05 bringen die **Pántes-Kapelle** (li.) und die Ruine der Vorgängerkapelle auf der anderen Seite der Schlucht willkommene Abwechslung. Von dort geht es weiterhin durch ungewöhnliche, wellige Gesteinsschichten aus federleich-
2.15 tem Perlite zum **Kraterrand** hinauf.

Von oben sieht man wieder die weiten Felder im Krater. Zuerst links, später rechts vom Zaun streift man hinab zum bereits bekannten Weg. Links im Fels ist eine Höhle
2.20 eingegraben. Auf dem breiten **Feldweg** (**P9:** N36°40,452'/ E24°29,206') geht es rechts und durch ein enges Tal hinab in die Gegend von ***Stóli.*** Direkt nach den zwei eigenarti-
2.35 gen **Brunnenhäusern** mit Betonrahmen (**P10:** N36° 40,988'/E24°28,926') geht es an der Gabelung nach

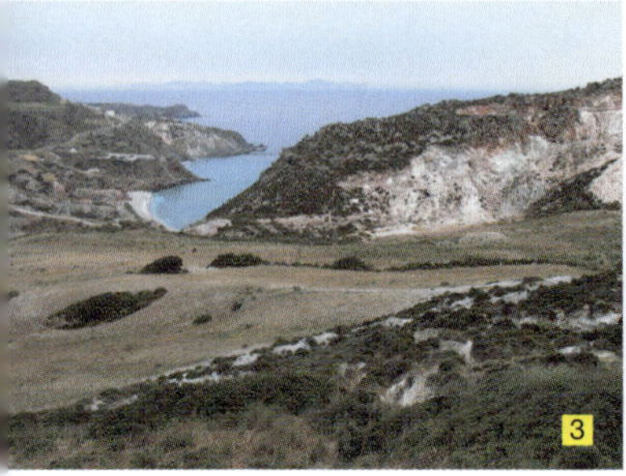

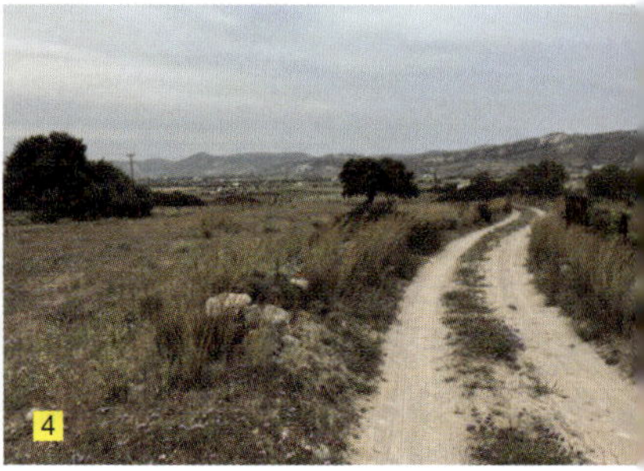

rechts. Jetzt streunt man durch Heide und Felder; die weißen Kuppeln der Kirche in Zefiría, die aus der Ferne eher an eine Moschee erinnern, als Ziel [4].

An der Gabelung bei Mario gehen wir links, bei der fol-
2.40 genden **Gabelung** unter der Stromleitung ebenfalls. Hier
2.45 steht links ein Stall. Bei der **Einmündung** von rechts kurz geradeaus und bei der Abzweigung dann nach links (**P11:** N36°41,185'/E24°29,319'). Die umgebenden Hügel zeugen von der Allgegenwart der Bergbauindustrie.

In Dorfnähe wendet man sich beim Wegschild »Ag. Kiraki« nach rechts, nach 80m beim alten Ziehbrunnen nach
3.05 links. Auf der Straße erreicht man **Zefiría** mit Lokalen und Busstopp.

***Zefiría** war mit 5000 Einwohnern bis 1750 der Hauptort der Insel, heute sind es noch 200 Seelen.*

Nach einem Erdbeben in Santoríni traten hier Schwefeldämpfe aus der Erde, die Luft und Untergrund verseuchten. Als Krankheiten ausbrachen, wurde der Ort um 1750 verlassen. Die über 400 Jahre alte Kirche Panagía Portianí, die frühere Bischofskapelle der Insel, lag lange Zeit in Ruinen und wurde erst vor 100 Jahren wieder errichtet. Sie ist großenteils ausgemalt.

Die sieben MILOTERRANEAN GEO WALKS auf Mílos und Kímolos wurden vom Minen-Museum markiert und in Broschüren beschrieben. Sie werden an verschiedenen Stellen gratis verteilt. *www.miloterranean.gr*

46 Eine lange Geschichte

Eine 4-stündige Wanderung von Adámas zu den wichtigsten historischen Kulturstätten der Insel. Es empfiehlt sich, in langen Hosen zu wandern – nicht nur wegen der ehrwürdigen Plätze. Weite Strecken geht es pfadlos, aber mit prächtigem Blick, oberhalb des Meeres dahin, die zwei schwierigen Passagen könnten jedoch umgangen werden. Klíma bietet eine Einkehrmöglichkeit. Die Katakomben sind in der Nebensaison nur bis 13.00 Uhr geöffnet und montags geschlossen!
■ 7 km, Höhenunterschied 170m, moderat bis schwer

RGZ
0.00 Links neben der **Tourist Info** an der Schiffslände in **Adámas** befinden sich in Höhlen öffentliche Thermalquellen, wie sie früher überall auf der Insel zu finden waren. Man folgt der Hafenpromenade nach Norden in die Lagáda-Bucht. Rechts vom *Beach Hotel* ist der Zugang zu den 250m tiefen Schutzräumen, die im Zweiten Weltkrieg für die deutschen Besatzungssoldaten und die Zivilbevölkerung angelegt wurden.

> ***Alternative:*** Der beschriebene Weg führt 25 Minuten lang pfadlos und ohne Markierung durch offenes Gelände. Wer dies umgehen will, kann das Hotel links liegen lassen und 400m weiter oben die zweite Abzweigung von der Straße nach links aufwärts nehmen. Ein Feldweg führt im Linksbogen um den Hügel mit der Antenne herum in 30 min. zu **P2.** Diese Variante bietet allerdings keinen Meeresblick.

Der interessantere Weg führt direkt am Wasser entlang
0.10 über eine Kuppe in eine wenig besuchte **Kiesbucht.** Dort

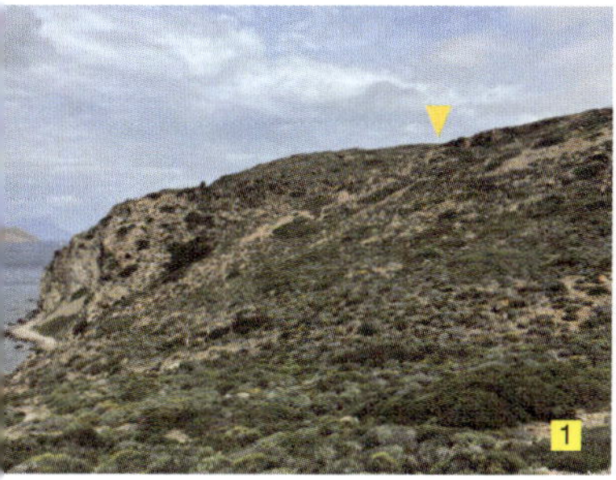
1

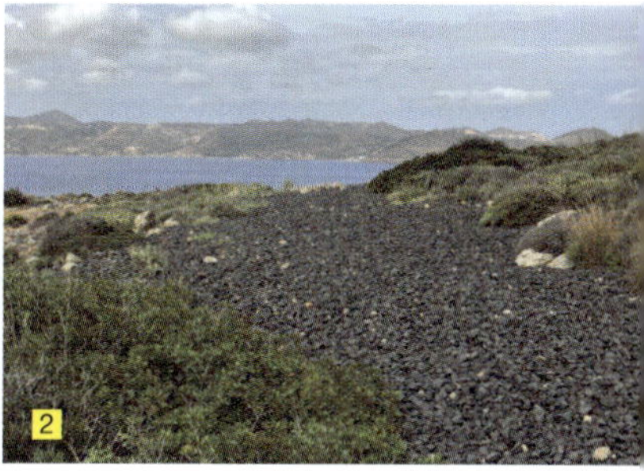
2

treffen wir auf einen Friedhof und das Denkmal von 1897. Es wurde für Franzosen errichtet, die auf Schiffen des Expeditionskorps während des Krimkrieges (1853-56) hier im Hafen der Pest zum Opfer fielen. Französische Einflüsse gab es seit 1800 auf Mílos. Auch während des Ersten Weltkrieges fanden französische Soldaten hier ihre letzte Ruhestätte.

Der riesige Naturhafen, einer der größten des Mittelmeeres, hatte schon immer große strategische Bedeutung und führte in der Geschichte immer wieder zu Eroberungen der Insel.

Nach dem Denkmal endet der Fahrweg und es geht pfadlos hinauf zum Leuchtfeuer. Daneben sind Spuren der jüngsten Inselgeschichte zu finden. Die Erbauer kamen weit aus dem Norden: Aus Berlin, Breslau und Heinrichs-
0.15 dorf/Oder, wie man im gesprengten Beton der **Bunker** von 1943 lesen kann.

Im Norden sieht man eine felsige Anhöhe als nächstes Ziel [1]. Dieser Richtung folgt man aber nicht direkt, sondern anfangs steiler pfadlos rechts aufwärts zur rötlichen Felswand. Etwa 50m unterhalb davon gehend, kommt man zu einem Graben, den man durchquert. Oben auf dem nächsten Plateau gelangt man 50m rechts vom kleinen verfallenen Gemäuer zu einer 30m langen, steinzeitlichen Werkstatt [2] (**P1:** N36°43,363'/E24°25,956').

Hier wurde schwarzer Obsidian, ein kompaktes Gesteinsglas, das als Kruste auf Lavaströmen vorkommt, gewonnen und auf Schiffen abtransportiert. Danach wurde der Stein zu Werkzeugen und Waffen verarbeitet und dann verkauft.

Man wendet dem Meer den Rücken zu und geht in der
0.40 Falllinie hinauf zum früher **umzäunten Gelände** mit noch größeren Obsidianresten. Dieser größte Fundort auf Milos wird ***Nýchia*** (»Nägel«) genannt. Man nimmt an, dass hier 8000 Jahre lang Obsidian gewonnen wurde. Mit Spuren bis ins 3. Jt. v. Chr. gehört Mílos zu den frühest besiedelten Kykladen.

Auf der gegenüberliegenden Seite führen Fahrspuren
0.50 landeinwärts durch eine Hochebene zum **Feldweg (P2:** N43°689'/E24°26,028', 100m), auf dem man alternativ gekommen wäre.

Hier geht man links und passiert einen Schuppen (re.). An einer Gabelung wandert man rechts in Richtung Tri-

0.55 pití und erreicht die **Feldkapelle** des Heiligen Antonius
mit einem Olivenbaum (**P3:** N36°43,389'/E24°25,944').

Alternative: Der letzte Teil des unten beschriebenen Weges nach Klíma führt *pfadlos durch höhere Macchia.* Man könnte dem ausweichen, indem man weiter geradeaus nach Klíma hinab geht. Den Meeresblick könnte man bei einem Abstecher zur Kapelle von Klimatovoúni genießen.

0.55 Ansonsten biegt man nach der Antoniuskapelle in einen
mauergesäumten Feldweg nach links ab. Er führt hinter
der Solaranlage (re.) an einem Bauernhaus mit Weingar-
ten (re.) vorbei, verläuft dann zwischen Gemüsefeldern
1.00 oberhalb des Meeres und führt zu Bilderbuch-**Oliventer-
rassen** (S. 149). Auf der anderen Seite der riesigen Bucht,
★ erhebt sich der Berg des Propheten – und unten bringen
die Fähren Urlauber, die neuen Eroberer der Insel.

Wenn man sich von der schönen Aussicht wieder losgerissen hat, steigt man fünf Meter tiefer und folgt der Terrasse, auf der ein Eselspfad weiter nach Norden führt. Am Ende der Terrassen muss man niedrige Mauern übersteigen und sollte sich eher nach oben als nach unten orientieren. Auch hier liegen Terrassen, allerdings mit Macchia überzogen. Bald sieht man das Fischerdorf Klíma unter sich. Beim Abstieg durch die Phrýgana hält man sich rechts am Berg, da unterhalb steile Hänge abfallen. Oberhalb der Häuser ist es steiler und mit Bäumen bewachsen. Neben dem Hotel »Panorama« erreicht man dann die
1.20 **Straße.**

Von dort steigt man auf einem kleinen Treppenweg hinab
1.25 zum malerischen **Hafen von Klíma** 3. Am anderen Ende
geht man die Gasse 20m landeinwärts und biegt direkt

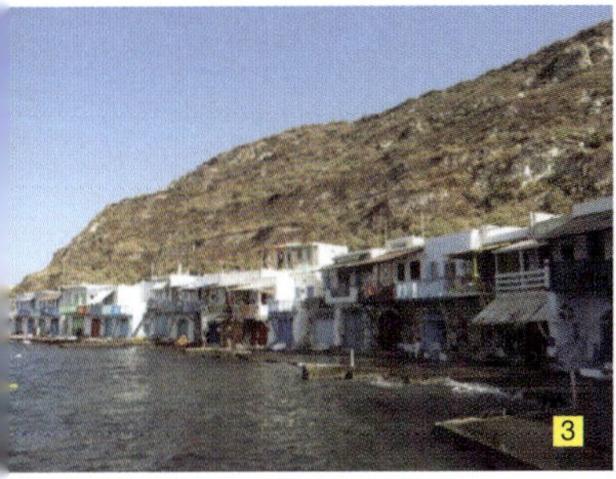

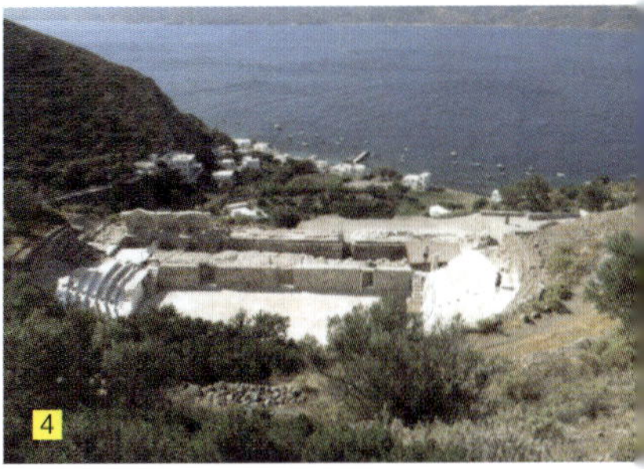

hinter der Kapelle links in einen steilen Stufenweg ab. Er leitet in einen breiten Kalderími über, der oben bei zwei
1.35 mächtigen Mauern von **Alt Melos** ankommt. Dort biegt man scharf rechts zum Theater ab.

Die Stadt war von 1000 v. Chr. bis 1000 n. Chr. bewohnt. Gegründet wurde sie von den Dorern, die zuvor Fylakopí zerstört hatten. Später bauten die Römer weiter.

Das kürzlich restaurierte Theater [4] *wurde in der hellenistischen Zeit (300 v. Chr.) gebaut und 200 Jahre lang benutzt. Es wurde aus Marmor errichtet, der dafür auf das vulkanische Milos transportiert werden musste. Die heutige Kapazität erreicht nur 1/10 der damaligen 7.000 Sitzplätze.*

Denselben Weg geht's zurück, dann rechts aufwärts und oberhalb der Mauern den Pflasterweg hinauf zu einem Plateau mit einer Art »Wendeplatz«, auf dem auch antike Bauteile herumliegen. Hier beginnt der Abstecher auf dem Fahrweg nach rechts, vorbei am Fundplatz der »Venus von Milo« (re.) die heute im Louvre steht. Dann die Straße
1.40 120m rechts hinab zu den **Katakomben.**

Dieser größte unterirdische Friedhof Griechenlands wurde von der christlichen Gemeinde vom ersten bis sechsten Jh. n. Chr. heimlich angelegt. 7000 bis 8000 Tote sind hier bestattet worden. Im Rahmen einer Führung sind drei Kammern zu sehen. Sie sind montags geschlossen.

Man geht die Zufahrt wieder hinauf, biegt in der Rechtskurve nach links ab und kommt wieder zum »Wendeplatz«. Dort findet man einen Pfad nach rechts, der sich
1.50 bald **gabelt.**

Alternativen: Nach links leitet ein Pfad zur Gipfelkapelle des **Profítis Elías**, wo zu römischer Zeit ein Apollotempel stand. Die göttliche Aussicht macht's verständlich.

Man kann bei einer Gabelung unterhalb dieser Kapelle rechts hinunter zur Fundstätte römischer Villen gelangen. Nach acht Minuten findet man links einige Säulen. Hier wurden bedeutende Bodenmosaike entdeckt, die jedoch danach zum Schutz wieder zugedeckt wurden.

1.50 Der Pfad verbreitert sich zum aufwärts führenden Kalderí-
1.55 mi, der in einer quer verlaufenden Gasse in **Pláka** ankommt. Auf Stufen geht es nach links aufwärts, bei der folgenden Straße links, nach 5m nochmals links und

dann eben weiter. Nach *Betty's Studios* (li.) spaziert man geradeaus aufwärts, dann rechts hinauf und horizontal nach links. Um ganz sicher zu sein, fragt man aber besser
2.00 gleich nach der **Panagía Korfiatíssa** (»dem« Sonnenuntergangstreff).

Geht man von dort geradeaus weiter und ab der Wegeteilung noch 15 Minuten nach rechts hinauf, kommt man zum **Kástro.** Von dieser Festung aus beherrschten die Venezianer von 1207 bis 1566 die Insel.

Damit könnte man den geschichtsträchtigen Tag beschließen oder der Form halber noch das sehr gut bestückte Museum besuchen (montags geschlossen).

Tour ㊼ führt hinab an einen schönen Strand!

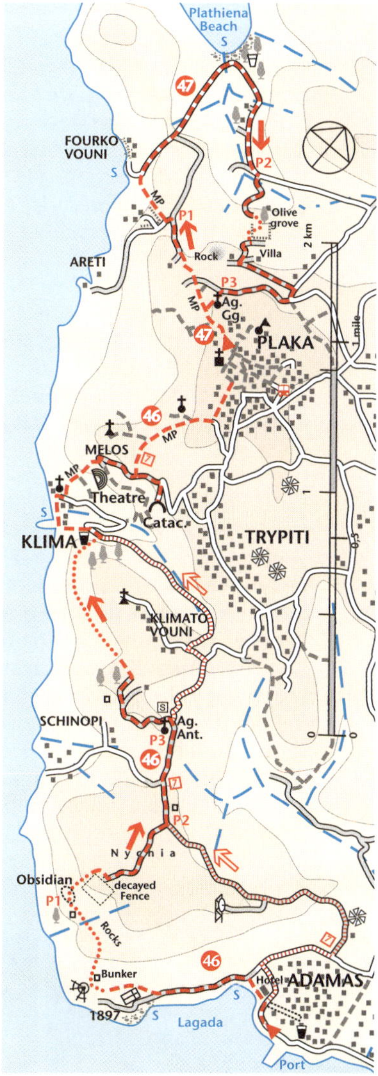

47 Sunset

Der beliebteste Platz, um den Sonnenuntergang zu genießen, ist natürlich die Mauer vor der Kirche Panagía Korfiatíssa in Pláka. Wer das Schauspiel lieber naturnah alleine erleben möchte, sollte die Badesachen packen und diese 2-stündige Rundwanderung machen. Und einen Sundowner nicht vergessen.

■ 5 km, Höhenunterschied 170m, leicht

▷ *Karte siehe vorige Seite*

RGZ Von der runden Apsis auf der Rückseite der **Panagía-Kir-**
0.00 **che** bummelt man die zweite Gasse nach links, am Ende der Gasse ebenso und kommt durch eine Gasse mit Lokalen, die sich später aufweitet. Beim Kaffeehaus Palaios (li.) geht's auf einer breiten Straße geradeaus weiter, die sich nach ein paar Metern teilt. Nach rechts weist ein Schild den Weg hinauf zum Kástro.

Geht man links abwärts, findet man nach 80m einen Kalderími, der aus der schönen Stadt hinausführt. Bald gabelt er sich – wir gehen rechts und durchstreifen schöne Oliventerrassen. Auf der rechten Wegseite fallen bald da-
0.05 nach **weißbemalte Stufen** auf, die den Weg zur Georgskapelle ankündigen. Wir wandern geradeaus abwärts, kreuzen einen Feldweg und freuen uns gar nicht, dass
0.10 später ein **Fahrweg** unseren Fußweg ersetzt hat.

Bei der Abzweigung nach zwei Minuten (beim Trafomast) (**P1:** N36°44,836'/E24°24,929') geht man 30m links abwärts. Vor der spitzwinkeligen Gartenmauer einer Ferienanlage biegt man nach rechts ab und schlendert auf einem Kalderími hinunter zum früheren Fischerdorf

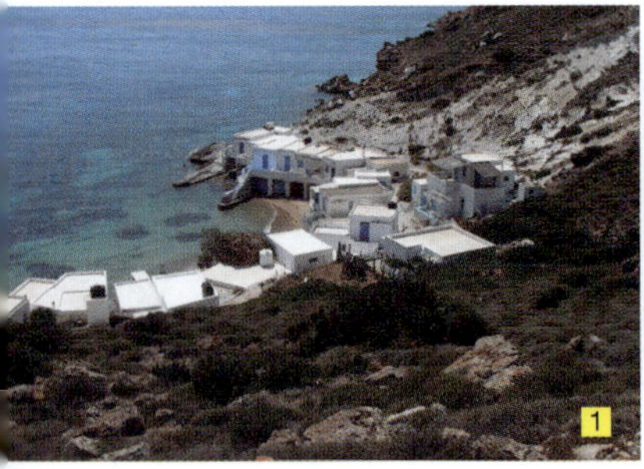

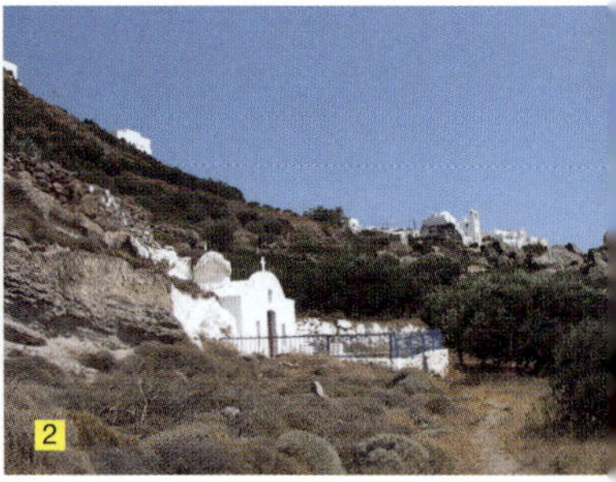

Fourkovoúni heutzutage Feriendomizil [1]. Noch oberhalb davon folgt man dem Fahrweg nach rechts hinauf. Von der folgenden Gabelung aus steuert man dann den
0.25 weißen **Sandstrand von Pláthienas** an, wo im Sommer eine Cantina geöffnet hat. Wem's ganz gut gefällt, kann hier den Sonnenuntergang zelebrieren und sich vom Taxi abholen lassen.

> ***Abkürzung:*** Der im Weiteren beschriebene Weg führt etwa 30m durch niedriges Gestrüpp. Für den Rückweg könnte man auch den bereits bekannten Weg nehmen.

0.25 Ansonsten marschiert man vom Strand die Straße acht Minuten aufwärts. Nach der zweiten Linkskurve der Straße (der vierten Rechtsabzweigung), biegt man beim
0.35 **Strommast** rechts ab (**P2:** N36°45,043'/E24°25,028'). Nachdem man auf einem Fahrweg den Talboden durchquert hat, schlängelt man sich aufwärts in den Olivenhain, in dem ein weißer Schuppen steht.

Im Hain geht man auf den Terrassen nach rechts und übersteigt am oberen Ende rechts eine niedrige Feldmauer. Von hier aus geht es etwa 30m direkt rechts neben dieser Mauer pfadlos durchs Gestrüpp aufwärts in Richtung des markanten Felsens. Oberhalb des Hains geht man auf einem etwas zugewachsenen Feldweg ein kurzes Stück nach rechts und dann links aufwärts bis zu einem breiteren Feldweg. An einem Stall (re.) vorbei und oberhalb einer Villa wandert man horizontal nach links bis zur
0.50 **Straße** und dort nach 5m wieder nach rechts in einen Fahrweg.

Auf diesem Feldweg steigt man langsam an und hat links schwindelerregende Holzbalkone auf dem Kastroberg über sich hängen. Rechts reicht der Blick weit über das Meer und die Insel Antímilos.

Bei einer Art Gabelung (**P3:** N36°44,808'/E24°25,222')
1.00 geht's links hinauf zur Grottenkapelle **Agios Geórgios** [2]. Innen ist sie halb von der Natur, halb vom Menschen geschaffen, davor liegt das versprochene Plätzchen für den privaten Sonnenuntergang…

Ein Trampelpfad führt wieder zum bereits bekannten
1.05 Kalderími und hinauf nach **Pláka.** Dort hat sich die Menge der Sonnenanbeter bereits verflüchtigt.

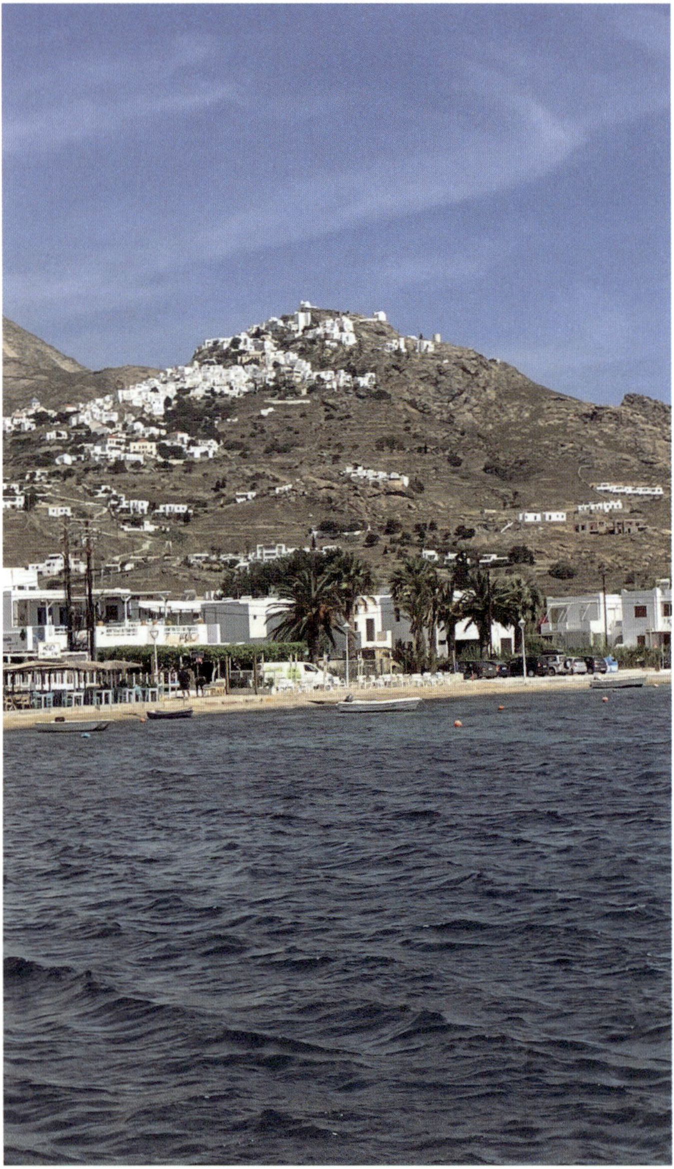

Sérifos

Sérifos ist ziemlich bergig und erscheint teilweise karg – der Name bedeutet schließlich »unfruchtbar«. Ein längliches Gebirgsmassiv aus Granit und Gneis durchzieht die Inselmitte, dort erreicht der höchste Berg, der Troúlos beachtliche 582 Meter. Die Westseite fällt steiler zum Meer ab als die Ostseite, wo die auf halber Höhe gebaute Chóra angenehm grüne Hänge und schöne Sandbuchten überblickt.
An Sommerwochenenden kommen viele Athener und belegen die Hotelbetten in Livádi. Ansonsten ist die Insel nicht überlaufen und das Richtige für ruhesuchende Wanderer. Sie bietet im bergigen Hinterland noch einige alte Pfade, zu empfehlen vor allem ㊽ und ㊿ mit einem der aufregendsten Kalderími der Kykladen.
Wanderkarten: Anavasi #10.25/Terrain #303
Taxis: +30 694 490 8637/697 380 1051
Notfall: 22810-51202

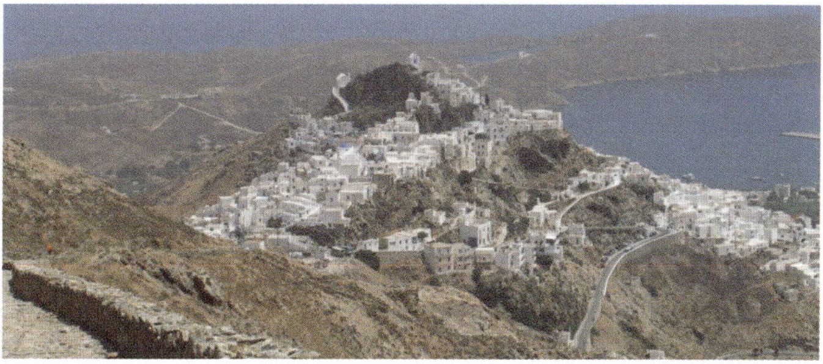

㊽ Das Kloster der Erzengel

Die berühmteste Sehenswürdigkeit ist das Moní ton Taxiarchón, eine über 400 Jahre alte Klosterburg. Sie ist eines der Ziele der 6 bis 7-stündigen Wanderung, für die man Kondition braucht. Es gibt Quellen am Wege, jedoch keine Tavernen. Mit dem Nachmittags-Bus kann man in Pírgos die Tour auf 5 Stunden abkürzen.
■ ***16 km, Höhenunterschied 205m, schwer***
▷ *Karte siehe Seite 170*

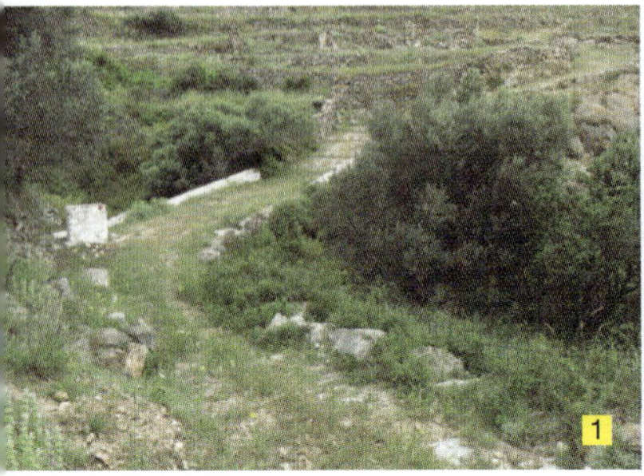

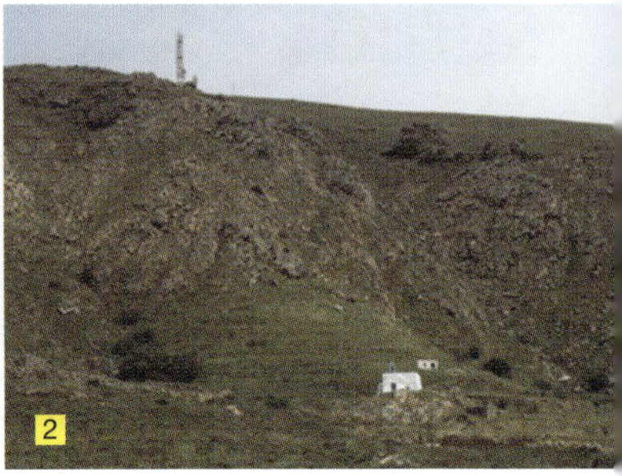

RGZ Vom Plätzchen oberhalb vom **Busstopp der Chóra** steigt
0.00 man links vom Kafeníon ΜΥΛΟΙ (»Mühlen«) 19 Betonstufen hinab, auf dem Betonweg rechts und gleich wieder links abwärts. Ein Pflasterweg führt durch eine Häusergruppe und danach in die freie Landschaft hinaus. Bei der
0.05 **Abzweigung** nach 40m geht es geradeaus und nach 100m, bei der Werkstatt, rechts hinab in den Pfad »1« in Richtung Berge, die von zwei Antennen »gekrönt« sind.
0.10 Der Weg führt in eine Senke mit einer alten **Steinbrücke** [1], bei der der erste Brunnen wartet (**P1:** N37°27,793'/ E24°25,542'). Sérifos ist stolz auf seine angeblich einhundert Quellen und wir können heute einige testen. Ab der Brücke geht es durch Olivenhaine aufwärts. Auf der Kup-
0.20 pe steht die **Stephans-Kapelle** (re.) und ein Haus. Auf der anderen Seite des Fahrweges geht es ins nächste Tal und zur nächsten Brücke. Sie ist nicht so schön wie die erste, aber durch ihr *verbogenes Stahlgeländer* unverwechselbar. Den folgenden zugewachsenen Hohlweg kann man rechts oberhalb umgehen. Nach 50m, wenn die seitlichen
!! Mauern enden, heißt's aufgepasst: Ein *Trampelpfad* kreuzt hier unauffällig! (**P2:** N37°10,111'/E24°30,402') Wir biegen nach links ab, der »1« folgend! (㊾ führt hier geradeaus).

An Ruinen vorbei, gelangt man, später auf einem Feldweg,
0.40 hinauf zur flachgedeckten **Páno Stavrós-Kapelle** mit blauem Glockenbogen [2]. Leider ist sie meist verschlossen. Wie der Name sagt, handelt es sich um die »obere« Kreuzeskapelle, die gleichzeitig eine Wegekreuzung war.

Hinter der Kapelle führt der schöne Weg weiter. Man zieht am Hang entlang und frischt seine Kykladen-Geographiekenntnisse auf: Sífnos, Kímolos, Mílos – von links oder

von rechts? Der kunstvoll gelegte Kalderími führt an ei-
1.00 nem kleinen **Pferch** (re.) vorbei und wird dann zum über-
wachsenen Fahrweg.
1.10 Vom **Vounaki-Sattel** (**P3:** N37°10,753'/E24°30,889, 375m) blickt man hinab nach Kéndarchos, dem schönsten Dorf nach Meinung der Insulaner, deshalb auch Kalítsos genannt, »die Schönste«.

Alternative: Falls man über Kéndarchos wandern möchte, findet man dort einen Weg zum Weiler Kámpos und danach ein Pfadstück neben der Straße. Dann kommt aber 20 Minuten lang Asphalt bis zum Kloster. Um 15.00 Uhr fährt in Kéndarchos der Bus zur Chóra und nach Livádi.

1.10 Vom **Sattel** wandert man auf dem abzweigenden Fahrweg
aufwärts Richtung Antenne und gelangt zu einem breite-
1.15 ren **Fahrweg**, in dessen Gabelung man rechts abbiegt.
Fast horizontal zieht man zu einem Sattel, in dem eine Villa residiert. Die Abzweigung »10« übergeht man und nimmt den Fahrweg abwärts. Rechts liegt dann die **Winery Chrysoloras**, ein sympathischer Familienbetrieb. (Öffnungszeiten unter Tel. 30-697 923 9597).
Auf dem Fahrweg geht es an der Apostel-Kapelle vorbei
abwärts, das imposante **Kloster Taxiarchón** (230m) [3]
1.40 rechts unterhalb. Ist man an der **Straße** angekommen,
schaut man erstmal, ob die kleine blaue Klosterpforte offen ist – von 13.30 bis 16.30 Uhr ist sie es nicht.

Früher begrüßte der Mönch Makários die Klosterbesucher – jetzt noch immer die Benutzer dieses Buches (Seite 3).
Die winzige Pforte zum Kloster, die in früheren Zeiten nur über eine Leiter erreichbar war, schützte eine Pechnase. Die 10m hohe Klosterburg stammt aus dem 15. Jh. und besitzt

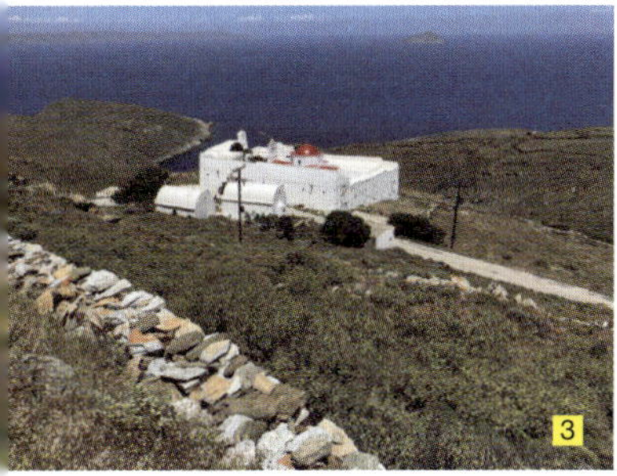

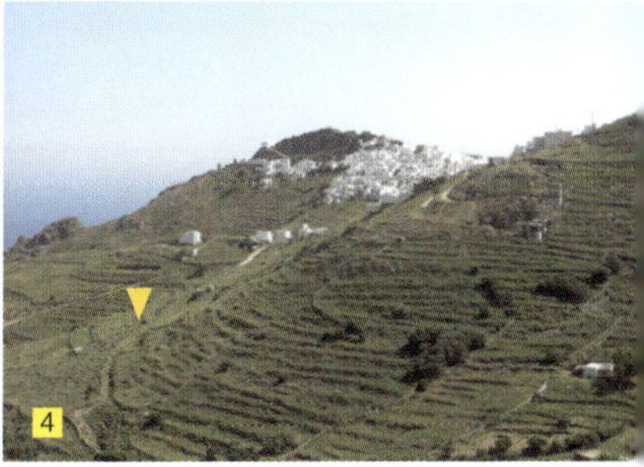

60 Räume, die malerisch um die Kirche herum gruppiert sind. Hier lebten 30 Mönche und 30 Laienbrüder. In der Kirche der Heiligen Michael und Gabriel zeigt der jetzt hier lebende Mönch Evdokimos stolz die prächtige Altarwand aus Marmor und vergoldetem Schnitzwerk mit einer wunderbaren Ikone vom berühmten Maler Skordilis.

Auf der Straße geht es an der Gabelung links zum Bus-
häuschen (Abfahrt etwa 15.10 Uhr). Hier führen Beton-
1.45 stufen und die »6« abwärts. Bald ist **Galaní** (»Die Himmel-
blaue«) erreicht, ein Hangdorf, in dessen Mitte eine
Kirche mit modernem Betonkreuz steht. Früher verdienten sich die Bewohner mit der Zucht von Seidenraupen ihr Geld. Im Ort hat manchmal ein Kafeníon geöffnet.

Erst horizontal, dann auf Stufen hinab bis zu einem Strommast, dort eben nach links durchwandert man das Dorf und stößt am anderen Ende auf die Zufahrtsstraße.
!! Dieser folgt man etwa 120m aufwärts und biegt unterhalb
1.55 des *letzten Hauses* nach rechts in einen schmalen **Pfad** ab
(**P4:** N37°11,383'/E24°26,760', 230m). Die »6« führt uns
am Hang entlang, links oberhalb des Talbodens mit eini-
2.05 gen Taubenhäusern. Die **Senke** durchschreitet man auf ei-
ner Staumauer, danach steigt der schöne, schmale Pfad
wieder an. Bei seiner Gabelung wandert man nach rechts
2.10 hinauf zu einem **Fahrweg** (**P5:** N37°11,122'/E24°29,925').
Dort geht es, 30m nach links versetzt, nochmals aufwärts,
vorbei an der Polikarpos-Kapelle (li.) und an einem Bau-
ernhaus mit Wasserhahn im Garten. Stufen aus Fels-
brocken führen von dort weiter aufwärts und leiten bei
der Gabelung nach rechts. Im Sattel passiert man die Soti-
2.25 ras-Kapelle. 15m nach Beginn eines **Feldweges** (**P6:**
N37°11,019'/E24°29,778') biegt man links ab und geht in
der Falllinie hinauf zur Straße. Hier könnte man den
Nachmittagsbus um etwa 15.20 Uhr stoppen.

Gegenüber bieten sich Betonstufen an, auf denen man
2.35 den unbewohnten Weiler **Pírgos** (»Turm«) durchstreift.
20m unterhalb der Kapelle biegt man links ab und erreicht auf einem Monopáti oberhalb der Straße eine große Brunnenanlage.

Dort werden Kräfte getankt für den letzten Anstieg des Tages, der direkt hinter dem Brunnen beginnt (**P7:** N37°10,766'/E24°29,866', 360m). Man gibt nochmals das Beste, steigt anfangs unterhalb vom Zaun (re.), später rechts vom gegenüberliegenden Zaun, bzw. Mauer auf ei-

nem undeutlichen Pfad durch die Felsbrocken aufwärts
und blickt stolz auf Galaní hinab. Oben erreicht man
rechts eine ebene Fläche. Pfadlos, direkt rechts von einem
Zaun, wandert man auf ihr weiter, dann vor dem ab-
knickenden Zaun nach rechts und erreicht unterhalb der
2.50 Antenne einen **Fahrweg** (**P8:** N37°10,690′/E24°30,154).
Rechts steht ein Ferienhaus.

Der Pfad ins gegenüber liegende Tal rechts ist teilweise zu-
gewachsen, weshalb man auf den Fahrweg links aufwärts
ausweichen muss. Im Sattel (470m) genießt man wieder
den weiten Blick übers Meer, in dem man vielleicht Páros
entdecken kann.
3.15 Der Abstieg führt zu einer **Linkskurve** (**P9:** N37°10,748′/
E24°30,717′) und dort auf einem etwas überwachsenen
Fahrweg nach rechts hinab zum Vounaki-Sattel **P3,** von
wo man Kéndarchos wieder sieht. Auf dem bereits be-
kannten Kalderími wandert man nach rechts zur **Páno**
3.40 **Stavrós-Kapelle.**

> ***Alternative:*** Der Fahrweg, der unterhalb beginnt, führt in 30 Min. zum Stausee hinunter. An der darunter liegenden Kreuzung kann man pfadlos rechts in das breite Harania-Tal abbiegen. Dann sind es noch 15 Minuten nach **Livádi.**
>
> Baden in **Psili Ammos** wäre auch eine gute Idee.

Will man aber in die Chóra, geht man ebenfalls den Fahr-
weg abwärts, biegt aber gleich darauf nach rechts in den
Pfad ein, der durch die Senke mit dem verbogenen
4.00 Brückengeländer und hinauf zur **Stephans-Kapelle** (li.)
führt. Von hier geht es rechts auf einem Fahrweg aufwärts
und an dessen Gabelung links. 50m nach der Rechtskurve
findet man links einen Trampelpfad, der weiter oben
durch eine Mauerbresche führt. Hier bietet sich ein
★ traumhafter Blick auf die Chóra [4]. Leicht findet man die
letzte Strecke zwischen den Terrassen, kommt nochmals
4.15 durch eine Geländerinne mit **Brunnen** und erreicht ziem-
4.10 lich müde die **Chóra.**

Uff, ein Getränk haben wir uns jetzt verdient, diesmal
aber kein Wasser.

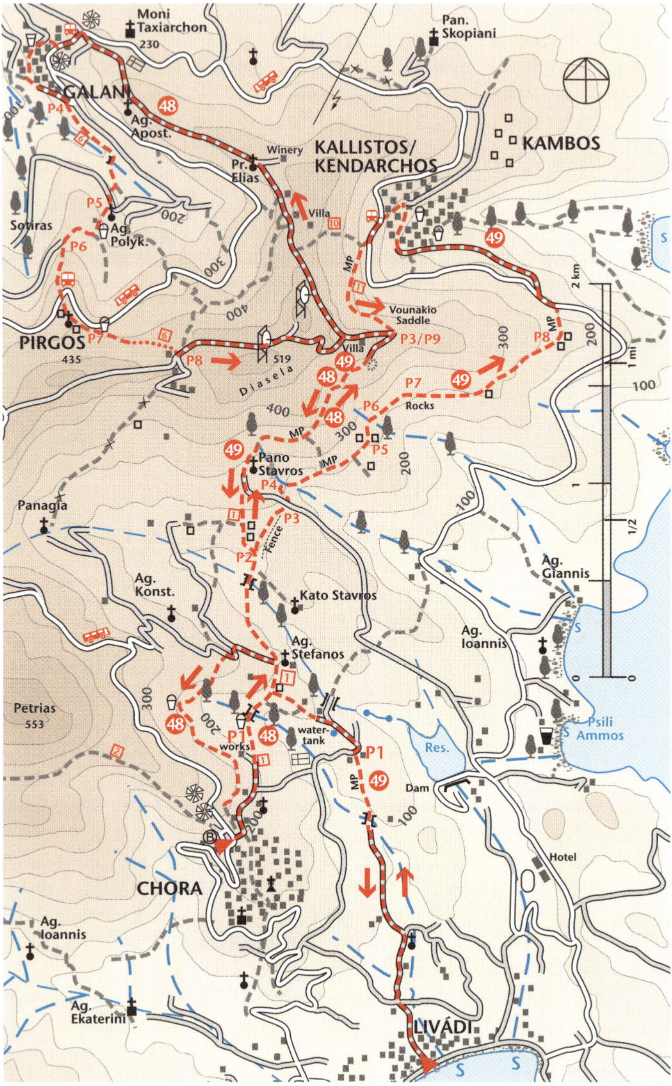
Moni Taxiarchon
230
Pan. Skopiani
GALANI
Ag. Apost.
KALLISTOS/ KENDARCHOS
KAMBOS
Winery
Pr. Elias
Villa
Sotiras
Ag. Polyk.
Vounakio Saddle
P3/P9
PIRGOS
435
519
Diasela
Rocks
Pano Stavros
Panagia
Fence
Kato Stavros
Ag. Konst.
Ag. Giannis
Ag. Stefanos
Ag. Ioannis
Petrias
553
works
water-tank
Res.
Psili Ammos
Dam
Hotel
CHORA
Ag. Ioannis
Ag. Ekaterini
LIVÁDI
2 km
1 mi
1/2

49 Kalítsos, das schönste Dorf

Diese 7-stündige Wanderung führt durch die unberührte Ostseite auf dem »Alten Pfad« nach Kéndarchos, das auch Kalítsos genannt wird – »Schönstes Dorf«. Dort gibt's zwar keine Einkehrmöglichkeit, aber zwei Brunnen.
Die wenig benutzten Pfade sind kaum markiert, wegen der seitlichen Mauern aber gut auszumachen. Man braucht also ein gewisses »Auge für Pfade« – oder wenigstens für rote Punkte. Von Kéndarchos könnte man um 15.00 Uhr mit dem Bus zurück fahren.
■ 7,5 km, Höhenunterschied 220m, moderat bis schwer
▷ Karte siehe links

RGZ In der Mitte des Strandes von **Livádi**, 50m rechts vom **Re-**
0.00 **staurant ΣΤΑΜΑΤΗΣ** führt beim Schild »Amalia« ein Fahrweg landeinwärts. Wir folgen ihm, an kleineren Feri-
0.10 enhäusern vorbei, bis zu einer schilfbestandenen **Senke.** Dort steht rechts hinter einem Stromzähler ein Taubenturm. 100m danach geht man auf Beton links aufwärts, passiert zwei große Ferienhäuser (li.) und hat den Hügel als Ziel, dessen Krone ruinenähnliche Felsen bilden. Unterhalb dieses Hügels steht bei einigen Taubentürmen ei-
0.20 ne **Betonbrücke**.
Auf einem felsigen Pfad gelangt man bei neuen Ferien-
0.30 häusern zu einem **Fahrweg** (**P1:** N37°09,616'/E24°30,747, 120m), dem man rechts aufwärts und schon nach 40m beim abgestrebten Strommast links aufwärts folgt. Links vom Fahrweg steht der große runde Wassertank für die Versorgung von Livádi. 100m oberhalb der Brücke rechts

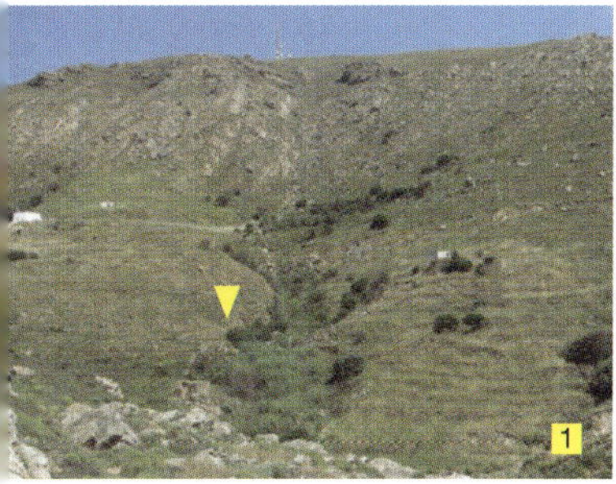

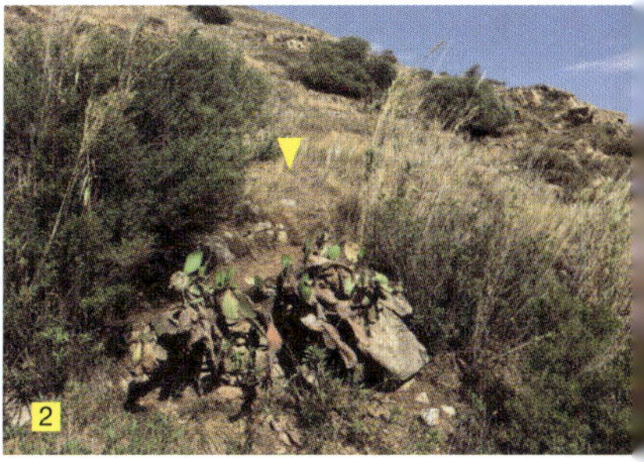

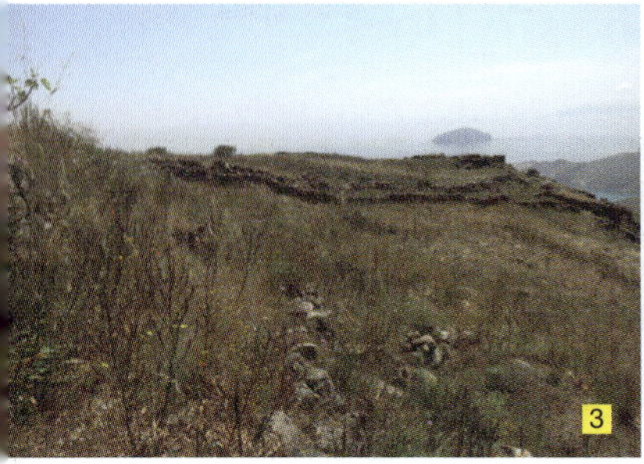

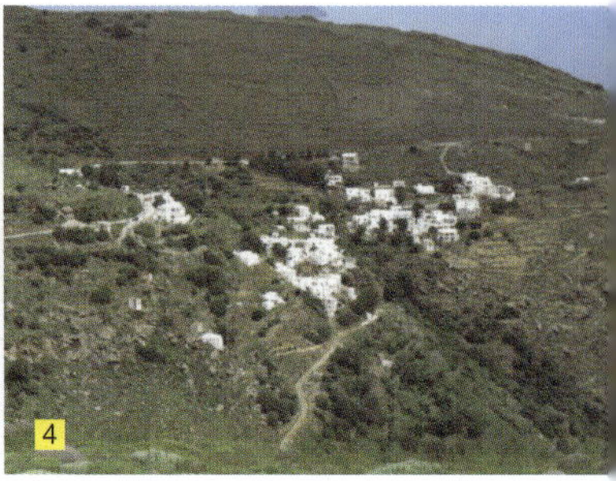

in der Senke, geht man bei der Gabelung geradeaus aufwärts, an einem kleinen Bauernhaus (re.) vorbei und findet ein Monopáti mit Wasserschlauch. Es führt aufwärts und kreuzt neben einer Ruine (re.) den deutlichen Pfad »1«, der links zur Chóra führt.

0.40 Wir folgen diesem Pfad *rechts* hinauf zur **Stephans-Kapelle** mit Haus. Im nächsten grünen Tälchen steht rechts
0.45 oberhalb eine Kapelle wir gehen hinunter zu einer **Brücke** mit *verbogenem Stahlgeländer*. Hinter dem folgenden, zugewachsenen Hohlweg (kann rechts umgangen werden) fol-
!! gen wir *nicht dem Pfad »1«* ㊽ (**P2:** N37°10,111'/E24°
0.50 30,402').), sondern dem **Saumpfad** direkt links vom Maschendrahtzaun geradeaus aufwärts. Man gelangt später auf einem Monopáti auf einen Sattel (245m) mit Blick auf die Badebucht Psilí Ammos.

1.00 Nachdem man dort einen **Feldweg** geradeaus überquert hat (**P3:** N37°10,291'/E24°30,499', 235m), geht es auf Trampelpfaden in einen oleanderbestandenen Graben [1]. Dort findet man ganz rechts, links von einem Feigenkaktus [2] einen Durchschlupf (**P4:** N37°10,358'/E24°30,472'). Horizontal geht's erst eben halbrechts, dann links von einem Schuppen auf einem ab hier etwas zugewachsenen Pfad aufwärts.

1.10 Bei einer **Rechtsabzweigung** folgt man weiterhin geradeaus den Höhenlinien. Ein grasüberwachsenes Wegstück
1.15 wird unterhalb umgangen. Bei mehreren **Hausruinen** (**P5:** N37°10,452'/E24°30,785') schwenkt der Pfad nach links und führt nach 100m durch eine Rinne (**P6:** N37°10,530'/E24°30,811', 230m). Von dort geht es aufwärts durch bizarre Felsbrocken weiter.

Nach den Felsen findet man einen leicht ansteigenden,

1.25 mauerbegleiteten **Eselsweg** (**P7:** N37°10,602'/E24°30,934'). Nach einem längeren Wegstück ③ passiert man auf dem Bergausläufer oberhalb des Kéndarchos-Tales rechts zwei
1.40 **Ställe** (**P8:** N37°10,691'/E24°31,374', 250m). Das oben liegende Dorf Kalítsos ④ wurde in sicherer Lage vor Seeräubern gebaut. Die damals unverputzten, steingrauen Häuser waren von der See her schwer auszumachen.

Weiter unten gelangt der Pfad bei Stromleitungen zur
1.45 **Straße.** Man überquert sie 50m nach links versetzt und wandert dann einen breiteren Fahrweg abwärts, dann aufwärts.

Unterhalb des Ortes liegt der frühere Waschplatz. Bei der Gabelung am unteren Dorfrand wandert man geradeaus
2.00 zu den Stufen und hinauf ins schöne **Kéndarchos-Kalítsos.** An der Hauptgasse gibt's nochmals einen Brunnen und einen einladenden Rastplatz.

Vom Brunnen folgt man der Bezeichnung »1« nach
2.05 links/nach Westen und gelangt auf Stufen zur **Straße** mit Busstop. Auf ihr geht man etwa 120m nach links zum aufwärts führenden Plattenweg. Nach dem Anstieg übergeht man die Abzweigung eines Fahrweges nach rechts (**P9:** N37°10,753'/E24°30,889', 390m). Man sieht die Chóra wieder und eilt ihr leicht abfallend auf dem Kalderími bis
2.40 zur Kapelle **Apáno Stavrós** entgegen.

Unterhalb der Kapelle folgt man 100m dem Fahrweg und biegt rechts in einen Pfad ab.

> ***Alternative:*** Der Fahrweg führt in 35 Minuten zum beliebten Sandstrand von **Psilí Amos** mit Tavernen. Von dort steigt man pfadlos auf den Höhenrücken und nimmt unterhalb des Staudammes den Trampelpfad hinab ins Tal von **Livádi.**

Die Wegegabelung **P2** von heute morgen ist schnell erreicht, dort geht es rechts weiter durch den Hohlweg und
3.00 zum **verbogenen Geländer.** Weiter oben bei der
3.05 **Stephanskapelle** (li.) könnte man den Weg vom Morgen
3.40 geradeaus nach **Livádi** nehmen. Dabei aber nach 100m bei der Ruine (li.) nicht die undeutliche Pfadabzweigung nach links übersehen!

Alternativ dazu kann man der Beschreibung auf Seite 169
3.30 zur **Chóra** folgen.

㊿ Blick auf die Chóra

Die 4-stündige Wanderung führt auf Pfaden und Feldwegen vom Bergdorf Panagiá über den Troúlos-Höhenrücken und auf einem der grandiosesten Steinpflasterwege zur Chóra.
Es gibt keine Brunnen am Wege und Kafenía erst wieder in der Chóra.
■ 10 km, Höhenunterschied 330m, moderat bis schwer

RGZ Ist man mit Bus oder Taxi nach **Panagiá** (340m) gefahren, steigt man auf Stufen ins ruhige Dorf hinunter.

Die mit roten Ziegeln gedeckte Marienkirche ist die älteste der Insel. Die 600 Jahre alten Fresken (rechts das Abendmahl) sind leider kaum noch zu erkennen. Den Schlüssel hat die Wirtin des Cafés am Parkplatz.

Um den Olivenbaum vor der Kapelle wurde früher ein derber Tanz geführt, bei dem entschieden wurde, welches Paar als erstes heiratet. Das waren Zeiten!

0.00 Gegenüber der **Kirche** weist uns das Schild mit dem forschen Wandersmann auf die Realität und die Tour »4« hin. Wir folgen. Sofort geht es nach rechts und nach sechs Metern – bei der abgeschrägten Hausecke – nach links. Bei der Straßenlampe am Elektromast wiederum nach links aufwärts, der »4« folgend. Beim nächsten Strommast dann auf Stufen links aufwärts zu einem kurzen, ebenen Wegstück. Nach zwei Minuten verlässt man das Dorf.

Der Weg verläuft unterhalb von nicht mehr genutzten Terrassen [1] mehr oder weniger horizontal. Unten liegt die Bucht von Sikamía, dahinter die Insel Kíthnos. In der Gegend von Vatsamo passiert man eine Quelle (li.) und ei-

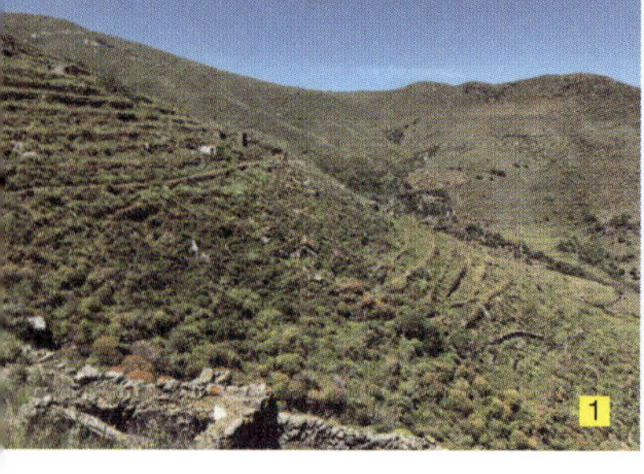

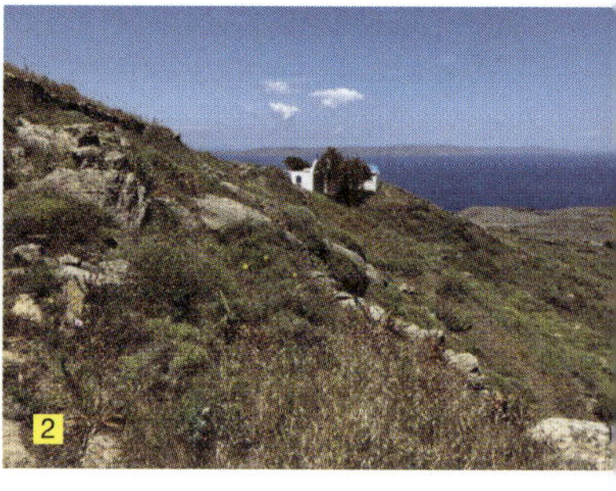

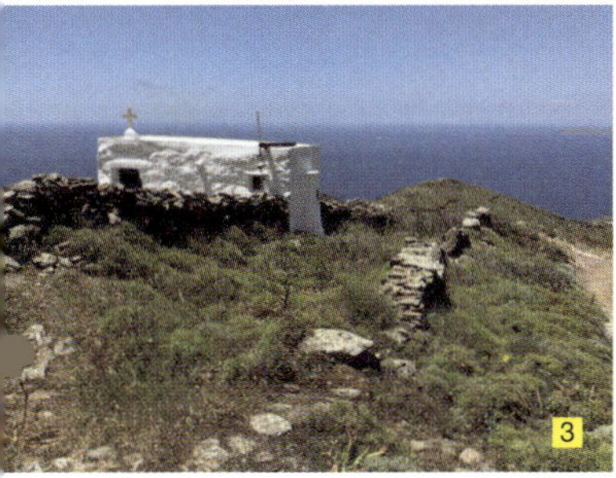

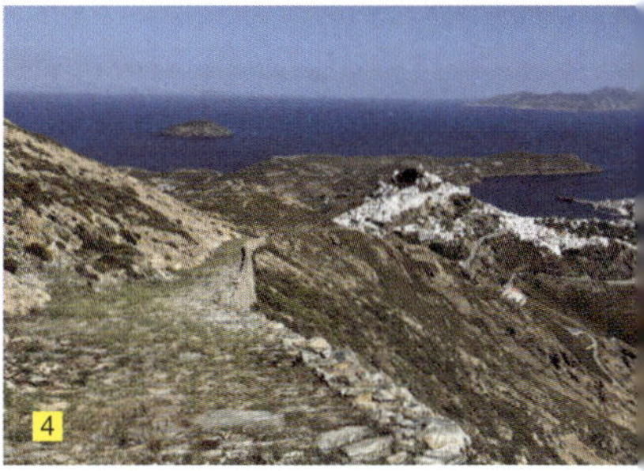

0.20 nen **Waschplatz** in einer grünen Querrinne (**P1:** N37°
10,503'/E24°28,752'). Drei Minuten später führt der Weg
»4« rechtwinklig nach links aufwärts – falls man eine
Stunde sparen möchte.
Ansonsten wandert man horizontal geradeaus und folgt
0.30 in einer **Querrinne** dem Weg aufwärts. Im Tal stehen einige Taubenhäuser in den verlassenen Getreideterrassen.
Bei der Pfadgabelung geht es links aufwärts weiter bis zur
0.50 Kapelle **Panagía Kamarotí** ②. Ein wundervoller Platz, liebevoll für die Kirchweih vorbereitet!.
Wer Trainingseinheiten braucht, kann hinter der Kapelle
den steilen Pfad über den Felsrücken hechten. Die Bedächtigen genießen denselben Ausblick vom gemütlich
1.05 ansteigenden Fahrweg aus. Bei der **Abzweigung** ins Tal
geht man links hinauf zur Kapelle Panagía Roudianí ③
mit starkem Panoramablick zum Kloster der Heiligen Thekla auf der Bergspitze.
1.15 Bei einem runden Ziegenpferch (li.) mündet der **Weg »4«**
wieder ein (**P2:** N37°10,617/E24°28,301').
Danach steigt der Fahrweg steiler an und hat deshalb einen Betonüberzug. 250m nach dessen Ende – nach zwei
Abzweigungen – biegt unser Pfad »4« bei einer Stange
!! *nach links* (**P3:** N37°10,247'/E24°28,535', 530m).
Er verläuft anfangs im freien Gelände, wo man auf Markierungen achten sollte. Für ein kürzeres Stück ist er danach mauergesäumt und folgt nach dem **Scheitelpunkt**
1.40 (550m) den Elektroleitungen abwärts. Nachdem rechts
der Helikopterplatz aufgetaucht ist, überquert man die
1.55 **Straßengabelung** in Richtung Heliplatz bis zu einer
Rechtskurve.
Dort findet man den mit »2« markierten Pfad, der später

zu einem mauergesäumten Weg nach rechts hinab führt. Bald erreicht man ei-
2.10 ne **Georgskapelle** und hat einen der aufregendsten Ausblicke der Kykladen: die Chóra von Sérifos
★ aus der Vogelperspektive, dahinter die kleine Insel Vous ④. Der anschließende Kalderími gehört zu den schönsten die man heute noch finden kann. Er wurde in mühsamer Arbeit angelegt, um die Bergwerke von Méga Livádi mit der Chóra zu verbinden. Bis in die 1940er Jahre wurde dort Eisenerz und Kupfer abgebaut. Erst beim Hinabwandern ermisst man die gewaltige Leistung der Erbauer und legt für sie gerne noch eine Gedenkpause ein, bevor man bei den Windmühlen die
2.35 **Chóra** (220m) erreicht. Die letzten 200 Meter sind zugewachsen, so daß man nach rechts ausweichen muß.

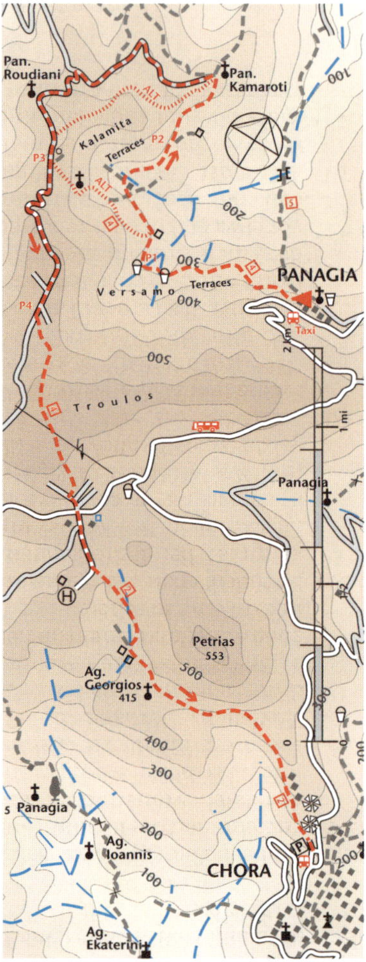

51 Das Leuchtfeuer von Kap Spathí

Eine einfache 3½-stündige Küstenwanderung.
Am Ziel des schattenloses Weges warten ein Leuchtfeuer und ein Sonnenbad auf Felsklippen.
Tavernen und Quellen gibt es auf der Strecke keine.
■ ***10 km, Höhenunterschied 160m, leicht***

RGZ
0.00 An der Yachtmole von **Livádi** geht es vom Wegaltar bei der Bäckerei landeinwärts, dann links und beim Schulsportplatz (re.) die Straße gerade aufwärts über den Hügel. Links liegt der Strand von Livadákia, den man zum Schluss genießen kann.

Bald erreicht die Straße **Rámos**, wo man beim Ortschild
0.20 halblinks abbiegt und zur **Dorfkapelle** gelangt. Sie bleibt links liegen, wie auch die folgende Abzweigung. Von rechts führt ein Fahrweg herab, der ebenfalls nicht beachtet wird. Geradeaus marschiert man durch die kleine Senke mit dem früheren Dorfwaschplatz (re.).

0.25 50m weiter oben erreicht man die **Kreuzung** (**P1:** N37°07,905'/E24°30,465') an der man auf dem Rückweg wieder landet. Hier wendet man sich links abwärts und folgt unterhalb der Ferienanlage *Serifos Blue* den Stromleitungen geradeaus aufwärts.

0.30 Im **Sattel** erblickt man jetzt das Leuchtfeuer 1 und hat links die Bucht von Alevrákia liegen. Weit entfernt wartet Sífnos auf uns. In der nächsten Bucht liegt eine Aquafarm, zu der die Straße hinunter führt. Am oberem Scheitelpunkt – 50m vor den Elektroleitungen (**P2:** N37°07,177'/
0.50 E24°30,387') verlassen wir die Straße **nach rechts** ins Gelände und stoßen nach 10m auf einen Saumpfad nach

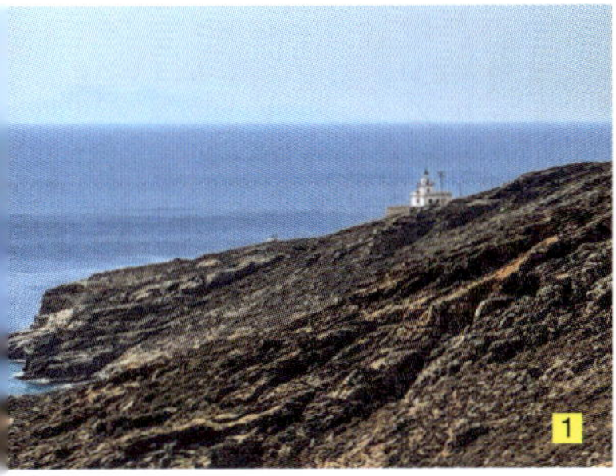

1

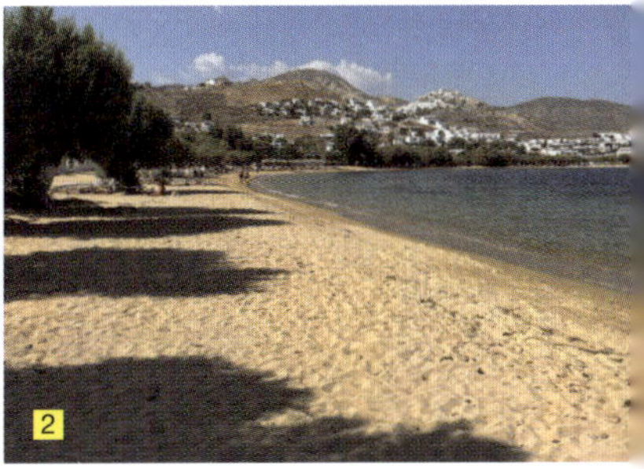

2

links. Bei einer Gabelung geht's rechts über den Bergrücken. Er endet auf dem Zu-
1.05 fahrtsweg zum **Leuchtfeuer von Spathí** von 1901. Rechts davon führt ein Pfad in 5 Min. zu Felsplatten hinab, auf denen man ziemlich Zeit »verplätschern« kann.

Alternative: Der jetzt beschriebene Weg bietet weite Blicke übers Meer, verläuft aber eine Viertelstunde auf Asphalt. Man könnte also auch nochmals den Herweg benutzen.

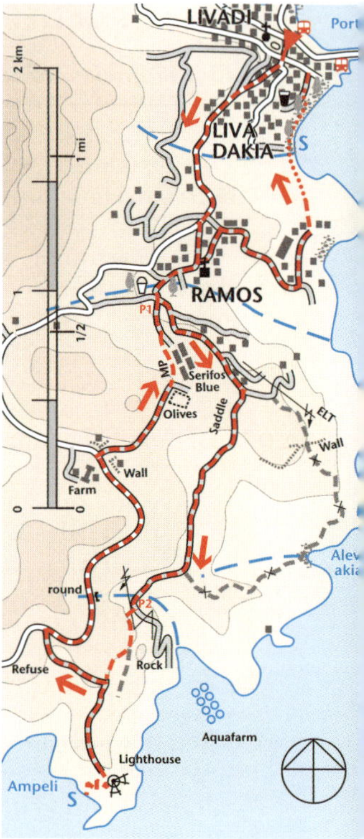

Vom Leuchtfeuer beginnt der Anstieg auf dem Fahrweg zur
1.20 **Straße.** Dort wandert man leicht ansteigend nach rechts und dann in eine Senke mit
1.35 einem großen **Landwirtschaftsbetrieb** (li.). Zwischen Mauern gegenüber nehmen wir jetzt gerne den Fahrweg nach rechts hinauf und um den Hügel herum zu einem Olivenhain (re.). Dort beginnt ein Monopáti mit Blick auf die Chóra. Links von der Ferienanlage (2017 noch ein
1.50 Bauernhof mit Monopáti) erreicht man wieder die **Kreuzung P1** vom Hinweg. Bis zur Kapelle von **Rámos** geht man den schon bekannten Weg, biegt 50m danach aber nach rechts ab. Gleich darauf geht es nach links und nach der kleinen Gasse rechts abwärts zu einem Parkplatz. Dort beginnt vor Ferienhäusern ein Fahrweg, von dem aus
2.00 man an einer T-Gabel nach rechts hinabgeht. Der **Parkplatz** wird diagonal überquert, die Betonstraße wird abwärts und unten nach links genommen. Sehr zufrieden läßt man dann am baumbestandenen Sandstrand von
2.20 **Livadákia** ② die Wanderung ausklingen ...

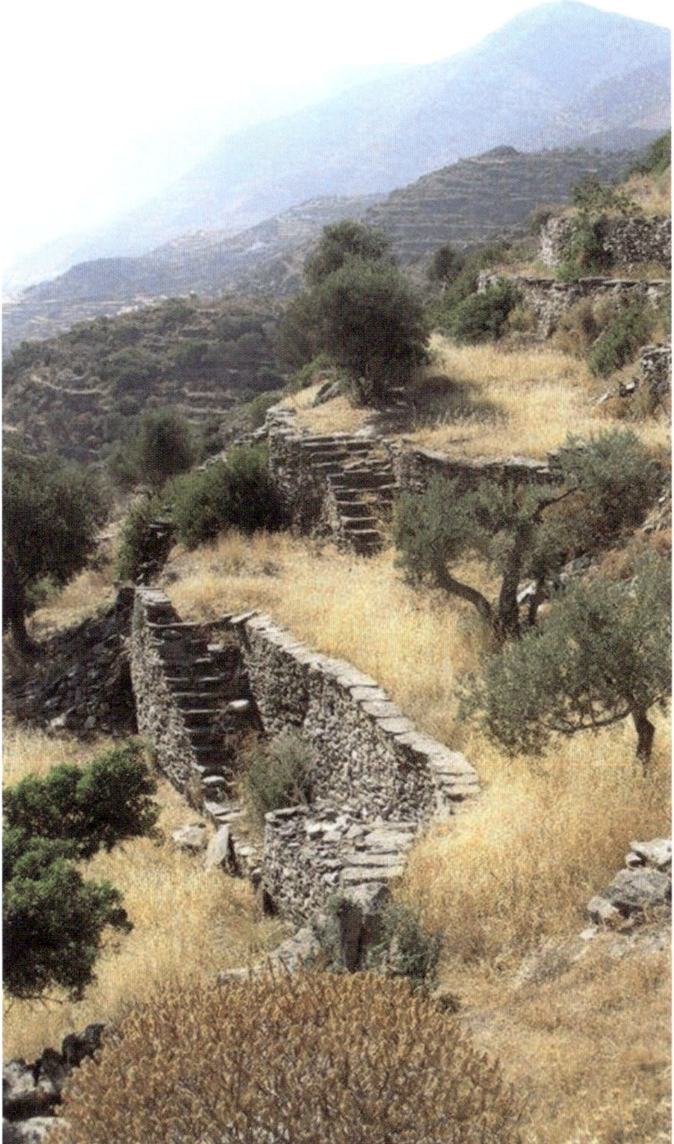

Síkinos

Lange Zeit im Abseits gelegen, wird die Insel jetzt auch vom Tourismus entdeckt. Mittlerweile gibt es eine Anzahl gut ausgestatteter Zimmer und auch die Hafentavernen bieten eine ordentliche Auswahl. Da die Insel nicht täglich mit dem Schiff zu erreichen ist, bietet sie aber immer noch ruhiges Inselleben.
Die ursprünglichen Eselspfade sind großenteils noch erhalten, da die 240 ständigen Bewohner auch mit weniger neuen Straßen zufrieden sind: Eine Wanderinsel mit Prädikat. Einige Quellen versorgen sie mit ausreichend Wasser. Hervorzuheben sind die Wanderungen ⑫ und ⑬.
Wanderkarten: Anavasi #10.29 / Terrain # 317
Taxi: 0030-693 7865 866 / 697 623 3022
Notfall: 22860 51211, Krankenhaus

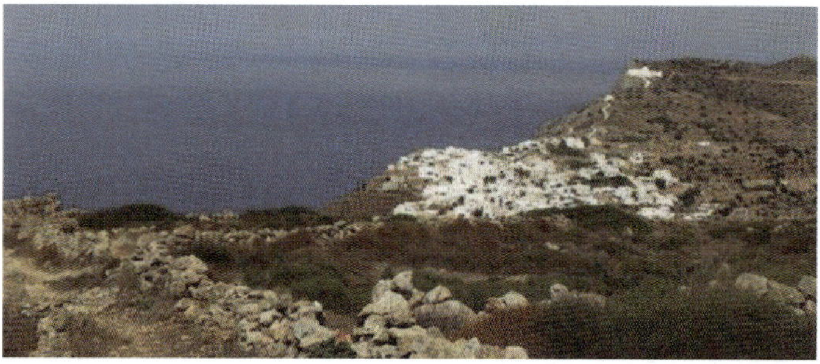

52 Ein einsamer Weg

Für ein paar Stunden ohne eine Menschenseele ... Wer das erleben möchte, findet dies im Westen der Insel, wo man weder Menschen noch Tieren begegnet. Ab Kástro dauert die abgekürzte Wanderung 4, ab Aloprónia 6 Stunden, fast durchgängig auf alten Pfaden. Für die eindrucksvolle Wanderung bedarf es aber einer gewissen Erfahrung im Pfadfinden.
■ ***10 km, Höhenunterschied 350m, schwer***

RGZ *Abkürzung*: Vom Bushalteplatz von **Kástro** nimmt man den breiten Stufenweg hinauf nach **Apáno Chorió,** wo man sich dann stets links hält und der Beschilderung »7« folgt. Ein breiter Pfad führt nach der Ortschaft horizontal weiter, bis von links ein Pfad heraufkommt. Dies ist P5 (s.u.).

0.00 Von der Brücke am Strand in **Aloprónia** zieht man die
Straße 80m aufwärts und biegt beim Elektrotrafo in den
ersten links hinaufführenden Betonweg ein. Nachdem
man eine Linksabzweigung übergangen hat, kommt man
weiter oben, nach Hausruinen und einer Feldmauer, zur
0.25 wunderbar gelegenen **Panagía-Kirche.** Im September
2015 geriet vor der Tür ein kleines Feuer außer Kontrolle
und fraß sich tagelang durch die westliche Insel (s. u.).
Man geht von der Kirche 150m zurück und findet links,
zwei Meter vor der Feldmauer, einen anfangs undeutlichen
Ziegenpfad (**P1:** N36°40,934'/E25°07,995', 190m). Auf
0.50 ihm gelangt man links von der Mauer ins **Tal** und kreuzt
dort eine Sandstraße. Gegenüber (**P2:** N36°41,148'/
E25°07,798, 110m) geht man am linken Rand der Fels-
platten pfadlos aufwärts. Oben benutzt man einen Feld-
weg, von dem später in der scharfen Rechtskurve in der
0.55 Senke ein anfangs eingegrabener **Pfad** nach links aufwärts
wegführt (**P3:** N36°41,249'/E25°07,514'). Er mündet in ei-
1.10 nen **horizontalen Pfad** ein (**P4:** N36°41,428'/E25°
07,423', 215m).
Hier wendet man sich rechts und biegt *50m nach einem*
1.15 *Häuschen (re.)* links in einen **aufwärts führenden Pfad**
zwischen hohen Wänden ab. Rechts steht am Gegenhang
ein Taubenhaus. Später löst sich der Pfad auf, so daß man
1.30 pfadlos über Terrassen bis zur **Ágios Stephános-Kapelle**

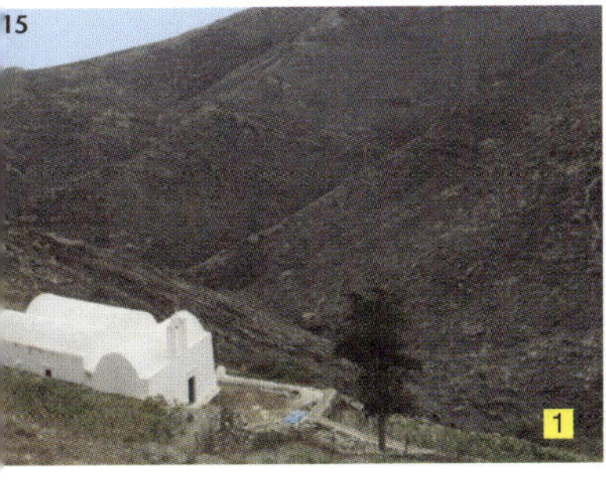

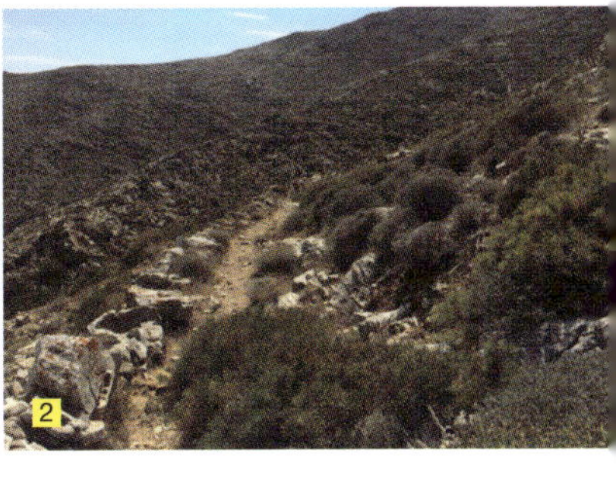

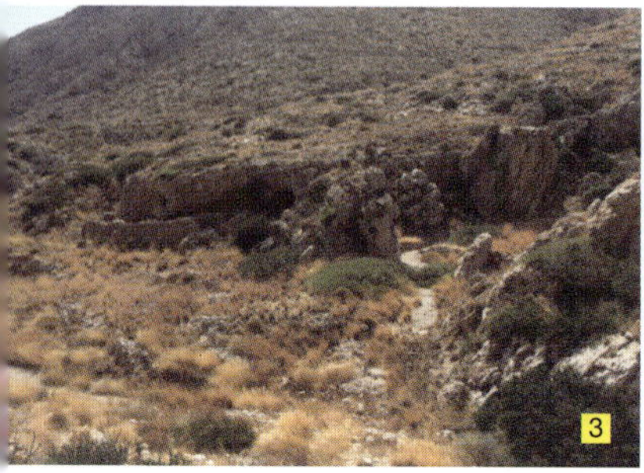

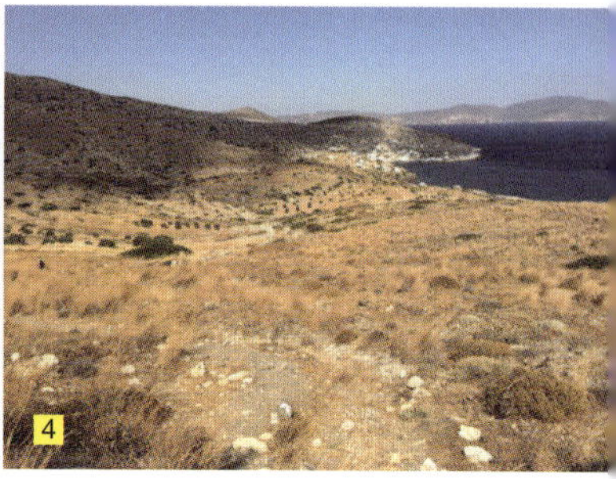

aufsteigen muß. Dort wartet ein grandioser Picknickplatz! Ein Pfad führt von hier aufwärts und an der Linksabzweigung nach 100m vorbei. Bei der T-Gabelung weiter oben
1.35 trifft man auf ein den Hang entlanglaufendes **Monopáti**
(**P5:** N36°41,430'/E25°07,422') und geht links. (Rechts geht es nach Apáno Chorió.)

Bei der folgenden Gabelung wandert man rechts aufwärts (»7«) und um den Berg herum. Dann könnte man einen Abstecher links hinab zur einsam gelegenen Kapelle Ágios Dimítrios machen. 2015 war die Gegend, durch die wir anschließend wandern werden, völlig abgebrannt [1].

Am Hauptweg oberhalb der Dimítri-Kapelle wandert man weiter in Richtung des Grabens. Weiter unten folgt eine
1.45 **Gabelung** auf Felsplatten (**P6:** N36°41,161'/E25°06,797'),
bei der wir links abwärts gehen.

Ein grandioser Felsenpfad beginnt [2]. Links am Gegenhang eine verfallene Siedlung, im Tal große runde Zisternen. Der Weg folgt den Geländekonturen und steigt in Bögen langsam an und erreicht ein Plateau.

In dieser rauen Gegend steht weiter oben eine winzige
2.10 runde **Schutzhütte** und später, unterhalb einer aufge-
2.15 häuften Steinsäule, eine **zweite Schutzhütte** (**P7:** N36°
40,713'/E25°07,218').

Richtung Meer erhebt sich ein Kegelberg (379m), auf dessen rechter Flanke man wieder abwärts wandert. Dabei passiert man einen großen Steinpferch und gelangt auf dessen rechter Seite auf einen Pfad, der 20 bis 30m links oberhalb des Grabens am Hang entlang zieht.

2.40 Unten im **Tal** durchquert man vor einer Steinwand unter
Felsen [3] zweimal das Geröllbett. Kurz danach bemerkt man links am Gegenhang einen Schuppen. Rechts ober-

halb unseres Pfades steht eine Trockenmauer. Bei einem
!! *sehr kleinen Blechschildchen* (**P8:** N36°39,849'/E25°07,171')
2.50 biegt man *scharf links* in den **Talboden** hinab.
Auf der anderen Talseite passiert man beim Hinaufgehen einen ausgetrockneten Brunnen und wandert geradeaus aufwärts, später durch einen Felseneinschnitt. Rechts liegt
3.05 die Panteleimon-Kapelle am Gegenhang. Im **Sattel** sieht man dann den Hafenort wieder [4]. Zwischen weiten Getreideterrassen schlendert man abwärts und findet einen
3.20 **Feldweg**, der bequem am Meer entlang nach **Aloprónia**
3.35 führt.

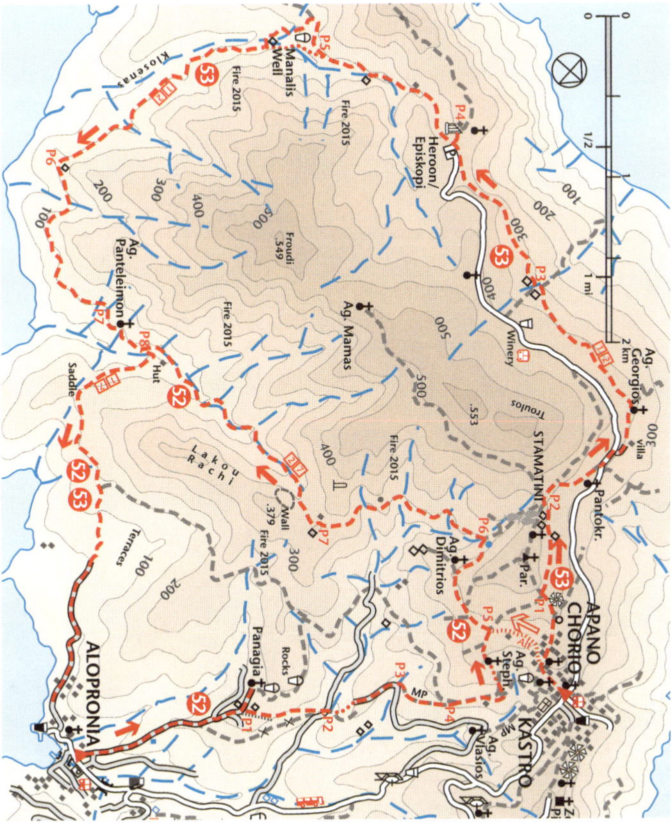

53 Die Marienkirche im Grabmal

Der 6-stündige Weg führt von Kástro zur größten archäologischen Sehenswürdigkeit der Insel – einem römischen Grabtempel, der aber verschlossen ist.
Die Tour bietet wenig Schatten, dafür aber herrliche Ausblicke auf die anderen Inseln. Besonders zauberhaft ist das erste Wegstück bis zum Heróon Tempel.
An den fast durchgängig benutzten Eselspfaden gibt es einige Brunnen, manchmal allerdings ohne Schöpfeimer. Ab Manoli's Well ist eine gewisse Erfahrung im Spurenfinden notwendig.
■ ***14, Höhenunterschied 390m, schwer***
▷ *Karte siehe vorige Seite*

RGZ Von der Bushaltestelle in **Kástro** geht man links von der
0.00 Kapelle die Stufen hinauf nach **Apáno Chorió.** Am unteren Ortsrand geht es bei der Kapelle mit zwei Konchen rechts durch das verschachtelte und verschlafene Dorf aufwärts; Markierung »7«. Am oberen Dorfende überblickt man von einem Stufenweg das Meer von der steilen Inselseite. Das fremdartige Gebäude mit Zinnen unten an der Straße war im Krieg die Residenz des italienischen Inselkommandanten. Ein ganzes Rudel von Inseln treibt sich herum, beherrscht vom Zeus, dem höchsten Berg auf Náxos, mit 1004m der höchste der Kykladen.

An renovierten Häusern vorbei steigt man die Stufen wei-
0.15 ter, bis sich der runde Stumpf einer **Windmühle** in den Weg stellt.

Dahinter führt der alte Weg in Richtung der Paraskeví-Kapelle auf dem Berg. Bei der Pfadkreuzung nach 120m folgt

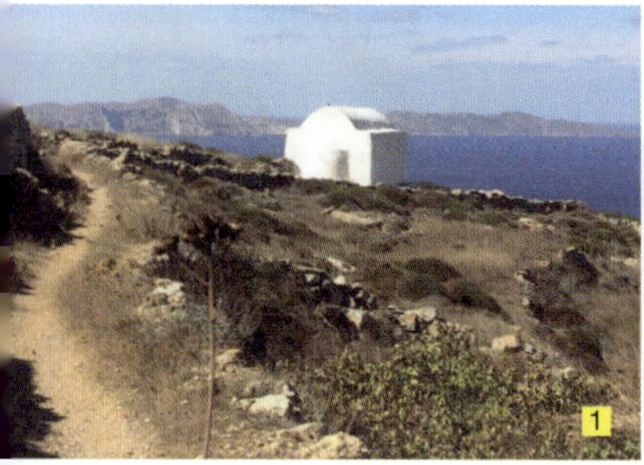

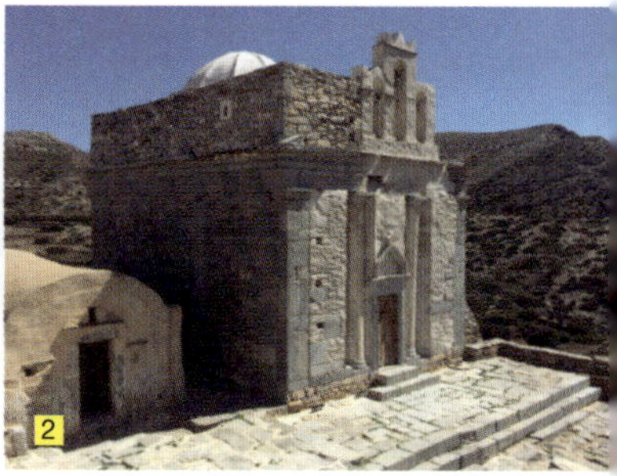

man aber nicht den Markierungen, sondern geht horizon-
!! tal *nach rechts* (**P1:** N36°41,422'/E25°06,822'). Es folgt ein
wunderschöner Pfad, der sich am Hang entlang zum ver-
0.25 lassenen Weiler **Stamatiní** schlängelt (**P2:** N36°41,318'/
E25°06,463').

Hier nimmt man den Trampelpfad oberhalb der Pantokra-
0.35 tor-Kapelle hinunter zur **Straße** und folgt ihr 100m links
aufwärts. Dort biegt man rechts in einen Fahrweg ab, der
0.40 nach einer Villa als Pfad an der **Georgskapelle** (re.) [1] vor-
beiführt.

Wechselnd auf- und abwärts geht es zwischen verlassenen
Getreideterrassen dahin, Folégandros, Mílos, Sifnos zur
★ Rechten. Man sollte sich viel Zeit gönnen, die Landschaft
zu genießen. Links oben liegen die Terrassen der »Wi-
nery« (nur abends). Es folgt ein Abstieg in einen Graben
mit einer Abzweigung, dort geht man geradeaus wieder
1.00 aufwärts und an **Ruinen** (li.) vorbei, zwischen denen ein
Pfad aufwärts führt (**P3:** N36°40,628'/E25°05,809, 315m).
Man wandert hier horizontal und später ansteigend wei-
1.10 ter. Knapp **unterhalb der Straße** findet man Markierun-
gen nach rechts und gelangt auf einem Monopáti stilge-
1.15 recht zum Heróon – auch **Episkopí** genannt [2] (**P4:** N36°
40,175'/E25°05,542').

In dieser einsamen Gegend befand sich vor 3000 Jahren eine antike ionische Stadt, deren Akropolis auf dem Berg stand, den heute die Kapelle Agía Marína krönt. Hier unten befand sich die Nekropole, deren bedeutendster Bau das Heróon, das Marmorgrabmal einer edlen Familie war, von dem noch zwei Krypten erhalten sind. Im 5. Jh. n. Chr. wurde es zur Marienkirche umgebaut, wobei man den Grundriss und die Eingangsfassade in den neuen Bau integrierte. Die Kirche wurde 1688 zum Kloster Episkopí umgewandelt, dessen Zellenbauten mit Schießscharten teilweise erhalten sind. Erst kürzlich wurde ein noch ungeöffnetes Grab gefunden.

Man verlässt diesen beeindruckenden Ort und geht 200m
den bereits bekannten Weg zurück und wendet sich dann
aber nach rechts abwärts. Statt Schiefer hat man bald Mar-
morplatten unter den Füßen. Am Weg steht rechts bald
1.30 ein **Häuschen.** Der gut ausgebaute Plattenweg [3] verläuft
1.45 rechts oberhalb des Grabens zu **Manali's Well**, einem
Brunnen.

Davor biegt ein etwas mühsamer und steiler Saumpfad

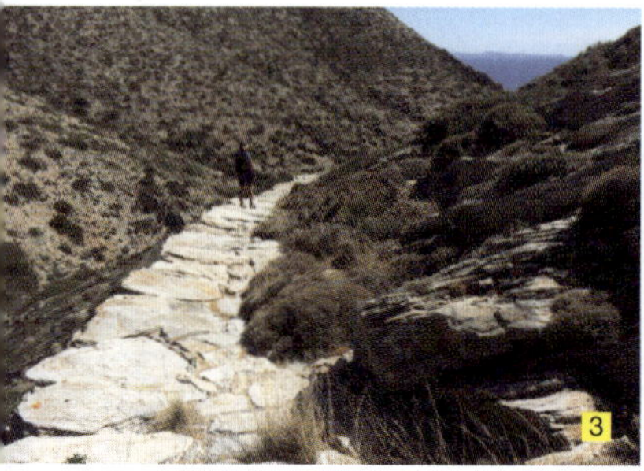

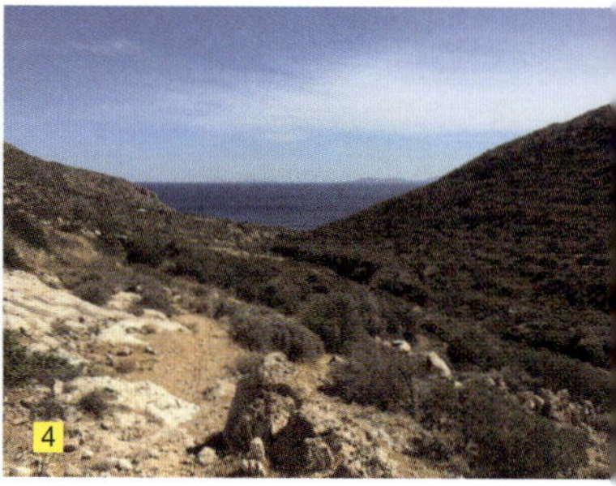

hinunter in den Graben ab. Bequemer ist es, Manoli's Well (**P5:** N36°39,566'/E25°05,631') zu umlaufen und in den Graben zu steigen. Dort ist eine Felsplatte, von wo man durch ein Mäuerchen *nach links* und danach durch den Graben geht. Vorbei an einer Hausruine (re.) geht es jetzt auf etwas zugewachsenen Trampelpfaden, *immer links vom Talboden,* Richtung Meer und Santorin [4]. Hier muß man gut auf die Spur achten!

Hoch über dem Meer (**P6:** N36°39,210'/E25°06,732') biegt
2.15 der Weg 15m unterhalb von **Ruinen** nach links ab. Man
passiert eine hohe Felsnadel (re.) und erreicht nach der
2.40 Kurve die **Kapelle Ágios Panteleímon** (**P7:** N36°39,732'/
E25°07,156'), die einen »göttlichen« Rastplatz bietet.

Vier Minuten weiter wird am Gegenhang ein Schuppen
!! sichtbar. Bei einem *kleinen Blechschildchen* (**P8:** N36°
39,849'/E25°07,171') steigt man rechts hinab und durch
2.45 ein **Trockenbett.**

Auf der anderen Talseite passiert man beim Hinaufgehen
einen ausgetrockneten Brunnen und wandert geradeaus
aufwärts, später durch einen Felseneinschnitt. Am Gegen-
3.05 hang rechts liegt die Panteleimon-Kapelle. Im **Sattel** sieht
man dann den Hafenort wieder (Seite 182, [4]).

Zwischen weiten Getreideterrassen schlendert man ab-
wärts und findet einen Feldweg am Meer entlang nach
3.40 **Aloprónia.**

54 Flottenparade

Die schöne Wanderung durch abwechselnde Gegenden kommt nach 4 Stunden zum berühmten Kloster Zoodóchos Pigi, dem Kloster der »lebensspendenden Quelle«. Für Wanderer gibt es am Weg aber auch eine richtige Quelle. Der pfadlose Aufstieg zur Elias-Kapelle fordert etwas Engagement! Markierungen »4« und »5«.
■ 10 km, Höhenunterschied 80m, moderat

RGZ 0.00 Startpunkt ist der Obelisk auf der Platía von **Kástro.** Hier stand früher das mittelalterliche Kástro der Venezianer, das in der italienischen Besatzungszeit abgerissen wurde. Dort geht man links an der Kirche entlang, dann nach links in die nächste Gasse mit zwei Cafés. Vor der Bäckerei dann links hinauf und sofort rechts. In der Gasse liegt links der Vorplatz der Katherinenkirche [1]. Danach gabelt sich der Weg. Links geht es zum Kloster hinauf – wir gehen hier rechts (**P1:** N36°40, 942'/E25°08,570').

0.20 Bei der späteren Gabelung des Eselweges oberhalb einer Antenne und Kapelle wandert man links und blickt hinüber nach Ios und Santorin, bis man vor der **Kapelle Agios Modestos** die Straße erreicht.

0.25 Man benutzt sie aufwärts bis zur **Rechtskurve** unterhalb des Helikopterplatzes. 100m unterhalb der Kurve, vor der ebenen Fläche der Deponie, biegt man horizontal nach links ab in den linken, oberen der zwei Fahrwege (**P2:** N36°42,001'/E25°08,026'). Nach 500m zweigt beim Ab-

!! wärtsgehen rechts bei einer kleinen *Steinpyramide* (**P3:** N36°42,121'/E25°08,248') oberhalb eines Olivenhaines

0.35 (re.) ein **Trampelpfad** ab [2].

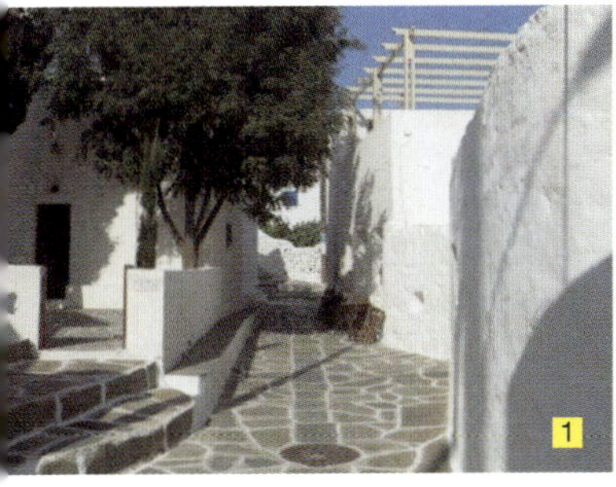

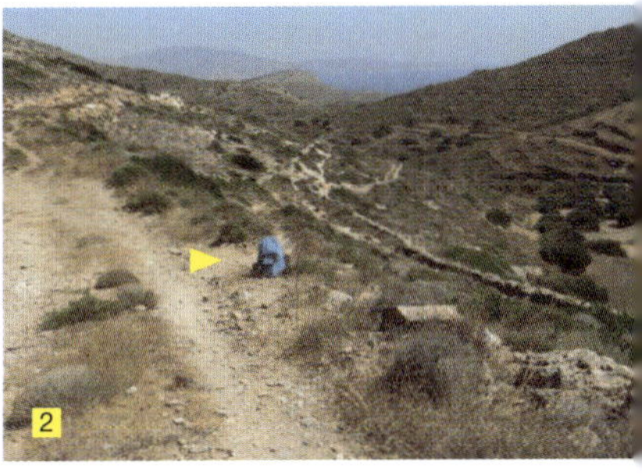

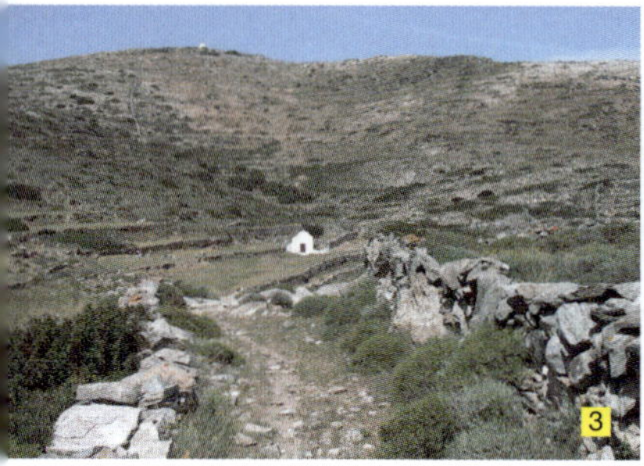

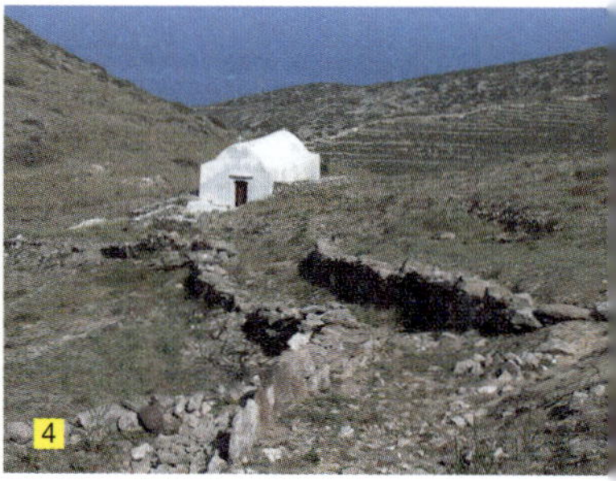

Ein wunderschöner, einsamer Weg im Talboden liegt vor uns. Auf dem Berg sieht man schon die Eliaskapelle, im
0.45 Tal steht später die **Johanneskapelle** ③ links am Weg. Von dort führt der Pfad im Linksbogen um den Berg herum, auf dem die Eliaskapelle steht.

Dann heißt's aufgepasst: Beim Abwärtsgehen – 200m vor einem Graben mit Brunnen – steht rechts unterhalb des
0.55 Weges ein **Häuschen** (**P4:** N36°42,198'/E25°08,858'). Wenige Meter bevor man es passieren würde, sieht man links
!! einen Holzpfahl »5« und *undeutliche Spuren* nach oben. Diesen folgt man rechts unterhalb einer Stützmauer durch stacheliges Gelände. Später übersteigt man die Mauer nach links und steigt weiterhin an.

Weiter oben geht man direkt an Ruinen (li.) entlang und
1.15 erreicht erleichtert die Kapelle **Profítis Elias**, uff !! (**P5:** N36°42,403'/E25°08,724'). Die prächtige Aussicht belohnt die Mühe etwas.

Fahrspuren führen zu einem Feldweg. Vor uns liegt wie
★ eine Flotte die Ansammlung von Kykladeninseln. Links Mílos, dann Antíparos, Páros, Náxos mit dem höchsten Kykladenberg, dem Zeus, rechts davon los und andere.

Man sollte den grandiosen Anblick noch ein bisschen genießen, bevor man von dort nach rechts auf einem Fahrweg in Richtung »Malta« wandert. Später durchquert er
1.30 erhöht eine **Senke.** Links steht eine neue, große Villa. In der Verlängerung leitet der grandiose Pfad rechts an einer
1.45 sehr langen Trockenmauer entlang zur **Kapelle Agía Triáda** hinab ④. (**P6:** N36°42,400'/E25°09,665').

Alternative: Die Infotafel zeigt einen Weg zum Sandstrand von **Agios Geórgios.** Bis Aloprónia dauert die pfadlose Wanderung zweieinhalb Stunden.

2.10 Weniger anstrengend ist es, wieder zur **Elias-Kapelle** zurückzuwandern und dort den Fahrweg leicht abwärts zu stiefeln. Hoch über der Steilküste gehend, überblickt man nochmals die Nachbarinseln und lässt sich dabei auch vom Müllplatz nicht stören. Kurz davor zweigt rechts der markierte Pfad »4« ab, der aber nur schwindelfreien Wanderern zu empfehlen ist.

Der Fahrweg wendet sich landeinwärts und passiert wie-
der den Helikopterplatz. Sofort danach wandert man die
2.35 **Straße nach rechts** bergan und gelangt an der wehrhaf-
2.45 ten Rückseite vorbei zur **Klosterburg Zoodóchos Pigí** von
1690. Mächtig sitzt sie auf dem Felsen über dem Meer, sie
kann ab 18 Uhr besichtigt werden. Auf den alten Stufen
hüpft man dann, an verfallenden Windmühlen vorbei,
2.50 nach **Kástro** hinunter.

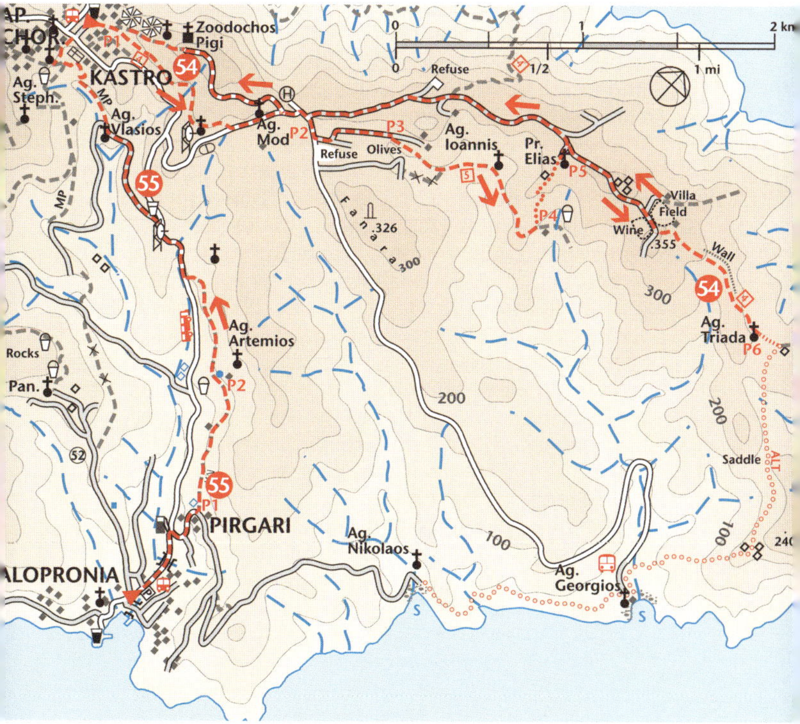

55 Das Kloster der lebensspendenden Quelle

Auf Eselswegen und Resten des alten Kalderími erreicht man vom Hafen aus in 2 Stunden die Stadt und das Kloster Zoodóchos Pigí, den schönsten Platz zum Genießen des Sonnenuntergangs.
■ 4 km, Höhenunterschied 350m, moderat
▷ Karte siehe vorige Seite

RGZ In **Aloprónia** läuft man vom Strand auf der Straße
0.05 aufwärts zur **Tankstelle.** Dort rechts hinauf nach Pirgári
und weiter aufwärts bis zur Rechtskurve der Betonstraße.
0.07 Links steht das **Wasserreservoir** (**P1:** N36°40,942'/E25° 08,569'), rechts davon beginnt ein felsiges Monopáti.
Langsam zieht es bergan und passiert Ställe (li.) unterhalb
0.20 der **Artemios-Kapelle** (**P2:** N36°41,248'/E25°08,344').
Rechts am Weg liegt ein Brunnen. Nachdem man die Straße erreicht hat und 40m aufwärts gegangen ist, findet man links ein kurzes Reststück des Pflasterweges, der mit-
0.40 telalterlichen Verbindung vom Hafen. Nochmals 80m **Asphalt** bis zwischen der Antenne (li.) und einer Taverne ein Fahrweg beginnt. Er führt langsam abwärts, dann
0.45 aufwärts zur liebevoll eingerichteten **Blasius-Kapelle.**
Hier trifft man wieder auf den breiten Kalderími, der rechts vom Graben ansteigt, eine Kurve macht und mit
1.05 breiten Stufen an der **Bushaltestelle** endet.
Rechts leitet eine breite Treppe durch einen Durchgang hinauf zum Hauptplatz von **Kástro** auf dem das venezianische Kastro stand, das während der italienischen Besetzung im Krieg abgerissen wurde. Nach dem Platz schlendert man links durch kleine Gassen aufwärts, vorbei an zwei Cafés und der Terrasse der schönen Taverne *To Steki tou Garbi.* Bei der Bäckerei geht es links und sogleich wieder rechts. Am Vorplatz der Katharinenkirche vorbei, geht man bei der folgenden Gabelung links aufwärts. Der Pflasterweg wird später breiter und führt an einer neuen
1.20 Kapelle (li.) vorbei zum **Moní Zoodóchos Pigí,** der lebensspenden Quelle.

Das festungsartige Kloster von 1690 bot in gefahrvollen Zeiten der Bevölkerung Zuschlupf und wurde 1834 aufgegeben. Seit einigen Jahren wird es wieder von einer Nonne bewohnt, die von 18 bis 21 Uhr eine kleine Besichtigung ermöglicht.

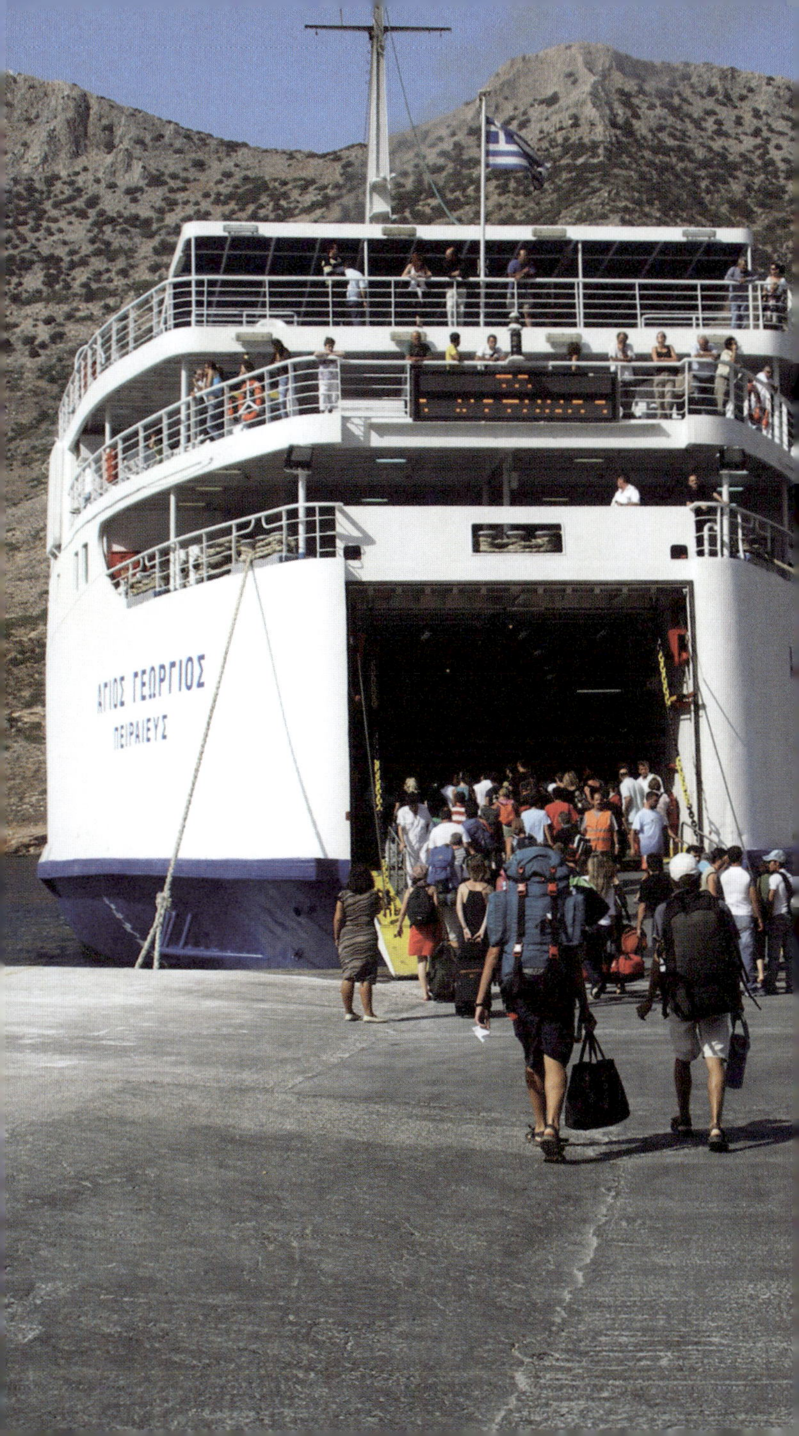
ΑΓΙΟΣ ΓΕΩΡΓΙΟΣ
ΠΕΙΡΑΙΕΥΣ

ÜBERSICHT

Steigungen verdoppelt

Santorini

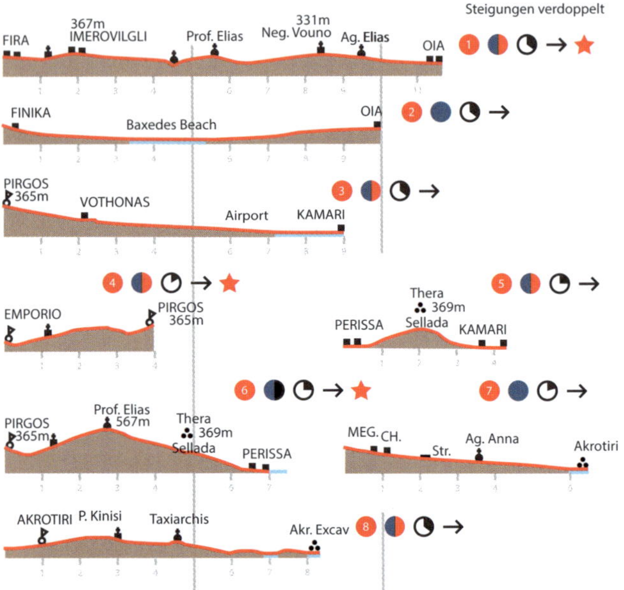

Sifnos

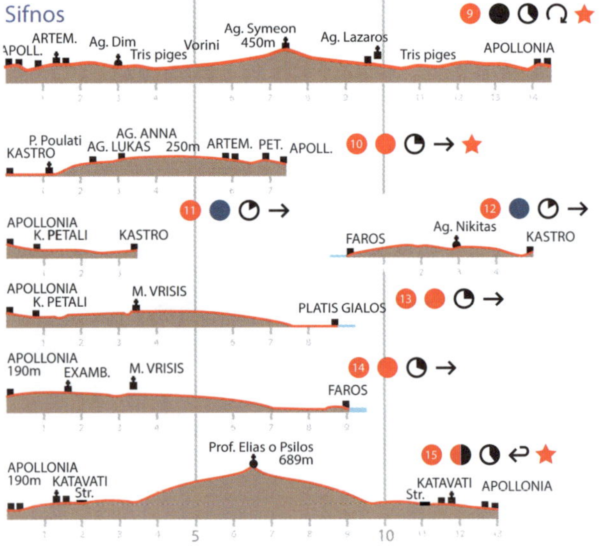

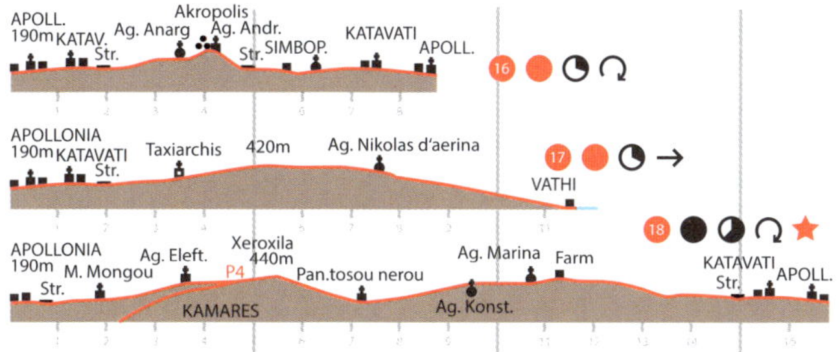
APOLL. 190m
KATAV. Str.
Ag. Anarg
Akropolis
Ag. Andr.
Str.
SIMBOP.
KATAVATI
APOLL.
16
APOLLONIA 190m
KATAVATI Str.
Taxiarchis
420m
Ag. Nikolas d'aerina
VATHI
17
18
APOLLONIA 190m
Str.
M. Mongou
Ag. Eleft.
P4
Xeroxila 440m
KAMARES
Pan.tosou nerou
Ag. Marina
Farm
Ag. Konst.
KATAVATI Str.
APOLL.

Kea

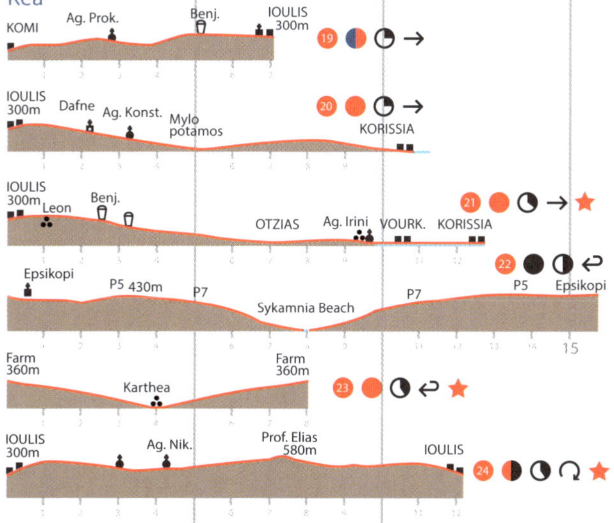
KOMI
Ag. Prok.
Benj.
IOULIS 300m
19
IOULIS 300m
Dafne
Ag. Konst.
Mylo potamos
KORISSIA
20
IOULIS 300m
Leon
Benj.
OTZIAS
Ag. Irini
VOURK.
KORISSIA
21
22
Epsikopi
P5 430m
P7
Sykamnia Beach
P7
P5
Epsikopi
15
Farm 360m
Karthea
Farm 360m
23
IOULIS 300m
Ag. Nik.
Prof. Elias 580m
IOULIS
24

Anafi

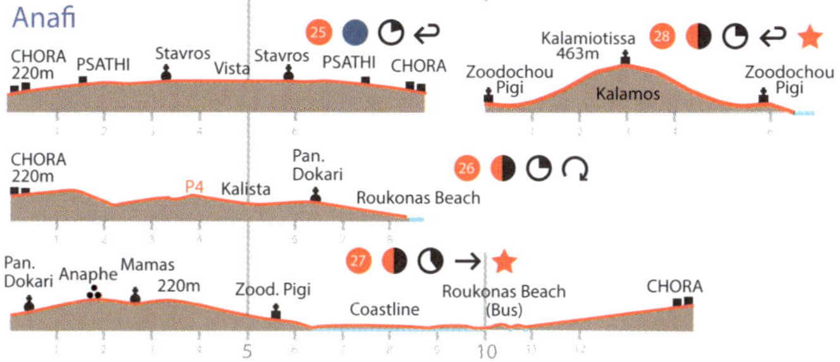
25
CHORA 220m
PSATHI
Stavros
Vista
Stavros
PSATHI
CHORA
Kalamiotissa 463m
28
Zoodochou Pigi
Kalamos
Zoodochou Pigi
CHORA 220m
P4
Kalista
Pan. Dokari
Roukonas Beach
26
27
Pan. Dokari
Anaphe
Mamas
220m
Zood. Pigi
Coastline
Roukonas Beach (Bus)
CHORA
5
10

Folegandros

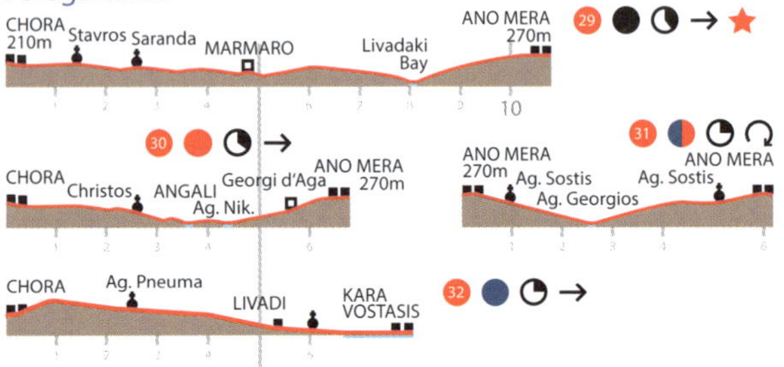

Ios

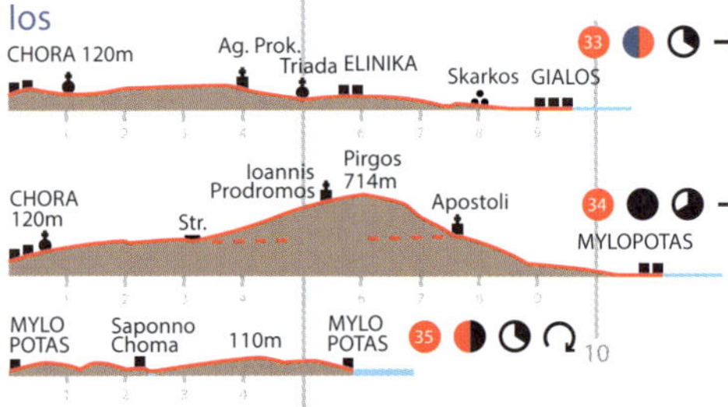

Kimolos

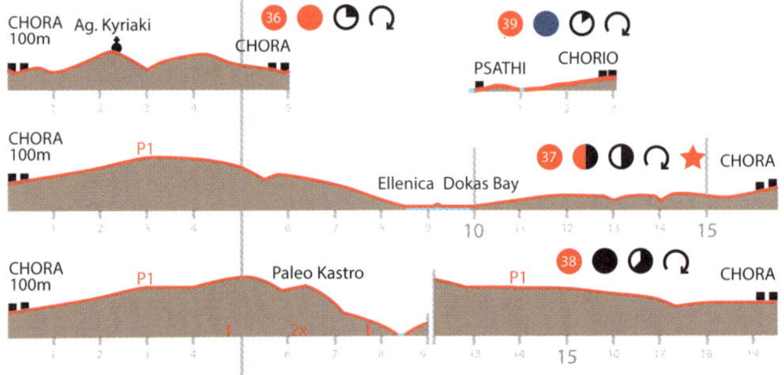

Kithnos

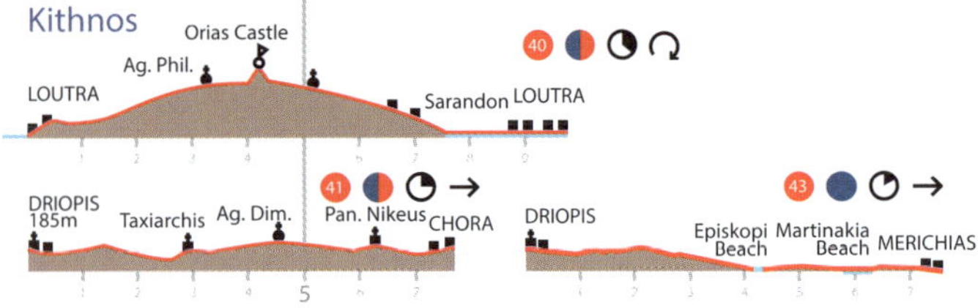

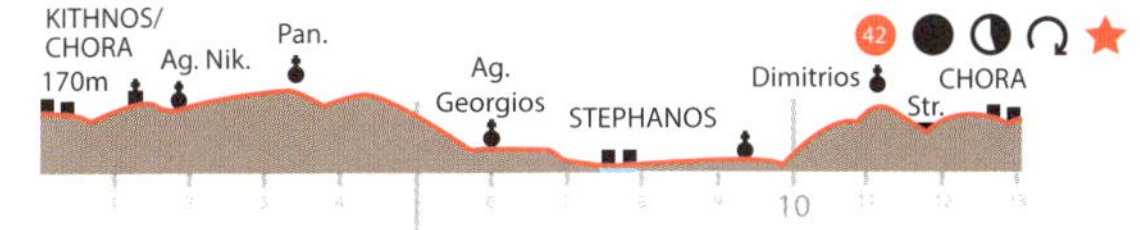

Milos

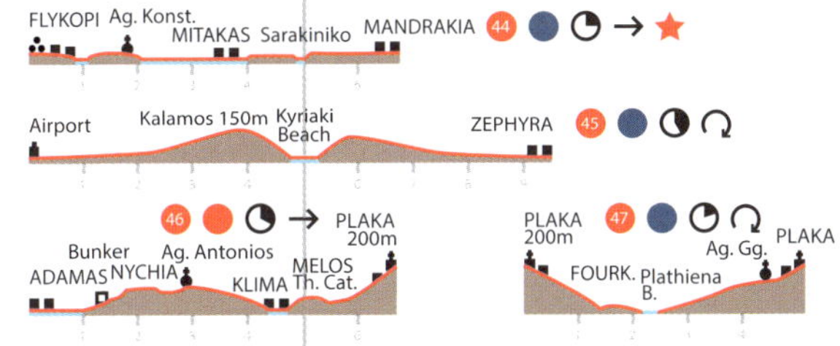

Serifos

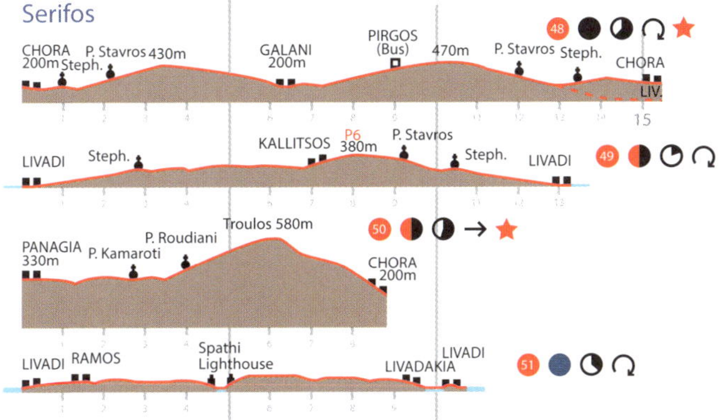

Sikinos

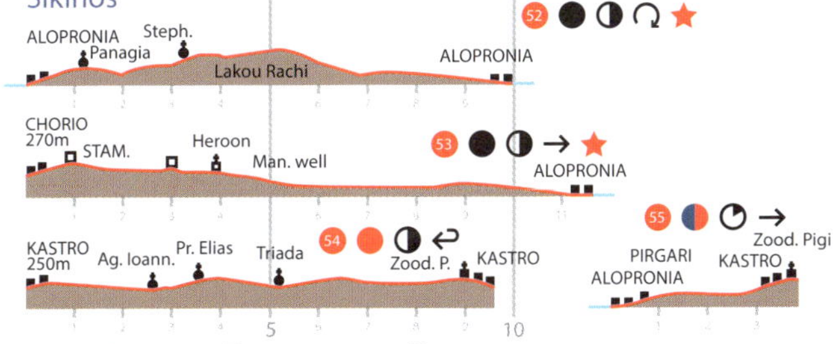

Leicht · Moderat · Schwer · Zeit (Std.)

Wanderung in eine Richtung · Rundweg · Rückweg = Hinweg

Besonders empfohlene Wanderung

Von Insel zu Insel

Glücklich der Mensch, der vor seinem Tod für würdig befunden wird, das Ägäische Meer zu befahren. Nirgends woanders wird man so friedlich und behaglich aus der Wirklichkeit in den Traum versetzt. Nikos Kazantzakis, *Alexis Sorbas*

Die schönste Art, die Griechischen Inseln zu entdecken, ist sicherlich die Erkundung vom Schiff aus. Trotz reduzierter Verbindungen wegen des Subventionsabbaus kann man sich immer noch bequem von Insel zu Insel treiben lassen. Das Ein- und Aussteigen unter Teilnahme fast der gesamten Inselbevölkerung ist dabei ein besonderes Erlebnis. Starke Winde, vor allem im August, wirbeln manchmal aber den Fahrplan durcheinander. Deshalb sollte man am Tag vor dem Heimflug nicht unbedingt das allerletzte Schiff nehmen.
Die angenehmsten Passagen bieten die großen **Fährschiffe** mit viel Platz auf dem Oberdeck, meist von Urlaubern benutzt. Die Einheimischen trifft man eher in den Salons des Unterdecks. In den letzten Jahren haben jedoch die schnellen **Katamarane** einen großen Teil des Verkehrs übernommen. Meist kann man in diesen schwimmenden Wartesälen nicht im Freien sitzen, zudem sind sie wesentlich teurer. Vor Sommerwochenenden sollte man sie rechtzeitig buchen, da sonst oft nur noch die VIP-Klasse Platz bietet.
Die Schiffsreise starten kann man sowohl in Athen als auch in Lávrion in Attika. Vom Flughafen hat dieser Hafen eine relativ schnelle Busverbindung mit Umsteigen in Markopoulo – falls man nicht gleich ein Taxi nimmt (s.S. 90).
Die Hauptroute der Fähren mit mehreren täglichen Passagen beginnt in Piräus und verläuft über **Sérifos, Sífnos,** manchmal **Kímolos** nach **Mílos.** Die Katamarane fahren dieselbe Strecke, jedoch nicht immer über Kíthnos und Kímolos.
Von Mílos aus gelangt man täglich über **Folégandros** nach **Santoríni.** Es ist manchmal aber schneller, dorthin die Ostroute von Athen über Páros zu nehmen. In den Südkykladen verbindet die gemütliche »Caldera Vista« neben anderen Fähren **Folégandros, Síkinos, Ios, Thirassía, Santoríni** und **Anáfi** untereinander. Zwischen Folégandros, Síkinos und Ios gibt es keine tägliche Verbindung ebensowenig zwischen Santorini und Anáfi.
Für Querverbindungen gibt es Kleinfähren, wie etwa zwischen Mílos und Kímolos oder zwischen Santoríni und Thirassía. Nach Kéa fahren mehrmals täglich Fähren – aber nur ab Lávrion.

Fahrpläne im Internet:
www.gtpnet.com
Aktuelle Schiffspositionen:
www.marinetraffic.com www.shiptracking.eu

Ein paar griechische Wörter für Wanderer

Betonung auf den Akzenten.

jássas	**hallo**
ne	ja
óchi	nein
parakaló	bitte
efcharistó	danke
endáxi	in Ordnung
sto kaló	alles Gute
kalá	schön
símera	heute
ávrio	morgen
pósin óra?	wie lang?
pósso makriá ine ja ...?	wie weit ist es nach ...?
puíne ...?	wo ist ...?
óra	Stunde
neró	Wasser
psomí	Brot
tirí	Käse
míkro	klein
mégalo	groß
leoforió	Autobus
stásis	Haltestelle
enikáso	mieten
aftókinito	Auto
mechanáki	Moped
podílato	Fahrrad
kaíki	Boot

chóra	**Stadt**
chorió	Weiler
spíti	Haus
platía	Platz
parélia	Hafenstraße
kástro	venez. Burgsiedlung
pírgos	venez. Wohnburg
nekrotafío	Friedhof
limáni	Hafen
vrísi	Brunnen
stérna	Zisterne
kafenío	Café, aber was für eines!

eklisiá	**Kirche**
papás	Priester
moni, monastíri	Kloster
ksoklísi	Kapelle
panagía	Gottesmutter
panigíri	Kirchweihfest
ágios, agía, AG	heilige(r)
ikonostasio	Bilderwand
katholikón	zentraler Kirchenbau e. Klosters

kerós	**Wetter**
aéras	Wind
meltémi	starker Nordwind
ílios	Sonne
wrochí	Regen
omíchli	Nebel

níssos	**Insel**
farángi, langádi	Schlucht
kámpos, pláka	Ebene
livádi	Wiese
déndro	Baum
léfkes	Pappeln
dássos	Wald
lófos	Hügel
wounó, óros	Berg
vígla	Bergspitze
vráches	Fels
spíleo	Höhle
thálassa	Meer
órmos	Bucht
límni	See
potámi	Fluss
réma	Trockenbett
pigí	Quelle
pérazma	Pass, Sattel
xirolithía	Trockenmauer

odiporió	**wandern**
isía	geradeaus
dexiá	rechts
aristerá	links
apáno	aufwärts
káto	abwärts
kondá	nahe
makriá	fern
ásfalto	Asphaltstraße
drómos	Straße
chomaódromos	Schotterstraße
dasikí odós	Waldweg
odós	Weg
skála	Treppenweg
monopáti	Eselspfad
kalderími	Pflasterweg
katsikó drómos	Ziegenpfad
yéfira	Brücke
stavrodrómi	Kreuzung
hártis	Landkarte
kutrúmbulo	Wegmarkierung
phrygana	Gestrüpp, der Feind des Inselwanderers

Abkürzungen, Zeichenerklärung

	Wanderweg auf Fahrweg
	Wanderweg auf Straße
	Wanderweg auf Fußpfad
	Wanderweg pfadlos
ALT	Alternativweg, Wegabkürzung
	Gehrichtung / - alternativ
P	GPS-Punkt
	Straße
	Feldweg, Sandpiste
MP 4	Monopáti, Eselsweg, Kalderími, – markiert
	Bachbett (ztw.), Senke
	Antenne
	Busstopp / - saisonal
P	Parkplatz/Abstell Mietwagen
H S	Hubschrauberplatz / Solaranlage
	Friedhof
+	Bildstock, Denkmal
	Sportplatz
	Höhle
	Mittelalterliche Burg, Wohnturm / Ruine
	Antike Ruine, Statue
	Häuser / Ruinen
	Kloster, große Kirche / Ruine
	Kapelle / Gipfelkapelle / Ruine
	Taverne / - saisonal
	Windmühle(n), -stumpf/Wassermühle
	Brunnen, Quelle / Wasserbecken / Zisterne
S	Bademöglichkeit

Im Text:

①	Hinweis auf andere Wanderung
	eventuell Schwindelgefühl
OW	Zeitangabe für einfache Strecke
!!	Auf Abzweig achten!
★	Lieblingsplätze des Autors